Erschienen im
Jubiläumsjahr 2002
bei Klett-Cotta

Claudio Hofmann

ACHTSAMKEIT

Anleitung für ein sinnvolles Leben

Klett-Cotta

Klett-Cotta

Printed in Germany
Umschlaggestaltung: Finken & Bumiller, Stuttgart
Gesetzt aus der Legacy Serif von Fotosatz Janß, Pfungstadt
Auf säure- und holzfreiem Werkdruckpapier gedruckt
und gebunden von Gutmann & Co., Talheim
ISBN 3-608-94040-5

Die Deutsche Bibliothek – CIP-Einheitsaufnahme
Ein Titeldatensatz für diese Publikation ist bei
Der Deutschen Bibliothek erhältlich.

Inhalt

Achtsam leben: Fangen wir an

In diesem Buch möchte ich Sie dazu anregen, die lebendige Macht der Achtsamkeit kennenzulernen und für Ihre persönliche Entwicklung zu nutzen. Die intensiven Energien, die in jedem Menschen durch Achtsamkeit aktiviert werden, können verborgene Fähigkeiten und Lebenskräfte wecken und Ihnen helfen, Ihren Alltag lebendiger und sinnvoller zu gestalten. Im Achtsamsein können Sie wichtige Bereiche Ihres Wahrnehmens, Denkens und Handelns besser kennenlernen und so das zweitausend Jahre alte Prinzip des Sokrates für heutige Menschen neu entdecken: Erkenne Dich selbst.

Indem Sie mit Ihren Sinnen, Gefühlen und Gedanken bewußt da sind im gegenwärtigen Augenblick, können Sie die Wirklichkeit in all ihrem Reichtum in sich aufnehmen und das Potential Ihrer Begabungen und Kompetenzen sinnvoll für sich und auch für andere Menschen nutzen. Denn Achtsamkeit ist nicht nur bedeutsam für die persönliche Lebensqualität, sondern sie kann zugleich Wegweiser sein zu einer Welt, in der wir zusammen mit anderen Menschen unser Leben als Teil der Natur und des Kosmos sinnvoll gestalten.

Wir leben in einer Zeit ungewöhnlicher Spannungen und Widersprüche. Unsere heutige Welt ist zerrissen: Wir genießen zwar in vollen Zügen die Annehmlichkeiten des modernen Lebens mit Südseereisen, Skiurlaub, Zentralheizung und Internet und nehmen wie selbstverständlich die Früchte des wissenschaftlich-technischen Fortschritts und seiner industriellen Vermarktung in Anspruch, andererseits nimmt um uns herum eine schleichende, kaum wahrnehmbare Bedrohung zu. Klimaveränderungen, Umweltkatastrophen, Luftverschmutzung, BSE und Artensterben, aber auch Hunger, Elend, Terror und Krieg sind die weltweit sichtbaren Folgen des technisch-industriellen Fortschritts, die sich für den Einzelnen in Ängsten, Isolation, Orientierungslosigkeit, Depressionen und anderen Krankheiten äußern können. Viele fliehen dann in Drogen, Betriebsamkeit, Kaufrausch, Abenteuerreisen oder okkulte Sekten. Die Angst vor den drohenden Katastrophen wird abgewehrt durch Selbstbetäubung und Achtlosigkeit mit neuen Umweltschäden, so daß der Wettlauf zwischen Angst und Katastrophen immer schneller wird. Zwar können wir diesen Wettlauf nicht einfach anhalten, aber im Achtsamsein können wir die Chance des Innehaltens erfahren und nutzen, wie es die Menschen seit Jahrtausenden getan haben.

Umfassende Achtsamkeit ist am Anfang der menschlichen Entwicklung und in allen frühen Kulturen die Grundhaltung, mit der Menschen ihre Zugehörigkeit zu anderen, zur Natur und zum Kosmos erfahren und erkennen. Im Achtsamsein ist das Staunen über das Dasein der Welt und der eigenen Existenz enthalten als Anfang des Begreifens und Erkennens. Achtsamsein bedeutet aber nicht mehr und nicht weniger, als mit unseren Wahrnehmungen, Gefühlen und Gedanken bewußt da zu sein im gegenwärtigen Augenblick. Nur indem ich achtsam bin, kann ich die Wirklichkeit ganzheitlich erfassen. Im teilnehmenden Bewußtsein kann ich meine Zugehörigkeit und meine Verantwortung für die Welt sinnvoll erfahren und sinnvoll gestalten.

Mit der einseitigen Entwicklung einer wissenschaftlich-technischen Rationalität ist in den Industrienationen die Achtsamkeit und die ganzheitliche Erfahrung immer mehr verdrängt worden. Die umfassende Achtsamkeit verengt sich unaufhaltsam zur zielgerichteten Aufmerksamkeit. Der berühmte Professor, der mit dem Frühstücksei in der Hand die Eieruhr kocht, hat vor lauter systematischer Aufmerksamkeit seine Achtsamkeit und Lebensfähigkeit aufgegeben. Die vielen systematischen Achtlosigkeiten der wissenschaftlich-technischen Vernunft bewirken die katastrophale Kehrseite des Fortschritts. Der Wissensgesellschaft und der durch die elektronischen Medien veranstalteten Informationsexplosion und Reizüberflutung steht eine Verarmung der Wahrnehmungs- und Kommunikationsfähigkeit gegenüber: Das führt zu Achtlosigkeit im Umgang mit anderen Menschen und mit der Umwelt und zu einer zunehmenden Unfähigkeit, sich selbst in einem sinnvollen Zusammenhang mit der Welt und der Gesellschaft zu erfahren. Kinder, die vor Autolärm und Bildschirmgeflimmer die geforderten Aufmerksamkeitsleistungen nicht mehr aufbringen können, werden mit Aufputschmitteln (wie Ritalin) zur Aufmerksamkeit verdammt. Das sogenannte Aufmerksamkeits-Defizit-Syndrom (ADS) versetzt Eltern, Lehrer, Schüler und Schulpsychologen in Panik, die in den USA schon zur nationalen Hysterie angewachsen ist. Während dort 1988 »nur« eine halbe Million Kinder mit Ritalin behandelt wurden, sind es heute über drei Millionen, Tendenz steigend. Die Produktion von Ritalin und ähnlichen Mitteln hat sich in den letzten sieben Jahren verzehnfacht (Langzeitwirkungen unbekannt). In Deutschland steigt der Anteil von »Ritalin-Kindern« schon in der Grundschule bedrohlich an. Die Beeinträchtigung der kindlichen Entwicklung durch die ungeheure Reizüberflutung wird in unserer Gesellschaft »erledigt« durch medikamentöse Anpassung.

In dieser Situation ist die Wiederbelebung unserer Achtsamkeit, die durch unsere in der Industrie- und Informationsgesellschaft geprägten Lebensweise verkümmert ist, von großer Bedeutung. Denn mangelnde Achtsamkeit führt nicht nur zu Unachtsamkeit und Achtlosigkeit und damit zu Unfällen, Unglück und Krankheit. Mangelnde Achtsamkeit führt auch zu Mißachtung und Verachtung und hängt so zusammen mit Umweltzerstörung, mit Abwehr des Fremden, mit Ausgrenzung, Rassismus und Gewalt. Nach den Jahrhunderten der Aufklärung und der wissenschaftlich-technischen Rationalität, die uns im Wohlstand erfolgreich an den Abgrund gebracht haben, brauchen wir nun für eine sinnvolle individuelle und gesellschaftliche Entwicklung ein Zeitalter der Achtsamkeit, zu dem ich Sie mit diesem Buch ermutigen möchte.

Ich möchte Sie einladen zu einer Entdeckungsreise, bei der Sie durch die Macht der Achtsamkeit sich selbst intensiver kennenlernen. Sie können so mehr erfahren über die Strukturen Ihres Wahrnehmens, Fühlens und Denkens als Voraussetzung für eine ganzheitliche Erfassung der Welt. Deshalb stehen im Zentrum dieses Buches keine theoretischen Konzepte und Analysen, sondern Anregungen dazu, wie Sie selbst Ihre Wahrnehmungs- und Handlungsfähigkeiten bewußt erweitern können: sehen, hören, bewegen, fühlen, denken und handeln im Zusammenhang mit anderen Menschen und unserer Umwelt. Statt Belehrungen und Ratschlägen werden Anregungen angeboten für eigene Übungen, Versuche und Projekte. So folgen die in diesem Buch enthaltenen Konzepte nicht vordergründig einer wissenschaftlichen Systematik, sondern der Prozeß Ihrer eigenen Erfahrungen bestimmt den Aufbau des Buches, wobei viele psychologische, therapeutische und spirituelle Einsichten einbezogen sind.

In meiner langjährigen Tätigkeit als Gestalt-Therapeut, Hochschullehrer und Team- und Gruppenleiter bin ich mit den Gruppenmitgliedern immer wieder auf bestimmte Situationen gestoßen, in denen sich Menschen durch fehlende Achtsamkeit in ihrer Entwicklung und ihren Handlungsmöglichkeiten blockiert haben. In Langzeitauswertungen der Gruppenprozesse und der individuellen Veränderungen haben wir herausgefunden, welche Übungen zur Erweckung und Stärkung der Achtsamkeit und für die persönliche Entfaltung wichtig sind und wie sie am besten in den Alltag der Einzelnen zu integrieren sind. Wir haben die Wirksamkeit verschiedener Übungen immer wieder erprobt und gemerkt, daß bestimmte Anregungen nicht nur unsere Fähigkeiten und

Kräfte beleben, sondern daß wir zugleich Erkenntnisse über uns selbst, über unsere Beziehung zu anderen und über unsere Wirksamkeit in der Welt gewinnen.

So stehen im Mittelpunkt der ersten Kapitel Erfahrungen, die mit der Selbstwahrnehmung und der Achtsamkeit im Ich zusammenhängen. Unsere Sinne und unser Körper, unsere Gefühle und Bedürfnisse, aber auch unser Denken werden in unser Achtsamsein einbezogen, um neue Aspekte des Selbst zu entdecken und in unser Leben zu integrieren.

Daran anschließend werden diese Entdeckungen der Achtsamkeit erweitert, um auch die Beziehungen zu anderen Menschen achtsamer gestalten zu können, wobei das Gespräch und die Gruppenprobleme einbezogen werden. So kann dann im letzten Kapitel die Achtsamkeit als ganzheitliche Erfahrung zu unserer Lebenswelt und zum Kosmos in Beziehung gesetzt werden.

Das Buch ist schrittweise so aufgebaut, daß Sie Anregungen und Übungen in Ihrer vertrauten Umgebung und im normalen Tagesablauf mit etwas Zeitaufwand ausprobieren und anwenden können. Sie können das Buch zum täglichen Gebrauch nutzen: vom Anfang an, hintereinander oder mal diese Übung, mal jene, wie es Ihnen gerade gefällt und für Ihre Lebenssituation gut ist. Wichtig ist dabei nur, daß Sie für sich Übungen, Versuche und Anregungen herausfinden, die Sie auch wirklich durchführen. Ob »drittes Auge«, »Denkmütze«, »Lebenslinien« oder »Gruppenbilder mit Ich« bis hin zur »Zukunftswerkstatt«: Immer ist Üben der beste Weg zur Entwicklung neuer Fähigkeiten und ihrer Selbsterprobung. Auch wenn der kluge Verstand abwinkt und viele vernünftige Widerstände anführt: Fangen Sie einfach an, um beim eigenen Tun sich selbst in neuen und alten Zusammenhängen besser kennenzulernen.

Um Sie bei der Durchführung von Übungen und Anregungen nicht abzulenken oder zu beeinflussen, sind die Auswertungen ab und zu in den »Ergänzungen für Achtsame« am Schluß zu finden. Dort sind auch interessante Bücher und Adressen vermerkt, sowie ein Verzeichnis aller im Buch vorkommenden Übungen und außerdem Tips für Selbsthilfegruppen und Gruppenleitung, die das Buch gern nutzen können. (Auf die Ergänzungen wird im Text durch fortlaufend numerierte Fußnoten verwiesen.)[1]

Und schließlich ein kleiner Hinweis zur Vorsicht: Wenn Sie sich auf die Entdeckungsreise der Achtsamkeit einlassen, sind damit wie bei jeder persönlichen Entwicklung Veränderungen verbunden, durch die Sie sensibler, empfindlicher und offener werden. Solche Veränderungen können mit bestimmten Lebensgewohnheiten kollidieren. Prüfen Sie daher, ob die Übungen zur Achtsamkeit für Ihre jetzigen Lebensbedingungen und -planungen günstig und unterstützend sind. Allerdings werden Sie Entdeckungen und Veränderungen nur dann erfahren, wenn Sie das Buch nicht nur lesen, sondern das Neue und auch das Bekannte ausprobieren, üben und reflektieren. Denn Sie allein sind Schöpfer und Geschöpf Ihres Achtsamseins. Ich möchte Sie dabei durch dieses Buch begleiten und Ihnen Freude und Glück bei den Entdeckungen Ihrer Achtsamkeit wünschen.

1 Sinnlich achtsam: Wahrnehmen

Es ist Montagmorgen. Ich sitze am Schreibtisch und sehe, wie sich die Zweige der Birke vor dem Fenster bewegen, höre undeutlich das Rauschen und Rascheln der Blätter. Ein wenig morgenmüde denke ich daran, wie das alles mit Achtsamkeit zusammenhängt und wie ich das jetzt aufschreiben kann. Und wenn Sie dieses Buch gerade aufgeschlagen haben und diese Zeilen jetzt lesen, hoffe ich, daß Sie neugierig darauf sind, wie Sie mehr über sich erfahren können, um die Wirklichkeit umfassender in sich aufzunehmen und zu gestalten. Der Weg dahin ist die Entfaltung Ihrer Achtsamkeit, mit der Sie jetzt gleich anfangen können: Indem Sie diese Zeilen lesen, darüber nachdenken und sich dabei wohl oder unwohl, neugierig oder gelangweilt fühlen, haben Sie in diesem Moment die Quellen Ihres Achtsamseins vielfältig erfahren: Beim Hinausschauen und Lesen haben Sie eine Dimension des sinnlichen Wahrnehmens erfahren, bei der Müdigkeit oder der Langeweile die Dimension des Fühlens, dann noch die Dimension des Denkens. Schließlich haben Sie das Buch auch geholt und aufgeschlagen: Wir sind bei der Dimension des Tuns, die mit Bewegung verbunden ist. Vielleicht spüren Sie jetzt auch ein bißchen Appetit oder Lust auf einen Tee: Bedürfnisse melden sich.

Achtsamsein entfaltet sich also in vielen Dimensionen:

- sinnliches Wahrnehmen
- Fühlen
- Denken
- Bewegen
- Tun
- Bedürfnisse spüren

In diesen Dimensionen bewegen wir uns im normalen Wachzustand. Wir können uns ihnen nicht entziehen. Es ist unmöglich *nicht* wahrzunehmen. Irgend etwas spüre, rieche, höre ich doch, und im Isoliertank können wir nicht überleben. Es ist auch unmöglich, *nicht* zu fühlen. Irgendeine innere Regung ist immer da und wenn es ein Gefühl der Leere ist. Ebenso ist es mit dem Denken: Irgendein Gedanke ist immer da und sei es der Gedanke: Jetzt denke ich nichts. Auch mit dem Tun geht es uns nicht anders. Immer tun wir etwas, auch wenn wir »abschalten« und dösen. Selbst Stillsitzen ist eine (oft sogar anstrengende) Tätigkeit. Es ist also auch nicht möglich, *nichts* zu tun.

So scheint es also, als wären wir dauernd in einem Zustand der Achtsamkeit. Leider ist es aber gerade umgekehrt: Wir sind unglücklicherweise so beschaffen, daß wir zwar beständig etwas wahrnehmen, fühlen, denken und empfinden, daß wir uns aber oft des Wahrgenommenen, Empfundenen, Gedachten und Gefühlten gar nicht bewußt sind. Wir registrieren es nur wie eine Aufnahmeapparatur, ohne achtsam zu sein. Ich kann auf einen Baum sehen, ohne ihn »wahrzunehmen« und zu »beachten«. Ich kann das Ticken einer Uhr hören, ohne es zu bemerken. Ich kann wütend sein, ohne meine Wut zu spüren und zu beachten. Ich kann einen Monolog im Kopf abspulen, ohne es zu wissen. Ich kann meine Lippen berühren, ohne etwas zu spüren. Ja, ich kann leben, ohne es zu bemerken und ohne also wirklich »lebendig« zu sein.

Erst die Achtsamkeit bringt mein Sehen, Hören, Fühlen, Denken und Tun in mein Bewußtsein und läßt es lebendig werden, damit der Kontakt mit meiner Umwelt überhaupt erst wirksam wird. Im Achtsamsein vollzieht sich meine Auseinandersetzung mit der Welt und damit meine Entwicklung zur Persönlichkeit. Erst wenn ich den Baum wahrnehme, indem ich auf ihn achte, kann er mich erfreuen, kann er mein eigenes Zeichen werden für Veränderung in der Beständigkeit. Erst wenn ich das Ticken der Uhr beachte, kann ich merken, wie Zeit hörbar und teilbar wird und vergeht. Erst wenn ich auf mein Wütendsein achte, wird das Gefühl für mich und andere wirksam.

Deshalb geht es in den ersten fünf Kapiteln darum, wie Sie sich durch die Achtsamkeit auf Ihre inneren Prozesse lebendiger und besser mit sich im Einklang fühlen können. Dabei stehen Ihre Wahrnehmungen, Bedürfnisse, Gefühle und Gedanken im Mittelpunkt. Indem Sie darauf achten, auf welche Art Sie wahrnehmen, empfinden und denken, können Sie neue Möglichkeiten Ihres persönlichen Wachstums entdecken.

In diesem ersten Kapitel fangen wir an mit den sinnlichen Wahrnehmungen: sehen, hören, riechen, tasten. Zur Vorbereitung können Sie einige grundlegende und überraschende Übungen kennenlernen, die Ihnen helfen können, achtsam zu sein, die Prozesse Ihrer Achtsamkeit besser zu verfolgen und die besonderen, individuellen Strukturen Ihres Achtsamseins zu entdecken.

Hier möchte ich Sie nochmals dazu ermutigen, die Übungen, Versuche und Anregungen, auf die Sie beim Lesen neugierig werden, auch auszuprobieren. Sicher kommen dann ab und zu allerlei Widerstände und Vorbehalte: Was soll denn das? Wozu solche Spielereien? Was kann das schon bringen? Ich möchte Ihnen diese Widerstände keineswegs ausreden oder gar »brechen«, sondern im Gegenteil Ihnen empfehlen, Ihre Widerstände ernst zu nehmen; denn sie sind ein Teil Ihrer Persönlichkeit. Wichtig ist aber, daß wir uns von unseren Widerständen nicht in unserer Entwicklung hemmen lassen und daß wir lernen, mit unseren Widerständen produktiv umzugehen. Denn nur im bewußten Umgang mit ihnen können wir die Entdekkungen der Achtsamkeit für unsere persönliche Entwicklung nutzen. Indem ich auf meinen Widerstand achte, kann ich eine Übung vielleicht kreativ verändern oder günstig für mich verschieben. In den Ergänzungen finden Sie unter der Überschrift »Mit dem Widerstand« eine Anregung zum produktiven Umgang mit Ihrem Widerstand.[2]

Hinweis: In diesem Buch geht es immer wieder um Ihre persönlichen Entwicklungsprozesse. Ein kleines Heft, in dem Sie die Ergebnisse, Gedanken und Auswertungen zu den Übungen aufschreiben, kann Ihnen helfen, Ihre Veränderungen bewußt zu erleben, zu sichern und zu vergleichen. Wie in einem Tagebuch können Sie die Entdeckungen Ihrer Achtsamkeit protokollieren und eigene Veränderungsprozesse (einschließlich Widerstand) in Ihrem persönlichen »Entdeckungsbuch« festhalten.

Achtsam im Ich: Jetzt

Am Anfang möchte ich Ihnen etwas vorschlagen, was Ihnen vielleicht ungewöhnlich, vielleicht aber auch belanglos vorkommt. Ich möchte Sie anregen, sich jetzt Ihrer Achtsamkeit zuzuwenden. Wir merken oft im Leben, daß wir »abwesend« sind, nicht »bei der Sache«, eben unachtsam oder achtlos. Wir sind dann neben uns und neben der Wirklichkeit. *Das Geheimnis der Achtsamkeit besteht darin, ganz in der Gegenwart zu sein.* Probieren Sie es einmal aus und lassen Sie sich nicht davon abhalten, daß die folgenden Anregungen Ihnen vielleicht unbedeutsam erscheinen. Auch wenn Ihnen Ihre ersten Erfahrungen hier unwichtig vorkommen, werden Sie doch bald merken, daß sie die Grundlage Ihrer Wahrnehmungen und Ihrer weiteren Entdeckungen sind:

> **Blühen und Welken**
>
> *Suchen oder kaufen Sie sich eine Blume, die noch eine Knospe ist, eine Rose, eine Tulpe, eine Narzisse. ... Bringen Sie Ihre Blume nach Hause wie eine neue Freundin. Finden Sie ein Gefäß, das Ihnen für Ihre Blume gut erscheint und stellen Sie die Blume (angeschnitten und mit Wasser) hinein. Finden Sie nun einen besonderen Platz für Ihre Blume und setzen Sie sich zu ihr. Betrachten Sie die Blume aufmerksam und nehmen Sie sie achtsam in*

sich auf im Schauen, Riechen, Berühren (auch mit den Lippen). Probieren Sie Nähe und Distanz. Schließen Sie die Augen und lassen Sie Ihre Blume innerlich in sich entstehen ...

Notieren Sie Ihre Beobachtungen oder schreiben Sie der Blume vielleicht sogar einen Brief. Verabschieden Sie sich dann und begrüßen Sie Ihre Blume wieder, ein paar Stunden später, in der Abenddämmerung. Wie ändert sich Ihre Beziehung? Bleiben Sie bei Ihrer Blume, bis sie im Dunkeln fast nicht mehr zu sehen ist und vielleicht doch unwirklich leuchtet und immer noch durch Berühren und Riechen wahrnehmbar bleibt ...

Sie können eine Kerze oder eine elektrische Lampe anzünden und erschrecken vielleicht. Nehmen Sie das Bild Ihrer Blume mit in den Schlaf und begrüßen Sie sie am nächsten Morgen. Achten Sie darauf, wie Ihre Blume sich verändert, zu jeder Tageszeit, Tag um Tag. Was empfinden Sie, wenn Ihre Blume aufblüht oder verwelkt? Werden Sie allmählich nachlässiger? Ab wann wollen Sie die Blume loswerden, wegwerfen, rausschmeißen, »entsorgen«? Lassen Sie die Blume an ihrem Platz stehen, Tage und Wochen und halten Sie die Beziehung zu ihr wach. Sie werden so etwas erfahren über Ihre Achtsamkeit, Ihre Beziehungen und sich selbst.

Vielleicht haben Sie gemerkt, daß Achtsamkeit in unserem Sinn umfassender und anders ist, als die zielgerichtete und nach außen orientierte Aufmerksamkeit. Als Sie zuerst die Blume gekauft haben und eine Vase gesucht haben, waren Sie vielleicht vor allem aufmerksam bei der

Sache. Allmählich wurden Sie dann mit Ihrer Blume achtsamer, indem Sie sie angeschaut oder berührt haben: Achtsamkeit umfaßt das Zusammenwirken der Wahrnehmungen, Empfindungen, Gefühle und Gedanken. Wenn ich achtsam bin, verbinde ich das Innen mit dem Außen, das Ich mit der Welt, das Hier und Jetzt mit dem zeitlos Kosmischen. Im Achtsamsein ist mir meine Wahrnehmung bewußt als umfassende Teilnahme an der Welt, auf die ich mich einlasse. (Genaueres zum Begriff Achtsamkeit in den Ergänzungen.)[3]

Mit Ihrer Blume konnten Sie auch erfahren, daß Sie nur dann auf ihren Duft, ihre Farbe und Ausstrahlung achten, wenn Sie ganz in der Gegenwart da sind. Planungen für morgen oder Erinnerungen an den gestrigen Streit verhindern, daß wir achtsam sind. Achtsamsein bedeutet, in der Gegenwart zu leben, sich des Gegenwärtigen bewußt zu sein. Ein Ziel dieses Buches ist es, Sie anzuregen, möglichst oft darauf zu achten, was Sie gerade jetzt wahrnehmen, denken, fühlen, tun.

Vielleicht kommt Ihnen das ganz einfach vor. Aber wenn wir uns auf das Achtsamsein einlassen, merken wir bald, wie schnell wir wieder unachtsam werden, wie leicht wir uns ablenken lassen und welche Widerstände uns vom Achtsamsein abhalten. Achtsamkeit ist also nichts Selbstverständliches und gelingt nur durch unseren beständigen und persönlichen Einsatz:

Gegenwärtig

Versuchen Sie auf eine neue Art lebendig zu sein, indem Sie immer wieder im Laufe des Tages darauf achten, was

Sie gerade wahrnehmen, denken, fühlen, tun. Das geht am einfachsten, wenn Sie sich angewöhnen, immer wieder innerlich Sätze zu bilden, die mit »jetzt« anfangen: Jetzt ärgere ich mich gerade; jetzt denke ich an den Einkauf; jetzt döse ich vor mich hin. ...

Wenn Sie diese einfachen Übungen öfter durchführen, werden Sie merken, wie Sie sich im Achten auf das Gegenwärtige lebendiger und mehr bei sich und mit sich im Einklang fühlen. Dennoch können wir meist nicht lange so achtsam und gegenwärtig bei uns bleiben. Am häufigsten lenken uns Gedanken an Unerledigtes von gestern und vorgestern und das Sorgen und Planen für morgen und nächste Woche ab. Aber Achtsamsein heißt keineswegs, daß wir im Gegenwärtigen das Vergangene und Zukünftige ausblenden.

Gestern und morgen ist heute

Achten Sie wieder darauf, was Sie gerade jetzt wahrnehmen, denken, fühlen, tun, indem Sie wieder innerlich Sätze mit »jetzt ...« anfangen. Wenn in Ihren Gedanken etwas Vergangenes oder Zukünftiges auftaucht, sagen Sie sich einfach: »Jetzt denke ich an meinen Streit von gestern« oder »Jetzt denke ich daran, daß ich gleich einkaufen muß«.

Sie werden entdecken, daß Sie so einen doppelten Vorteil haben: Einmal können Sie sich viel einfacher wieder in die gegenwärtige Situation einfinden. Zum anderen wird im Achtsamsein Ihr Bezug zu Vergangenheit und Zukunft deutlicher. Indem Sie innerlich feststellen: »Jetzt erinnere ich mich ...«, können Sie mit Ihrer Erinnerung nicht so leicht aus der Gegenwart flüchten. Sie können das Erinnerte besser in Ihren Tag integrieren. Indem Sie feststellen: »Jetzt denke ich an das kommende Wochenende«, führt die Zukunft nicht so schnell zur Vermeidung des jetzt Anstehenden. Das Kommende kann Ihr gegenwärtiges Tun anregen.

Wenn wir darauf achten, wie unser Erinnern und unser Planen immer im Gegenwärtigen da sind, kann es uns auch gelingen, das Vergangene besser für uns heute zu nutzen und uns hier besser vorzubereiten für das, was kommt. Im Achtsamsein nehmen wir die Gegenwart zum Bezugspunkt, von dem aus wir rückblickend und vorausschauend die Welt *jetzt* erleben und gestalten. Achtsamkeit ist das bewußte Spüren und Wahrnehmen des Gegenwärtigen in seiner Geschichtlichkeit und Zukunftsoffenheit.

Vielleicht ist Ihnen bei den beiden letzten Übungen aufgefallen, daß Ihre Achtsamkeit zwischen mehreren Dimensionen hin und her wechselt: vom Hören oder Anschauen zum Nachdenken oder zum Spüren. Eine bestimmte Dimension des Achtsamseins wird deutlicher, andere geraten in den Hintergrund. Wenn wir einer Musik lauschen, werden wir meist weniger auf das Sehen achten und vielleicht sogar die Augen schließen. Wenn wir Schmerzen haben, kann uns Hören und Sehen vergehen. Dennoch sind die anderen Dimensionen nicht einfach »weg«, sondern sind im Hintergrund weiter wirksam. In den folgenden Versuchen können Sie Ihre persönlichen Muster des Achtsamseins entdecken und herausfinden, wie Sie sich in verschiedenen Dimensionen der Achtsamkeit bewegen.

> ***Durcheinander***
> *Stellen Sie in Ihrem Zimmer die Dinge so hin, daß sie beim Herumgehen nicht stören. Gehen Sie jetzt anschließend für etwa drei Minuten mit geschlossenen Augen im Raum umher und machen Sie sich bewußt, worauf Sie gerade achten. Schreiben Sie möglichst anschließend ein paar Stichworte in Ihr Entdeckungsbuch.*

Vielleicht haben Sie zuerst auf Geräusche geachtet oder auf Ihre Füße beim Gehen oder auf einen Gedanken. Sie können so herausfinden, wie und wann Sie von einer Dimension zur anderen gewechselt haben, welche Dimension Ihnen gerade wichtig, welche unwichtiger gewesen ist.

Während Sie bis jetzt auf den spontanen Wechsel und den Zusammenhang Ihrer Wahrnehmung geachtet haben, können Sie im Folgenden ausprobieren, wie es Ihnen geht, wenn Sie sich auf eine bestimmte Dimension der Achtsamkeit konzentrieren:

> ***Nacheinander***
> *Nehmen Sie sich fünf Minuten Zeit und lesen Sie diese Anleitung in Ruhe durch, bis sie Ihnen vertraut ist. Gehen Sie dann bitte wieder mit geschlossenen Augen im Raum umher. Versuchen Sie jetzt, eine Minute lang nur auf Ihr Gehen zu achten.*

Wie ist das, achtsam einen Fuß vor den anderen zu setzen, das Gleichgewicht zu verlagern und dabei den Raum zu durchmessen?
Gehen Sie ruhig weiter, aber richten Sie nun Ihre Aufmerksamkeit auf das Hören.
Was sind da für Geräusche von draußen, was hören Sie von Ihren Schritten?
Verlassen Sie nun die Dimension des Hörens und achten Sie für eine Minute auf Ihre Gefühle.
Was spüren Sie jetzt in sich, eine Verspannung, innere Ruhe, Neugier?
Verlassen Sie nun auch diese Dimension des Fühlens und achten Sie jetzt für eine Minute auf Ihre Gedanken, Phantasien, Vorstellungen.
Was für ein Monolog über Sorgen und Alltag, welche Phantasien, welche Leere spielen sich im Kopf ab?
Verlassen Sie nun auch diese Dimension, öffnen Sie die Augen und lassen Sie das Erfahrene noch einmal vorüberziehen.

Wie ist es Ihnen in den einzelnen Dimensionen ergangen? In welcher fühlten Sie sich am wohlsten, so daß Sie gern länger geblieben wären? In welcher ging es Ihnen nicht so gut, so daß Sie gern gewechselt haben? Fiel es Ihnen leicht oder schwer, Ihr Achtsamsein auf eine Dimension zu konzentrieren? Welche anderen Vorstellungen drängten sich störend oder angenehm hervor?

Sie können so etwas über die persönliche Struktur Ihres Achtsamseins erfahren. Wenn Sie diesen Versuch zu anderen Tageszeiten und in anderen Situationen wiederholen, können Sie herausfinden, was an dieser Struktur eher situations- und zeitabhängig ist und was eher persönlichkeitsbezogen ist. Sie können so vielleicht feststellen, daß Sie eine Person sind, der es schwerfällt, auf ihre Gefühle zu achten, da sich immer Gedanken einmischen. Oder Sie bemerken, daß die Konzentration auf das Hören Ihnen unangenehm ist, vielleicht sogar Angst auslöst. Die erlebte Einsicht, daß Sie *so* sind, daß Ihre persönliche Struktur des Achtsamseins *so* beschaffen ist, kann es Ihnen erleichtern, achtsam zu leben.

Vielleicht haben Sie bei diesen Versuchen auch herausgefunden, daß unser Achtsamsein immer zwischen zwei Bereichen ausgespannt ist: einem inneren und einem äußeren. Wenn wir etwas hören, achten wir mehr auf etwas Äußeres, wenn wir nachdenken, unseren Ärger oder Hunger spüren, ist unsere Achtsamkeit eher nach innen gerichtet. Aber die bequeme Trennung zwischen einer äußeren Wirklichkeit und einer ichbezogenen Innerlichkeit erweist sich für Achtsame schnell als sinnlos:

Dazwischen
Setzen Sie sich mit diesem Buch an ein Fenster. Sehen Sie sich die Rückseite des Buches an und achten Sie nur auf Ihr Sehen ... Richten Sie jetzt allmählich Ihre Achtsamkeit auf Ihr inneres Empfinden und bleiben Sie da eine Weile ... Wechseln Sie nun wieder zum Sehen, aber indem Sie Ihren Blick zum Fenster hinaus wenden. Nach einer Weile wechseln Sie wieder zu Ihrem Empfinden und dann schließlich zurück zum Schauen der Buchrückseite.

Sie könnten so merken, wie Ihre zuerst vorhandene Empfindung sich mit dem Blick nach draußen verändert hat und wie Sie dann aber auch in der veränderten Stimmung die Buchrückseite anders wahrgenommen haben. Im Achtsamsein ist immer der Zusammenhang zwischen einem Innen und einem Außen lebendig. So können wir an den Außengrenzen des Ich lebensnotwendige Kontakte mit der Umwelt vollziehen: Ich sehe einen Apfel. Das Wasser läuft mir im Mund zusammen. Ich ergreife den Apfel, beiße hinein und esse ihn auf. Ein gutes Gefühl von Sättigung erfüllt mich. Im Achtsamsein erfahre ich die Wechselwirkung zwischen mir und meiner Umwelt als meine Lebensäußerungen.

Wir können durch unseren Apfel erfahren, wie das Wahrgenommene mit unserem Zugreifen und unserem Appetit zusammenhängt. Nicht nur unsere Sinne bilden ein zusammenhängendes Ganzes, sondern auch unsere Körperlichkeit, unsere Empfindungen und Bedürfnisse gehören in diesen Zusammenhang. Schmeckend sehen wir den Apfel anders, hungrig schmeckt er besser.

Auf diesen Zusammenhang wollen wir weiterhin achten, auch wenn wir im Folgenden die sinnlichen Wahrnehmungen nacheinander berücksichtigen.

Wahrnehmen: Machen Sie mehr aus Ihrem Typ!

Die Welt nehmen wir zuerst durch unsere Sinne wahr, um uns mit unseren Gefühlen und dem ordnenden Verstand in ihr zu orientieren. Der Sinn, den wir unserem Leben in der Welt geben, hängt davon ab, wie wir diese Welt sinnlich wahrnehmen.

Jeder Mensch nimmt seine Umwelt auf eine ganz besondere, nur ihm eigentümliche Weise wahr. Das von mir Wahrgenommene existiert nicht als ein Wahres an sich, sondern nur in Bezug darauf, wie ich es wahrnehme. Aus der unendlichen Vielfalt der Wirklichkeit wählen wir mit unseren Sinnen besondere Ausschnitte aus, andere vernachlässigen wir. In der sinnlichen Wahrnehmung entdecken wir Wirklichkeiten, indem wir sie auch zugleich er-finden.

Das von uns nicht Wahrgenommene können wir also auch nicht für »wahr nehmen«. Aber unsere Wahrnehmung ist keineswegs willkürlich. Sie wird bestimmt durch geographische, soziale und kulturelle Prägungen. Die Beduinen unterscheiden unzählige Dünenformen und Arten von gelb, die für einen Eskimo nicht wahrnehmbar sind; dafür sind es bei ihm Kantenformen und Arten von weiß, auf die er spezialisiert ist. Denn auch unsere Tätigkeiten wirken auf unsere Wahrnehmungen, wie umgekehrt diese unser Handeln bestimmen. Die Art unserer Wahrnehmung ist nicht nur einzigartig für jeden Menschen, sondern sie verändert sich auch täglich und im Laufe des Lebens. Beim Aufwachen kommt mir die Welt anders vor als am Abend. Ein Kind nimmt anders wahr als ein alter Mann.

Für die Art unserer Wahrnehmung ist es wichtig, wie wir unsere Wahrnehmungsebenen wechseln und welche wir bevorzugen: Sehen, Hören, Riechen. In einer bestimmten Situation bevorzugen wir eine Wahrnehmungsebene, während andere Menschen in derselben Situation sich auf einer anderen Ebene befinden. Der eine ist vom Morgengesang der Vögel überwältigt, während seine Freundin nur von der zarten Röte des Morgenhimmels schwärmt. Die bevorzugten Wahrnehmungsebenen können sich je nach Situation ändern. Auch der Liebhaber des Vogelgesangs wird in der Gemäldegalerie auf die visuelle Ebene wechseln und das Knarren der Museums-Dielen nur im Hintergrund wahrnehmen (wie in der Übung »Nacheinander«).

Dennoch haben die meisten Menschen im Alltag eine bevorzugte Wahrnehmungsebene, so daß man sie einem bestimmten »Wahrnehmungs-Typ« zuordnen kann. Sie können ausprobieren, welche das bei Ihnen ist:

Sinnlich erinnern

Legen Sie sich einen Zettel und einen Stift bereit. Schließen Sie die Augen und versetzen Sie sich in Ihren letzten Urlaub und bleiben Sie für ein paar Minuten bei Ihren Erinnerungen. Schreiben Sie dann anschließend in vier oder fünf Sätzen die Erinnerungen auf, möglichst Sätze, die mit ›Ich‹ anfangen.

Untersuchen Sie jetzt in Ihrem Text, wie viele Worte sich auf Sehen (Landschaftsbeschreibungen), auf Hören, Riechen oder Bewegungen beziehen. Je nach der Häufigkeit bzw. Abwesenheit bestimmter Dimensionen erhalten Sie Hinweise darauf, ob Sie eher ein visueller, ein auditiver, ein kinästhetischer (bewegungsbezogener) oder olfaktorischer (auf Riechen bezogener) Typ sind. Dieser Hinweis wird dann noch aussagekräftiger, wenn bestimmte Dimensionen in Ihrem Text nicht vorkommen, obwohl sie deutlich vorhanden waren (Kuhglocken oder Blütenduft). Und vielleicht haben Sie etwas an der Landschaft wahrgenommen, was nicht eindeutig den fünf Sinnen zuzuordnen ist, eine »Atmosphäre« oder »Aura« der Landschaft, ihre »Ausstrahlung«, die uns immer wieder an bestimmte Orte zieht. Aufschlußreich ist auch die folgende kleine Anregung:

> ***Zähneputzen***
> *Erinnern Sie sich an das Zähneputzen an diesem Morgen. Was fällt Ihnen dabei spontan ein? Ihr Badezimmer, in dem Sie vor dem Spiegel stehen? Oder hören Sie die Geräusche der Zahnbürste und des laufenden Wassers? Oder spüren Sie die Zahnbürste am Zahnfleisch? Oder riechen und schmecken Sie die Zahnpasta?*

So erhalten Sie noch einen Hinweis auf Ihre bevorzugten Wahrnehmungsebenen in einer anderen Situation und zugleich auch einen Hinweis, wie Wahrnehmung und Bewegung zusammengehören (»sensomotorische Einheit«).[4]

In vielen Situationen ist es wichtig, den eigenen Wahrnehmungs-Typ zu kennen. Bei den meisten Denk- und Lernprozessen können wir uns die Inhalte besser aneignen, wenn sie in dem uns gemäßen Wahrnehmungs-System dargeboten werden. Ein visueller Lerntyp kann wenig mit Vorträgen anfangen und der auditive Lerntyp ist verloren bei Diagrammen. Während der visuelle Lerntyp bildlich denkt und so gleichzeitig viele Aspekte aufnehmen und berücksichtigen kann, folgt beim auditiven Lerntyp ein Gedanke nach dem anderen, so daß Aufnehmen und Wiedergeben in einer linearen Abfolge geschieht, meist langsam und gründlich. Unter Zeitdruck »schaltet er ab«. Der kinästhetische Lerntyp nimmt auf, indem er auf Bewegtes achtet und sich selbst dabei bewegt. Er bevorzugt Eingebungen, Ausdruck und Selbstdarstellung.

Um Ihren Wahrnehmungs-Typ noch genauer kennenzulernen, ist es am einfachsten, auf Ihr Sprechen zu achten. Unsere bevorzugte Wahrnehmungsebene äußert sich beim Sprechen (ähnlich bei den Ferien-Erinnerungen) in wahrnehmungsspezifischen Ausdrücken, die wir »Prädikatoren« nennen wollen. Der visuelle Typ reagiert auf eine schlechte Nachricht mit: »Das sieht nicht gut aus«, während der auditive kommentiert: »Das klingt nicht gut«. In der folgenden Liste sind einige Prädikatoren aufgeführt als Anregung für Sie zur Ergänzung.

Prädikatoren

Visuell
offensichtlich
augenscheinlich
klar
Ansicht
Einblick
Aspekt

Auditiv
klingen
hervorrufen
Anklang
Resonanz

Kinästhetisch
erreichen
behandeln
ergreifen
gespannt
dazu bringen
Wege
unterstellen

Olfaktorisch
schal
bitter

Mit Ihrer Prädikatoren-Liste können Sie sich nun noch einmal testen:

> ***Der eigene Typ***
> *Achten Sie beim Sprechen und Schreiben ab und zu darauf, welche Prädikatoren Sie bevorzugt verwenden. Wenn Sie entdecken, daß Sie in einem Gespräch (das nicht gerade festgelegt ist auf eine Wahrnehmungsebene, wie bei Gemälden oder Musik) Prädikatoren einer bestimmten Wahrnehmungsebene häufiger verwenden, dann folgen Sie dieser Spur und überprüfen sie. (Sie können auch andere bitten, auf Ihre wahrnehmungsspezifische Wortwahl zu achten.) Oft gibt es da Überraschungen.*

In allen menschlichen Beziehungen kann es hilfreich sein, die Wahrnehmungsebenen des Partners, der Partnerin zu kennen. So kann die Verständigung erleichtert werden. Mißverständnisse und Verwirrungen werden seltener. Das gilt besonders für pädagogische und therapeutische Bereiche.

Sie können Ihre Kenntnisse bei mir ausprobieren, indem Sie in diesem Abschnitt auf die Häufung bestimmter Prädikatoren achten und so meinen Wahrnehmungs-Typ entdecken (Ich oute mich in den Ergänzungen).[5]

Aber unabhängig vom Wahrnehmungstyp haben alle Wahrnehmungsebenen für jeden Menschen eine besondere Bedeutung, der wir uns nun zuwenden wollen.

Ich sehe was, was Du nicht siehst.

Mit dem Sehen fängt es bei den Menschen vorsichtig an. Wir werden beinahe blind geboren und brauchen ein Leben lang, um sehen zu lernen. Und an manchen Morgen irren unsere Augen umher. Was ist das für ein komisches Zimmer? Wo bin ich? Als hätten wir in der Nacht mit ganz anderen Augen ganz andere Welten gesehen.

> ***Verkehrte Welt***
>
> *Lassen Sie sich einmal auf ein altes Kinderspiel ein. Spreizen Sie im Stehen die Beine und sehen Sie mit dem Kopf nach unten durch die Beine auf die Welt. Sie werden entdecken, daß der Himmel ein neues Blau hat und die Bäume ganz anders grün sind und ihre Gestalt wie am ersten Schöpfungstag da ist. (Ob Sie in dieser Haltung und mit diesem ursprünglichen Blick auch Wölfe bannen können wie Peter Pan, das müssen Sie einfach ausprobieren.)*

Im Sehen verbindet sich auf wunderbare Weise unser Innen mit einem Außen. Die Welt kommt in Farben, Formen, Bewegungen in uns hinein und wir finden dann die Gestalten und Namen: blau, ein Baum, die Linie, der Punkt. Wir nehmen wahr. Indem wir das Äußere mit Blicken erfassen, sind wir vorbereitet zum Anfassen und Aneignen. Zugleich finden und erfinden wir sehend das Schöne, das uns beglückt und ermutigt. Aber auch schlimme Erlebnisse werden als Schreckensbilder vom Auge fixiert und können oft nicht mehr gelöscht werden. Manchmal hilft vielleicht Gottfried Kellers Seh-Empfehlung aus seinem Abendlied:

Trinkt, o Augen, was die Wimper hält
Von dem goldnen Überfluß der Welt.

Das Auge ist also nicht etwa nur ein physisches Organ zur visuellen Erfassung unserer Umwelt, vorstellbar als eine Art lebendiger Videokamera, sondern es ist viel mehr als das und anders:

> ***Das Auge als Konstrukteur***
> *Betrachten Sie nebenstehende Abbildung. Was erkennen Sie?*

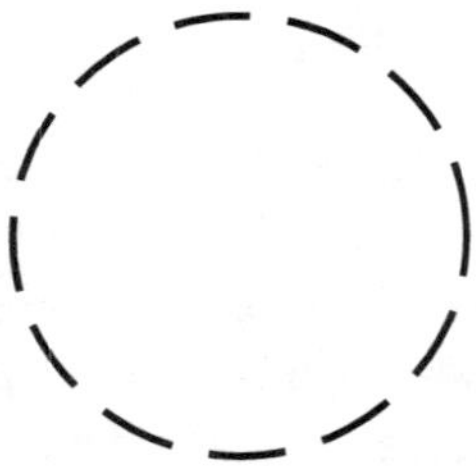

Sie erkennen wahrscheinlich einen Kreis, obwohl nur eine Anzahl gebogener und kreisförmig angeordneter Linien zu »sehen« ist. Unser Auge nimmt nicht wie eine Kamera wahr, sondern wählt aus und konstruiert aus wahrgenommenen Details Figuren und dazugehörigen Hintergrund. Sehen ist also immer auch ein geistiger Vorgang. Im Schauen erfinden wir anhand der vom Auge aufgenommenen Reize unsere eigene visuelle Wirklichkeit, wie sie Maler dann überzeugend und faszinierend wiedergeben. Probieren Sie es einmal aus:

> ***Zwei Maler***
> *Sehen Sie sich in Ihrem Zimmer um wie ein Maler, der es auf horizontale und vertikale Linien abgesehen hat. Ent-*

decken Sie Ihr Zimmer als ein Muster aus vertikalen und horizontalen Linien. Vielleicht bekommen Sie Lust, es auch so einmal zu zeichnen. Versuchen Sie danach, Ihr Zimmer zu sehen als ein Muster in der Farbe braun. Sehen Sie sich alles Braune intensiv an und lassen Sie es deutlich und wichtig werden. Auch hier könnten Sie eine Farbskizze anfertigen, die ganz anders ist als die erste.

Vielleicht können Sie einige Ihrer Konstruktionsprinzipien herausfinden: Sind es eher Farben oder Formen, die Ihnen auffallen? Wie hängt das Nahe mit dem Fernen zusammen? Sie können darauf achten, wie Ihre spezifische visuelle Wirklichkeit mit spezifischen Aspekten Ihres Lebens zusammenhängt. Denn unser Sehen wird auch geprägt von geographischen und biologischen Faktoren, sozialen und kulturellen Mustern und Vorstellungen. So unterscheiden die Eskimos mehr als 15 Arten von Weiß und haben dafür auch Bezeichnungen.

Umgekehrt beeinflußt das Sehen unsere Stimmungen, Gedanken und Gefühle. Am eindringlichsten spüren wir den Einfluß des Sehens auf unser Befinden bei den Farben:

Farblich gestimmt

Besorgen Sie sich in einem Papiergeschäft DIN-A-4 Blätter in den Farben rot, blau, grün, gelb. Finden Sie einen Platz, wo Sie ungestört sitzen und Ihre Farbblätter in gleichmäßigem, nicht zu hellem Tageslicht anschauen können. Wählen Sie nun die Farbe aus, die Ihnen gerade am besten gefällt und halten Sie das Blatt quer etwa eine

Handbreit entfernt von Ihren Augen. Schauen Sie nun in die Farbe hinein, ohne das Blatt zu fixieren und bleiben Sie so ein paar Atemzüge lang bei dieser Farbe. Achten Sie darauf, wie sich Ihre Stimmung verändert.
Nach einer Pause können Sie sich eine andere Farbe wählen und weiter experimentieren mit der Wirkung Ihrer Farben.

So können Sie herausfinden, ob Sie wie die meisten Menschen Rot als warm und anregend empfinden und Blau eher als kühl-beruhigend. Sie können weiter darauf achten,

- wie Ihre Lieblingsfarben mit Ihren Stimmungen zusammenhängen (Kompensation? Unterstützung?)
- wie die Farben Ihrer Kleidung und die Farben in Ihrer Wohnung Ihr Befinden beeinflussen und ob Sie jetzt farblich etwas ändern wollen
- wie Sie Farben in Ihrer Umgebung (Kleidung, Tischdecke, Gardinen, ...) verändern können, um Ihre Stimmung je nach Tages- und Jahreszeit günstig zu beeinflussen.
- Der Einfluß von Farben auf das Befinden wird systematisch genutzt in verschiedenen Farbtherapien und natürlich in der farblichen Gestaltung von Innenräumen (besonders ausgeprägt in der Anthroposophie). Umgekehrt werden in psychologischen Tests aus den Vorlieben für bestimmte Farbkombinationen Rückschlüsse auf psychische Dispositionen gezogen (Lüscher-Test).

Das Auge wird von Goethe als »geistigstes« Sinnesorgan bezeichnet und prägt unser »Gesicht«. Wir leben mit unseren geistigen *Anschauungen* und haben wichtige *Einsichten*. So wie unser Denken vom Sehen bestimmt wird, wird umgekehrt auch das Sehen vom Denken bestimmt.

> ***Das innere Auge***
> *Betrachten Sie einen Gegenstand in Ihrem Zimmer etwa eine Minute lang. Schließen Sie dann die Augen und lassen Sie den Gegenstand innerlich sichtbar werden.*

Indem Sie das äußere Bild innerlich reproduzieren, erfahren Sie auf andere Weise, wie Sehen auch ein geistiger Vorgang ist. Diesen als »Visualisierung« bezeichneten Prozeß können Sie vielfältig anwenden:

Zunächst können Sie vergleichen, wie das visualisierte Bild abweicht von dem, was Sie sehen, wenn Sie die Augen wieder öffnen. Fehlen vielleicht die Details? Oder sind eher die Zusammenhänge ungenau? Gibt es da Entsprechungen zu Ihrer Weltsicht? Wenn Sie kurz- oder weitsichtig sind, werden Sie leichter Entsprechungen bemerken.

Für Kurzsichtige

Die Details sind Ihnen vielleicht nicht so wichtig? Sie lassen die Leute lieber nicht so nah an sich herankommen? Im Träumen zeigt sich Ihnen die Welt ohne Ecken und Kanten in ihren Wesenszügen, und ein wohltuender Schleier dämpft das Häßliche der Welt.

Für Weitsichtige
Sehen Sie sich die Welt da draußen genau an, um Bescheid zu wissen und schnell und heftig zu reagieren? Halten Sie sich für realistisch und lassen Sie sich gern von anderen »Realisten« beeinflussen?

Für Altersweitsichtige
Wollen Sie vieles von Ihrer eigenen Situation nicht so nah an sich heranlassen?

Unsere Fehlsichtigkeit schützt uns also möglicherweise vor Aspekten der Welt, die uns unangenehm sind oder uns bedrohen. Eine Brille ist da manchmal ein unzureichendes Hilfsmittel, weil sie uns ja gerade den benötigten Schutz nimmt, so daß die Augen häufig mit verstärkter Fehlsichtigkeit reagieren, um den Schutz wieder herzustellen. Stärkere Brillen – stärkere Fehlsichtigkeit – stärkere Brillen usw. Wer Fehlsichtigkeit nicht nur optisch mechanisch korrigieren möchte, sondern im Zusammenhang seines Lebens, dem sei von Lisette Scholl »Das Augenübungsbuch« empfohlen, das für alle Sehenden mit Gewinn zu lesen ist.[6]

Aber das geistige Sehen erschließt noch andere Dimensionen.

Das dritte Auge
Nachdem Sie dies gelesen haben, finden Sie eine entspannte Haltung, schließen Sie die Augen im Sitzen oder Liegen. Atmen Sie dreimal tief aus und entlassen Sie mit einem Seufzer alle Sorgen und Geschäftigkeit des Alltags.

Folgen Sie nun Ihrem Atem, der ruhig aus- und eingeht. Wenn irgendwelche Gedanken kommen, begrüßen Sie sie als freundliche Gäste und lassen Sie sie weiterziehen. Wenn Sie so in ruhiger Entspannung sind, lassen Sie innerlich das Bild von sich als Kind entstehen: Stellen Sie sich vor, daß Sie jetzt wieder sechs Jahre alt sind ... Stellen Sie sich vor, wie Sie aussehen, welche Kleidung Sie tragen, wo Sie sich befinden, wer bei Ihnen ist, wie Sie sich bewegen und was Sie gerade machen ... Wenn Sie eine Weile in dieser Vorstellung gewesen sind, verabschieden Sie sich und kommen Sie wieder auf Ihren Stuhl in Ihr Zimmer zurück.

Mit solchen Imaginationen oder Phantasiereisen können wir Vergangenes wieder lebendig werden lassen und längst Vergessenes neu entdecken. Diese Fähigkeit zur Visualisierung wird in vielen Therapieformen und bei spirituellen Praktiken heute genutzt. Sie können Ihre Imagination auch noch um Töne, Gespräche, Worte oder Gerüche bereichern. Wenn Sie genügend Übung haben, können Sie auch probieren, mit Ihrer kleinen privaten Zeitmaschine einmal in die Zukunft zu starten.

In vielen Kulturen spielt diese Fähigkeit zur Visualisierung eine große Rolle. Während in der jüdischen Tradition eher das Hören im Mittelpunkt steht (»Höre, Israel«) ebenso wie in der christlichen (»Am Anfang war das Wort«) und der islamischen (Bilderverbot), ist für viele andere Kulturen das Sehen von besonderer Bedeutung. Bei den Griechen waren die Götter überall sichtbar, die Germanen hatten ihre Seher und Seherinnen, die für die

Vorsehung zuständig waren. Denn obwohl wir mit den Augen den Raum erblicken, wird den Augen auch das Zeitliche zugeordnet. Im Rückblick, in der Vorschau, im Augenblick wird die Zeit aktualisiert, und der Seher kann in die Vergangenheit und in die Zukunft sehen.

Die Schamanen erleben die Geister des Himmels und der Erde durch Visualisierung. Der Buddhist überwindet den Lärm der Welt und des Inneren in der absoluten Stille, um das ewige Licht zu schauen und erleuchtet zu werden. Bei J.-E. Berendt lernen wir allerdings auch: Nada Brahma, daß nämlich im Hinduismus das Göttliche der Welt sich auch im Klingen manifestiert und durch Töne und Mantras in uns lebendig wird.[7]

Unsere moderne Welt ist spätestens seit der Erfindung des Buchdrucks und erst recht durch die neuen Medien einseitig visuell orientiert. Im Durchschnitt verwenden wir heute ca. 80 % unserer Wahrnehmungskapazität für das Sehen. Unsere Fähigkeit zu sehen ist auch die Voraussetzung des technisch-instrumentellen Handelns und wird so einseitig für bestimmte Funktionen mißbraucht und kann dabei verkümmern. Wir mißhandeln unsere Augen mit einer Überfülle von Reizen. Besonders gefährlich ist das Starren auf die Bildschirme und den Fernsehschirm, der zudem meist noch zu hell ausgeleuchtet ist. Achten Sie einmal nach einem Fernsehabend darauf, was Sie als Nachbild im Auge erleben, wenn Sie die Augen auf eine dunkle Fläche richten. Sie werden bemerken, daß der Fernsehschirm sich in Ihre Sehorgane förmlich eingebrannt hat. Weitere Verspannungen gibt es in der Augen- und Nackenmuskulatur.

Erholung von der Mattscheibe
Stellen Sie sich vor, daß von Ihrer Nasenspitze ein gerader Lichtstrahl einen Punkt auf die entfernte Zimmerwand wirft. Bewegen Sie Ihren Kopf nun so, daß dieser Lichtpunkt eine liegende Acht beschreibt und verfolgen Sie diesen Lichtpunkt mit Ihren Augen. Achten Sie während der Bewegung Ihres Kopfes und Ihrer Augen auch darauf, daß Sie ruhig atmen und auch ab und zu blinzeln. Diese Übung kann Ihren mißhandelten Augen vor, während und nach dem Fernsehen, aber auch bei Bildschirmarbeit etwas Erholung bringen.

Sie können in Ihrer eigenen Umgebung Ihre Augen ab und zu verwöhnen oder ihnen jedenfalls nicht zuviel zumuten. Zum Beispiel ist es wichtig, bei künstlicher Beleuchtung die richtige Helligkeit zu finden. Die meisten Menschen haben am Abend das Licht viel zu hell eingestellt, was für den Rhythmus des Sehens unnatürlich und belastend ist. Zum Ausruhen ist es immer gut, in lebendiges Grün zu schauen oder auch in den Himmel, selbst wenn er grau ist. An dunklen Tagen kann es erholsam sein, angenehmes helles Licht wie ein Bad auf sich wirken zu lassen.

Im Sehen zeigt sich besonders deutlich, daß der Kontakt beim Wahrnehmen zwischen Innen und Außen in beiden Richtungen wirksam ist. Nicht nur geistige Vorgänge beeinflussen unser Sehen und umgekehrt, sondern auch Gefühle haben eine Wirkung auf unser Sehen. Bei Wut und Zorn sehen wir nicht nur rot, sondern unsere Augenmuskulatur verspannt sich und beeinträchtigt das Sehen, weswegen wir bei starken Gefühlsschwankungen auch besser nicht Auto fahren sollten. In depressiven Phasen sehen wir nicht nur schwarz, sondern eine Erschlaffung der Augenmuskulatur verändert unsere Sehweise. Aber umgekehrt geht mein Blick zugleich auch von innen nach außen: Ich werfe einen Blick auf etwas; der »böse Blick« kann jemanden treffen. Meine Augenbewegung verrät, was gerade in meinem Inneren abläuft:

Das verräterische Auge
Machen Sie mit einem Freund, einer Freundin ein kleines Experiment. Setzen Sie sich so gegenüber, daß Sie miteinander Blickkontakt haben. Bitten Sie nun die Person, sich an die Haarfarbe ihres Vaters zu erinnern. Sie können beobachten, daß jetzt die Augen Ihrer Versuchsperson von Ihnen aus gesehen nach rechts oben wandern. Bitten Sie nun die Person, auf die Gefühle dabei zu achten. Wahrscheinlich werden jetzt die Augen Ihrer Versuchsperson von Ihnen aus gesehen nach links unten wandern.

Diese Augenmuster, die manchmal bei Linkshändern auch umgekehrt sein können, werden beim »Neurolinguistischen Programmieren« verwendet, um bei Beratungen Hinweise auf interne Prozesse einer Person zu bekommen.

Wann immer Sie Ihre Augen überanstrengt haben oder Probleme mit den Augen haben, können Sie sie durch Übung wieder entspannen und heilen. Die folgende Übung wurde von dem New Yorker Augenarzt W. H. Bates entwickelt, der um 1900 ein Pionier der Heilung von Fehlsichtigkeit ohne Brille war. Obwohl diese Übung so einfach und schnell durchzuführen ist, hat sie eine wunderbare Wirkung:

> ***Augentrost***
> *Schließen Sie die Augen im Stehen, Sitzen oder Liegen. Reiben Sie die Hände aneinander, bis sie gut warm geworden sind. Legen Sie nun beide Hände so auf die Stirn, daß die hohlen Handflächen wie kleine Höhlen über den geschlossenen Augen liegen. Lassen Sie die Hände leicht und ohne Druck in dieser Haltung und spüren Sie, wie die Energie von Ihren Händen in die Augen eindringt. Atmen Sie dabei ruhig fünf- bis zehnmal ein und aus und genießen Sie den Schutz Ihrer Augen. Öffnen Sie dann ganz vorsichtig die beiden Hände wie ein Visier und spüren Sie dabei, daß wie bei einem Neugeborenen die Außenwelt sich wieder für die immer noch geschlossenen Augen bemerkbar macht. Öffnen Sie nun wie ein Neugeborenes vorsichtig die Augen und schauen Sie auf eine nicht zu helle Umgebung.*

Diese Übung wird auch Palmieren genannt (von palm, englisch: die Handfläche). Ich kann Ihnen diese Übung aus eigener täglicher Erfahrung nur bestens empfehlen.

Wer nicht hören will ...

Obwohl wir Töne nicht sehen und Farben nicht hören können, hängt doch in unserer Vorstellung Sehen und Hören eng miteinander zusammen:

Die Sonne tönt nach alter Weise
in Brudersphären Wettgesang,
und ihre vorgeschriebene Reise
vollendet sie mit Donnerklang.

So können auch Sie sich von Goethe anregen lassen, ob Sie mit bestimmten Farben auch Töne oder Harmonien assoziieren können oder ob Sie umgekehrt mit Tönen und Intervallen bestimmte Farben verbinden.

Hören ist immer schon vor dem Sehen da.

Halb noch im Schlaf höre ich die fernen Flötentöne einer Amsel. Ich höre zu und lasse mich freundlich auf den Morgen und das Aufwachen einstimmen. Mit geschlossenen Augen kann ich im Hören mich ganz auf die Frühe und den reinen Anfang einlassen. Im Hören nimmt auch das Kind im Mutterleib sein Aufgehobensein von den ersten Monaten an wahr: Der Herzschlag der Mutter, ihre Stimme, Geräusche des Kreislaufs und der Verdauung. Babys können in den ersten Lebenswochen Melodien wiedererkennen, die die Mutter während der Schwangerschaft gesungen hat. Im Hören ereignet sich für uns die früheste Wahr-Nehmung von Welt. Anders als bei den ebenso früh wahrgenommenen Berührungen und Geschmacksempfindungen kündigt sich im Hören ein mehr oder weniger unterscheidbares Außen an, das beruhigend oder bedrohlich, einschläfernd oder ermunternd wirken kann. Babies mit Schlaf- und Entwicklungsstörungen werden erfolgreich mit dem Einspielen des mütterlichen Herzschlags geheilt. Im Hören vollzieht sich unsere Gestimmtheit zur Welt als ein fortwährender teils bewußter, teils unbewußter Prozeß. Denn die Ohren können wir nicht schließen wie die Augen, und selbst im Weghören und Überhören ist das Verdrängte und Nichtverdrängte präsent. Mit Ohrenschützern oder -stöpseln höre ich das Rauschen des Inneren, und die stumpfe Stille bezeugt das unheimlich verstummte Außen als unsicher und bedrohlich.

Innenton
Sie können diese Übung ausprobieren, indem Sie sich beide Ohren zuhalten und auf die Geräusche in Ihrem Inneren achten. Schließen Sie dabei die Augen, um herauszufinden, wie dieses Gefühl der Isolation von der Außenwelt auf Sie wirkt. Achten Sie beim vorsichtigen »Öffnen« der Ohren darauf, wie Sie die Geräusche Ihrer Umgebung neu und vielleicht dankbar aufnehmen.

Obwohl wir heute Zeitlichkeit auch mit dem Sehen in Verbindung bringen (Augenblick, Vorschau ...), hängt Zeit unmittelbarer mit dem Hören zusammen. Bevor Zeit an Ziffernblättern ablesbar war, wurde sie durch Glocken und andere Geräusche hörbar gemacht. Der Nachtwächter rief die Stunden aus: ›Hört Ihr Leut' und laßt Euch sagen ...‹. Wir können verschiedene Arten von Zeit am besten durch Hören erfahren:

Dauer und Teilung
Wenn Sie zwei verschiedene Arten der Zeit durch Hören erfahren wollen, besorgen Sie sich einen Gong (zur Not tut es auch ein Topfdeckel) und eine Trommel oder auch

einen Karton. Schlagen Sie nun den Gong an und achten Sie auf das Vergehen der Zeit, während der Gong allmählich immer leiser wird, bis er ins Unhörbare übergeht und so die Endlosigkeit der dauernden Zeit verdeutlicht. Danach können Sie auf der Trommel einen Rhythmus klopfen, um so die Unterteilung der Zeit für sich zu spüren.

Beide Erfahrungen, Rhythmus und Dauer, verbinden uns mit vorgeburtlichen Erfahrungen (Herzschlag der Mutter, das Dauern des Blutstroms) und reichen so in tiefere Schichten unseres Bewußtseins hinein. So werden sowohl Gongs wie auch Rhythmusinstrumente in vielen religiösen und esoterischen Traditionen benutzt, um uns in Trance und andere Schichten des Bewußtseins zu bringen.[8]

Wenn Sie keine Musikinstrumente in Ihrer Wohnung haben, sollten Sie sich einige besorgen: als Bereicherung für sich selbst und für alle Besucher und besonders für Kinder. Dabei muß es nicht die leider aussterbende Hausmusik sein, auch nicht die Band oder der einsame Virtuose. Wichtig ist, ab und zu Gelegenheit zu haben, einem gerade selbst erzeugten Klang, Ton oder Rhythmus zu lauschen, ihn in sich aufzunehmen, weiterzuspinnen und sich ausbreiten zu lassen. Wer einen Blüthner-Flügel zu Hause hat, ist fein raus. Aber es genügt eine Mundharmonika, Xylophon, Maultrommel, Blockflöte oder Kartons als Schlagzeug.

Dauer und Rhythmus erwecken in den Klängen und Tonfolgen der Musik das Ohr zum wunderbaren Organ der reinen Empfindungen und Gefühle. Aber die Stimme, die Worte und die Sprache dringen nicht nur als physische Schallwellen in unser Ohr, sondern als bewegende Klänge, die unsere Existenz umfassen und verwandeln können, wenn wir nur darauf achten. Und wir selbst können mit unserer eigenen Stimme dieses Umfassende und Verwandelnde der Existenz für uns selbst und für andere verkörpern:

> ***Klangkörper***
> *Nehmen Sie sich für diese Übung 10 Minuten Zeit. Stellen Sie sich bequem und entspannt hin und schließen Sie die Augen. Es ist wichtig, daß die Füße etwa hüftbreit voneinander entfernt sind und daß die Knie nicht durchgedrückt sind. Lassen Sie Ihren Atem nun ruhig ein- und ausgehen. Denken Sie sich nun innerlich den Vokal A. Stellen Sie sich vor, daß Sie diesen Vokal A nun bald mit Ihrer Stimme nach außen bringen werden und spüren Sie schon, wo dieser Vokal in Ihnen entstehen wird. Bereiten Sie sein Entstehen langsam in sich vor ... Wenn Sie das Gefühl gewonnen haben, daß der Vokal am Kommen ist, lassen Sie ihn vorsichtig und leise in sich erklingen und lassen ihn allmählich nach außen dringen ... Nun können Sie ihn immer lauter werden lassen und verfolgen, wie er in Ihnen und in der Welt zu einem wirklichen Klang wird und in Ihnen und in der Sie umgebenden Luft etwas verändert und bewirkt. Durch ruhiges Atmen können Sie den Vokal immer wieder in seinem Dasein unterstützen. Experimentieren Sie mit der Lautstärke und mit der Tonhöhe und mit der Klangfarbe, bis Sie Ihr »richtiges« A erreicht haben. Lassen Sie dann*

den Vokal allmählich wieder in sich verschwinden und spüren Sie seinem Wirken auch dann noch nach, wenn er außen und in Ihrem Innern nicht mehr erklingt … Fangen Sie dann nach einer kleinen Ruhepause mit dem E an und setzen Sie mit dem I, dem U und dem O diese Übung fort, während Sie die belebende und Sie durchdringende Wirkung spüren.

Die existentielle und verwandelnde Kraft der menschlichen Stimme ist in vielen esoterischen und religiösen Traditionen wichtig und wir kennen sie aus Litaneien und Mantras. »Jedes Geschöpf ist die Kristallisation eines Teils dieser Symphonie der Vibrationen. So gleichen wir einem Klang, erstarrt in solider Materie, der fortfährt, unaufhörlich zu klingen« (Vilayat Inayat Khan). Mehr über die kosmische Dimension des Hörens erfahren Sie in dem Buch des großen Jazzmusikers und spirituellen Lehrers Joachim-Ernst Berendt »Nada Brahma – Die Welt ist Klang«, das von den einen als Kultbuch gefeiert, von anderen als Mystifizierung der Musik kritisiert wird.

Aber unsere Ohren sind – sehr viel irdischer – auch unser soziales Organ. Im Hören des anderen entscheiden wir über Gehören, Gehorsam, Verhör, Erhören, Aufhören. Wie wichtig Hören für unsere Beziehungen und unsere Zugehörigkeit ist, können alle berichten, die entweder selbst Hörprobleme haben oder mit Menschen zu tun haben, die nicht gut hören können. Kinder demonstrieren den Abbruch ihrer Beziehung zu anderen, indem sie sich die Ohren zuhalten. Wir selbst sind hilflos und oft wütend, wenn der andere den Hörer kommentarlos auflegt. Sie können es einmal ausprobieren in einer

Stummschaltung
Schalten Sie bei Ihrem Fernseher einmal bei einer Talkshow den Ton ab und achten Sie darauf, was Sie nun vermissen, wie sich die Personen nun für Sie verändern, wie lange Ihr Interesse noch anhalten wird. Vielleicht entdecken Sie auch, daß der Weg vom Hörfunk zum Fernsehen nicht nur Bereicherungen gebracht hat.

Auch unsere Ohren werden in einer lauten, technisierten und motorisierten Welt gequält und überfordert. Stille als Voraussetzung allen Hörens wird immer seltener: Horchen, zuhören und lauschen wird immer schwieriger. Jugendliche glauben in die Vorwärtsverteidigung zu gehen, indem sie die Ohren zudröhnen. In den Großstädten nehmen Schwerhörigkeit und andere Hörprobleme zu. Versuchen Sie immer, sich Räume und Zeiten der Stille zu schaffen, in denen das Ticken einer kleinen Uhr zum Ereignis wird. Oft sind es die leisen Töne, die uns etwas Bedeutungsvolles ankündigen. Zur Vorbereitung für die Ohren hier noch die Hör- und Denkmütze.

Hör- und Denkmütze
Ziehen Sie mit Daumen und Zeigefinger leicht gleichzeitig an beiden Ohrläppchen. Ziehen Sie dann auch an dem etwas oben liegenden Teil der Ohren und gehen Sie so mit dem Ziehen allmählich bis ganz nach oben, indem Sie das Ohr immer leicht nach vorn ziehen. Wiederholen Sie diese

Bewegung vom Ohrläppchen bis nach oben zwei- oder dreimal. Sie werden bemerken, daß dies Ihrem Hören gut tut. Es wird behauptet, daß auch die Denktätigkeit dadurch angeregt wird. Probieren Sie es aus.[9]

Wen wir nicht riechen können

Mit dem Geruchssinn ist es bei den Menschen nicht weit her. Es wird gesagt, daß mit der Entwicklung des aufrechten Gangs der Geruchssinn nicht mehr zur Orientierung wichtig war und deshalb verkümmert sei. Für die rationale Analyse ist dann die grobe Unterscheidung zwischen Gestank und Duft übriggeblieben. Denn ein Geruch geht so komplex und unmittelbar in unsere Wahrnehmung, daß er sich dem Denken und Benennen entzieht. Das bezeugt auch das armselige Vokabular, das wir zur Beschreibung von Gerüchen zur Verfügung haben. Deshalb können wir dann andererseits mit den »süßen wohlbekannten Düften« um so besser Ahnungen und Erinnerungen überwältigend in uns einströmen lassen, was mit Weihrauch und Räucherstäbchen bei spirituellen Ritualen genutzt wird. Heute sorgen Abgase und Luftverschmutzung zusätzlich dafür, daß auch die Reste unseres Geruchssinns dahinschwinden, ohne daß die meisten den Verlust überhaupt bemerken. Aber auch im Riechen können wir durch Achtsamkeit unsere Wahrnehmungsfähigkeit stärken:

Duftskalen

Stellen Sie sich aus Duftölen, Gewürzen, Obstschalen verschiedene Mischungen her, die Sie mit Buchstaben bezeich-

nen. Versuchen Sie dann die Proben, nachdem Sie sie mit geschlossenen Augen vertauscht haben, zu identifizieren. Im Sommer können Sie auch verschiedene Flieder- oder Rosensorten, Kräuter und Blätter für Ihre Übungen verwenden. Sie werden erstaunt sein, wie wenig differenziert Ihr Geruchssinn am Anfang ist und wie schnell Sie sich verbessern.

Da Sie mit jedem Atemzug etwas riechen können, lassen sich mit Düften Ihre Stimmung verändern und heilende Wirkungen erzielen. In der Aromatherapie werden die Wirkungen ätherischer Öle auf das vegetative Nervensystem genutzt. Sie können es ausprobieren:

Stimmung mit Duft

Besorgen Sie sich einige Duftöle und achten Sie darauf, wie die Düfte auf Ihre Stimmung wirken. Tragen Sie die beobachtete Wirkung in diese Liste ein. Sie können Ihre Eintragung dann mit der Liste in den Ergänzungen vergleichen.[10]

Bergamotte-Öl	wirkt	ausgleichend, aufmunternd
Eukalyptus-Öl	wirkt	
Gewürznelke	wirkt	
Lavendel	wirkt	
Rosen-Öl	wirkt	
Thymian	wirkt	
Zimt	wirkt	
Zitrone	wirkt	

Sie können diese Liste durch Experimentieren mit anderen Düften noch erweitern und so Ihre eigene Aromatherapie etablieren.

Der Geruchssinn ist eigentlich auch ein sozialer Sinn. Der Geruch eines anderen Menschen kann vor jedem anderen Kennenlernen über Sympathie oder Antipathie entscheiden und ist oft der heimliche Führer der Erotik. Babies erkennen unter vielen anderen sofort ihre Mutter am Geruch. »Ich kann jemanden nicht riechen«, bedeutete früher nicht so sehr, daß ich jemanden nicht leiden kann, sondern vielmehr, daß ich ihn nicht einschätzen kann, weil ich seinen Geruch nicht wahrnehmen kann. Heute können wir die meisten Menschen nicht riechen, weil alle Körpergerüche mit Deos, Waschmitteln und Seife ausgemerzt sind und wir uns die spontane Zu- oder Abneigung von der Kosmetik-Industrie unterschieben lassen.[11]

Obwohl der Geschmackssinn mit dem Geruchssinn zusammenhängt, ist der erste doch etwas robuster und durch das Essen existentieller mit uns verbunden. Zwar veröden Burger-King, Ketchup und Cola irgendwann auch die stabilsten Papillen, aber die Schmecker, Schlecker und Genießer sorgen für den Erhalt des guten Geschmacks. Und wenn der Wein »vollmundig mit weichem sandigem Bukett und warm nachhaltigem Abgang« die Kehle herunterrinnt, merken wir, daß wir auch beim Schmecken mit den Wörtern unsere Not haben.

Wird euch langsam namenlos im Munde?
Wo sonst Worte waren, fließen Funde
aus dem Fruchtfleisch überrascht befreit.
Wagt zu sagen, was ihr Apfel nennt.
Diese Süße, die sich erst verdichtet,

um, im Schmecken leise aufgerichtet
klar zu werden, wach und transparent,
doppeldeutig, sonnig, erdig, hiesig –:
O Erfahrung, Fühlung, Freude –, riesig!
(Rainer Maria Rilke)

Nichts begreifen, nichts berühren

Unser Tastsinn ist meist gut ausgebildet. Aber er wird nicht mehr gebraucht. Das Be-Greifen ist von der Hand in den Kopf gestiegen, und der Tastsinn wird verbannt an die Tasten der Computer und der Geräte.

> ***Begreifen***
>
> *Lassen Sie sich von einem Freund oder einer Freundin einige Gegenstände aus Ihrer Umgebung in einen Korb legen. Schließen Sie nun die Augen und holen Sie aus dem Korb die Gegenstände heraus und ertasten Sie diese Gegenstände. Achten Sie darauf, wie im Begreifen sich die Vorstellung über den Gegenstand entwickelt und welche andere Qualität diese Vorstellungen haben, als wenn Sie diesen Gegenstand sofort sehen würden. Wenn Sie dann anschließend sich die Gegenstände ansehen, werden Sie einige Überraschungen erleben. Wenn Sie lernen, achtsam zu greifen, werden Sie mehr und anders begreifen lernen. Die kleinsten Kinder machen es uns vor. Sie können dann sagen: Ja, jetzt begreife ich.*

So geht es uns auch mit der Berührung. Für den Säugling sind Berührung und Körperkontakt überlebenswichtig. Beim Stillen wird das Kind nicht nur ernährt, sondern erlebt zugleich, wie es berührt wird. Auch beim Getragenwerden spüren die Kinder den Körperkontakt, der ihnen Sicherheit und Vertrauen bietet als Voraussetzung einer gesunden Entwicklung.

In anderen Kulturen dauern die Phasen des Stillens und Herumtragens mehrere Jahre. Nach Ansicht vieler Ethnologen wird so eine kindliche Entwicklung ermöglicht, die ein harmonisches inneres Gleichgewicht verbindet mit einer angstfreien freundlichen Zuwendung zu anderen Menschen.[12]

Bei uns wurde viele Jahrhunderte lang durch wissenschaftliche und andere Vorurteile die Bedeutung des Körperkontakts unterschätzt. Die barbarische Methode, Säuglinge fest auf ein Brett zu fesseln und dann als »Wickelkinder« an die Wand zu hängen, war Ausdruck und zugleich Ursache vieler zivilisatorischer Fehlentwicklungen. Wer nicht berührt wird, muß sich abschotten oder »außer sich« geraten. Wer nicht berühren darf, wird scheu oder spürt sich nur noch in der Gewalttätigkeit. Gesellschaftliche Beziehungen werden dann von körperlosen Abstraktionen bestimmt: Geld, Ideologien und Macht sollen dann das eigene Leben »verkörpern« und die fehlende eigene Lebendigkeit ersetzen.

Aber unsere Sehnsucht nach Berühren und Berührtwerden schwindet nicht mit der Kindheit, sondern wird höchstens durch die Berührungsängste unserer Zivilisation erstickt und kanalisiert, bis nur noch Händeschütteln und Schulterklopfen übrigbleibt. Wenn Sie da etwas ändern wollen, fangen Sie am besten bei sich selbst an:

Berühren – berührt werden
Legen Sie Ihre Hand auf die Stirn. Spüren Sie dabei sowohl, was in Ihrer Hand vorgeht, wie auch das, was Sie in Ihrer Stirn fühlen, wie Sie Wärme und Kälte bei dieser Berührung erleben.

Im Alltag können Sie darauf achten, wie Sie Berührungen vermeiden, obwohl Sie gern berührt hätten oder gern berührt worden wären und wann Sie umgekehrt berühren oder sich berühren lassen, obwohl es Ihnen gar nicht angenehm ist.

Das Wärme- und Kältegefühl ist bei den meisten Menschen gut ausgebildet. Nur beachten wir es leider wenig. Weil warmes Wasser so einfach aus der Leitung herauskommt, duschen wir uns am Morgen ausgiebig heiß und schicken womöglich hinterher noch eine Abkühlung mit eiskaltem Wasser. Wir haben die Achtsamkeit dafür verloren, daß Wärme und Kälte Qualitäten sind, die unserem Körper in ganz bestimmten Situationen in ganz bestimmten Dosierungen an ganz bestimmten Stellen gut tun oder auch nicht. Das heiße Duschen und womöglich noch das eiskalte Abkühlen ist sicherlich in den meisten Fällen dem Körper nicht nur nicht zuträglich, sondern auch schädlich und kann auf die Dauer Kreislaufschäden und Herzprobleme bewirken. Vielleicht probieren Sie, wieder darauf zu achten, wann und an welchen Körperteilen Ihnen Wärme und Kälte gut tut. Früher gab es ausgearbeitete Praktiken, die zwischen verschiedenen Arten von Wärme und Kälte, Feuchtigkeit und Trockenheit als Anwendung für den Körper unterschieden haben. Zumindest können wir einige Grundregeln von Kneipp befolgen:

> ***Kneippen***
> *Versuchen Sie, ob es Ihnen am Morgen gut tut, die Unterarme in Ihr Waschbecken mit kaltem Wasser zu legen. Probieren Sie auch aus, wann es Ihnen gut tut, die Beine, mit dem rechten beginnend, von der Fußsohle bis zum Knie und wieder zurück kalt abzuduschen. Betrachten Sie heißes Wasser nicht als ein technisches Reinigungsmittel, sondern als ein Element, das entweder wie ein Heilmittel oder wie ein Schadstoff wirken kann. Vielleicht gelingt es Ihnen achtsam zu sein, wie Sie Wärme und Kälte als wichtige Qualitäten in Ihrem Alltag erfahren und genießen können.*[13]

Was wir sonst vielleicht noch wahrnehmen können an Zeit- und Raumdimensionen, an elektromagnetischen Feldern, Schwingungen, Druckschwankungen, Auren und morphogenetischen Feldern enthüllt sich einstweilen eher der Achtsamkeit der dafür Begabten als der Neugier der Wissenschaftler.

2 Bewegen und bewegt werden

Alle unsere sinnlichen Wahrnehmungen sind bezogen auf unsere Körperlichkeit. Unsere Sinnesorgane gehören zu unserem Körper, und erst wenn ich mich körperlich bewege, kann ich mich durch meine Wahrnehmung orientieren: Ich bewege den Finger, um etwas zu ertasten; Kopf- und Augenbewegungen ermöglichen das Sehen, bevor ich zugreifen oder hinlaufen kann. Diese »sensomotorische Einheit« umfaßt Körperlichkeit im Wahrnehmen und Handeln.

Noch deutlicher erleben wir, wie unauflösbar unser Körper mit Gefühlen und Bedürfnissen zusammenhängt. Nur das Denken tut so, als wäre es im körperlosen Geist, und erst bei Zahnschmerzen kapituliert der echte Denker.

Aber heute ist der Körper auf sonderbare Weise im Schwinden begriffen: Dank der modernen Informationstechnologie brauchen wir nicht einmal mehr körperlich anwesend zu sein. Je mehr sich die virtuelle Welt der Bilder und Zeichen im Internet und in anderen Geräten manifestiert, um so mehr virtualisiert sich der manifeste Körper als sich verflüchtigendes Anhängsel der Surfer, um dann im Cyberspace als audiovisuelle Schnittstelle wieder aufzuerstehen.

Andererseits wird dieser verschwindende Körper ganz manifest und biotechnisch ergänzt oder umgebaut mit

Ersatzteilen, fremden Organen und durch Genmanipulation. Dem entspricht dann in Sport, Freizeit, Werbung und Mode ein Körperkult, der mit Fitness, Bodybuilding und Wellnessfarm den Körper rein äußerlich optimieren und durch ästhetische Selbstinszenierungen überhöhen will, ohne seine geistig-seelische Dimension zu erfassen.

Erst der seit der Jahrhundertwende um 1900 immer deutlicher werdende Leidensdruck, der mit dieser Trennung von Körper-Geist-Seele zusammenhängt, läßt die westliche Welt allmählich offener werden für die vielfältigen geistigen Traditionen des Ostens, bei denen Körperlichkeit und Geistigkeit untrennbar zusammengehören. In diesem Sinne wollen auch wir hier im folgenden Achtsamsein als eine (durchaus auch geistige) Dimension des Körperlichen vorstellen, wobei der Körper immer zugleich Quelle meiner Achtsamkeit ist und auch ihr Gegenstand: Ich bin mein Körper *und* ich habe einen Körper.

Körperbewußtsein statt Madensack

Achtsamsein ist immer bezogen auf unsere Körperlichkeit. Um diesem Bezug näher zu kommen, fangen wir an mit einer Anregung:

> ***Körpersalat***
> *Bitte schreiben Sie in Ihr Entdeckungsbuch auf, was Ihnen zu dem Begriff »Körper« einfällt.*
> *(Auswertung s. Ergänzungen)*[14]

Solche und ähnliche Tests geben einen Hinweis darauf, wie wir in unserer westlichen Tradition den Körper als etwas

Äußerliches erleben und wahrnehmen. Im Deutschen werden Arme und Beine sinnigerweise zu den »Extremitäten« zusammengefaßt. Wir erleben den Körper als etwas, das wir *haben*, und nicht als etwas, das wir *sind*. Wir haben zwei Beine, wir haben Arme, einen Bauch ... Die Vorstellung, daß ich mein Arm, meine Hand, mein Finger, meine Lunge, mein Herz bin, kommt uns fremd und vielleicht sogar lächerlich vor, während sie in anderen Kulturen selbstverständlich ist. So wurde z. B. in altchinesischer Tradition ein abgetrennter Finger rituell begraben als ein Teil von der ganzen Person, während wir ihn nur als »verloren« bezeichnen. Schon seit der Antike wird der Körper mehr als ein Gefäß des Geistig-Seelischen aufgefaßt, wie es im »mens sana in corpere sano« deutlich wird. Die Trennungen zwischen Geistigem, Seelischem und Körperlichem werden verstärkt durch jüdische und christliche Traditionen. Wenn Kaiser Konstantin Zungen ausreißen und flüssiges Blei in den Mund gießen läßt, so geschieht das um der »christlichen Wahrheit« willen. Augustinus – immerhin zum Heiligen avanciert – bezeichnet die Folter als Akt der Liebe, damit der Abtrünnige auf den Weg der Wahrheit und des Heils zurückfindet; denn die Folter schadet »nur dem sündigen Fleisch, dem Gefängnis der Seele«. Die Verachtung und Unterdrückung des Körpers als »Madensack« zieht sich durch die christlich-abendländische Geschichte und wirkt mit Sicherheit im Verborgenen auch auf uns noch ein, wobei natürlich die Verherrlichung des makellosen Körpers als Konsumfetisch nur die Kehrseite der Medaille Körperverachtung darstellt. Entdecken Sie es selbst:

Mein Körper

Schreiben Sie in Ihr Entdeckungsbuch Antworten zu folgenden Fragen:

Welche Stellen meines Körpers mag ich nicht?

Welche Stellen meines Körpers verberge ich?

Wie verberge ich sie?

Welche Stellen meines Körpers habe ich gern?

Welche Stellen meines Körpers zeige ich?

Wie zeige ich sie?

Welche Gründe fallen mir für mein Mögen/Nichtmögen ein (Familie, Freundinnen, Freunde, Medien ...)?

Vielleicht haben auch Sie in einigen Aspekten bei diesem Versuch entdeckt, wie die Verachtung des Körperlichen in uns weiterwirkt, und wie die Trennung von Geist, Seele und Körper immer noch in uns lebendig ist, auch als Voraussetzung für unser Funktionieren in der modernen Industriegesellschaft.

Sie können dabei auch darauf achten, wie Ihnen Ihre Körperlichkeit sowohl vertraut als auch fremd ist. Wir sind in unserer Körperlichkeit auf wunderbare Weise aufgehoben und zuhause. Und doch wird uns im Laufe der Lebensgeschichte unser Körper oft fremd und beängstigend.

Wenn Sie auf Ihren Körper achten, kommen Ihnen bei bestimmten Körperstellungen oder Bewegungen vielleicht ganz unvermutet Erinnerungen. Dann erleben Sie in solchen Momenten, wie alle unsere körperlichen Funktionen und Bewegungen zusammenhängen mit unserer eigenen Lebensgeschichte, wie bestimmte biographische Erfahrungen sich eingeprägt haben in unsere Haltung, in unsere äußere Konstitution und die Art unserer Bewegungen. Und durch Achtsamsein auf unsere Körperlichkeit können wir bestimmte Erfahrungen wieder lebendig werden lassen und uns mit ihnen aufarbeitend auseinandersetzen (wie in der Bioenergetik als therapeutischem Prinzip praktiziert).[15] Probieren Sie es einmal aus:

> ***Was Babies dürfen***
> *Legen Sie sich in einem ruhigen Viertelstündchen auf Ihr Sofa oder auf Ihr Bett, ziehen die Knie etwas an und nehmen den Daumen zum Lutschen in den Mund. Achten Sie auf alle Gefühle, die jetzt bei Ihnen entstehen. Spüren Sie Ihre Hand, den Daumen, das Innere Ihres Mundes, die Lippen, aber auch Veränderungen im Bauch und Beckenbereich. Achten Sie auch auf Gedanken, die entstehen. Vielleicht entstehen sogar in Ihrer Stimme uralte Töne und Laute.*

Sie konnten mit dieser Übung erleben, ob frühkindliche Erfahrungen noch in Ihrem Körpergedächtnis gespeichert sind. Wir können durch Achtsamsein auch erfahren, wie das, was uns durch Geburt mitgegeben ist, zusammenhängt mit kulturellen und gesellschaftlichen Bedingungen. Zum Beispiel habe ich immer noch einen inneren Zwang in mir, neben »Damen« auf der linken Seite zu gehen. Dies hat mir meine Mutter als »Höflichkeit« antrainiert, ohne zu wissen, daß diese Tradition aus der Ritterzeit stammt, weil die (meist rechtshändigen)

Ritter den Degen zum schnellen Ziehen auf der linken Seite tragen mußten und so an dieser Seite eine Dame nicht gut gehen konnte. So hat sich in mein Körpergedächtnis die Ritterzeit (durch meine Mutter) eingegraben, und jetzt habe ich mit Erstaunen festgestellt, daß mein Sohn bei mir auch immer auf der linken Seite geht, obwohl ich ihm nie davon erzählt habe.

Da wir unsere Körperlichkeit am intensivsten über Bewegungen erfahren, ist es auch naheliegend, zunächst durch die Achtsamkeit auf unsere Bewegungen die Vorgänge unseres Körpers zu spüren, um mehr Bewußtheit über uns als lebende und sich bewegende Wesen zu erlangen. Dabei kommt es *nicht* darauf an, ganz besondere Bewegungen in einer besonderen Reihenfolge aus einer besonderen Schule besonders konsequent durchzuführen. Vielmehr bringt uns jede Bewegung, die wir achtsam tun, in unserer ganzheitlichen Entwicklung weiter. Sie macht uns lebendig, schärft unsere Sinne und öffnet uns für die Wahrnehmung der äußeren Welt und sensibilisiert uns für unsere eigenen Gefühle und Bedürfnisse.

Jede Bewegung, die wir nur wegen eines Zieles, einer Absicht tun, bringt uns Abnutzung, Verzerrung und Stumpfheit. Dies gilt auch und sogar besonders für alle Arten von Sport und Fitneßtraining, deren nicht nur die Gesundheit gefährdenden Nebenwirkungen nur dann gemindert werden können, wenn die Selbstbestimmung und die Achtsamkeit auf die eigene Befindlichkeit in den Mittelpunkt kommen. Die besten Trainingspläne werden gefährlich und krankmachend, wenn äußere Ziele (Leistung, Kompensation, Fitneß) die Achtsamkeit auf das, was in mir vorgeht, verstellen. Andererseits können Jogging oder selbst sture Liegestützen uns gut tun, wenn wir sie achtsam tun, und die schönste Jogaübung kann uns Muskelzerrungen einbringen, wenn wir sie nur um der Erleuchtung willen tun.

Nehmen Sie sich daher jeden Tag ein paar Minuten Zeit und lassen Sie in einer Atmosphäre ruhiger und wacher Entspannung Ihren Körper finden, welche Lage (sitzen, knien, liegen, stehen) Ihnen gerade gut tut und welche Bewegung jetzt gerade für Sie richtig ist. Was immer es für eine Bewegung ist, seien Sie mit Achtsamkeit dabei und spüren Sie hinterher in einer Ruhestellung nach, wie die Bewegung in Ihnen weiterwirkt.[16]

Es gibt heute ein großes Angebot vorzüglicher Schulen, die Körperlichkeit und Bewegungen mit Achtsamkeit verbinden und westlichen oder östlichen Traditionen verpflichtet sind, von denen einige in den Ergänzungen aufgeführt sind.

Von diesen Traditionen und den damit zusammenhängenden Schulen können Sie sich anregen lassen oder auch zu Schülern werden. Sie können aber auch Ihren Körper seinen eigenen Weg entdecken lassen. Daß hier ganz einfache Bewegungen viel bewirken, zeigt Ihnen vielleicht diese kleine Übung:

Wachsenlassen

Nehmen Sie sich fünf Minuten Zeit. Stellen Sie sich dann möglichst barfuß an einen Ort, an dem Sie sich wohl fühlen, wach und entspannt. Die Füße sind etwa handbreit auseinander. Spüren Sie den Kontakt zum Boden, wie der Boden Sie trägt. Spüren Sie, daß Sie jetzt von den Füßen bis zum Scheitel aufgerichtet sind zwischen unten und oben, zwischen der Erde, die Sie trägt und dem Himmel, der über Ihnen ist ... Lassen Sie diese Aufrichtung bis in Ihre Arme, in die Hände und in die Fingerspitzen wirken, lassen Sie es zu, wie Ihre Fingerspitzen mit den Armen sich ganz langsam Zentimeter für Zentimeter nach vorn bewegen, die gestreckten Arme werden ganz allmählich nach vorn gezogen bis in die Höhe des Bauches, noch höher, bis sie neben dem Kopf nach oben weisen. Verweilen Sie in dieser Stellung und spüren Sie dieses äußerste Gestrecktsein zwischen oben und unten ... Wenn der richtige Zeitpunkt gekommen ist, lassen Sie zu, daß die Fingerspitzen die ausgestreckten Arme nun seitlich Zentimeter für Zentimeter nach unten führen, bis sie wieder in der Ausgangsstellung sind. Spüren Sie nach, wie sich Ihr Stand verändert hat, wie sich Ihr Stehen in der Welt jetzt anders anfühlt.

Vielleicht fühlten Sie an bestimmten Winkeln der Arme eine Zähigkeit oder Widerstände; denn im ersten Teil haben wir es mit der Schwerkraft zu tun, wir lassen durch die Schwerkraft die Beschaffenheit der Welt wirken auf unsere Muskeln, auf unsere körperliche Beschaffenheit. Vielleicht kommen im zweiten Teil unerwartete Gefühle; denn wir wirken durch unser Umfassen in den Raum hinein. Und vielleicht spüren Sie auch Beziehungen zu archaischen Gesten und zu typischen Gesten der Kindheit, die Sehnsucht zu umarmen und umarmt zu werden.

Wer gut geht, dem geht es besser

Gehen ist unsere alltäglichste Bewegung und die wichtigste unserer Menschwerdung. Solange wir gehen können, ist uns Gehen so alltäglich, daß wir das Wunderbare an dieser Bewegung gar nicht bemerken. Meist wird uns erst in der Behinderung das All-Umfassende des aufrechten Gangs bewußt: laufen, losrennen, tanzen und springen, weggehen, stehenbleiben, zum Feldberg wandern, Wettlauf, Klettern, Schritte: Wir sind angekommen. Und Gehen bedeutet auch: einen Fuß nach dem anderen auf die Erde setzen, wieder lösen, unser Gewicht spüren, getragen werden vom Grund. Im Gehen richtet sich das Kleinkind erstmalig auf und erlangt menschliche Größe. Zwar kann es viel schneller und einfacher alles, was es haben und anfassen will durch Krabbeln er-reichen, aber es will um jeden Preis gehen. Im aufrechten Gang ist eine Vollendung angelegt, die nur dem Menschen zukommt. Das Kind ist stolz und froh beim Gehen. Es ist achtsam und lernt unermüdlich mit jedem Schritt. Es geht mal auf den Tisch zu, dann zur Mama, dann wieder nur um zu gehen, auch um zu zeigen, wie es geht, mal schnell, mal langsam, innehaltend, plötzlich losstolpernd, ganz behutsam und fällt mal um. Es geht, um zu erreichen, es geht, um sich zu zeigen und vor allem geht es, um zu gehen. Bald wird es heißen: beeil Dich! Nein, da lang! Trödel nicht! Und es wird lernen, daß es nur noch geht, um irgendwo hinzukommen, wohin es vielleicht gar nicht will. Der eigene Gang wird allmählich gebrochen und verändert. Gehen wird immer mehr Mittel zum Zweck.

Mit und ohne Ziel

Nehmen Sie sich für diese Übung im Freien eine Viertelstunde Zeit. Setzen Sie sich jetzt ein Ziel, das Sie von Ihrem Ausgangspunkt in ca. 5 Minuten gehend erreichen können. Gehen Sie jetzt bis zu diesem Ziel und halten Sie an, wenn Sie es erreicht haben. Achten Sie jetzt darauf, wie dieses Gehen war und wie es auf Sie gewirkt hat. Gehen Sie dann ohne Ziel weiter und versuchen Sie einmal, es Ihren Beinen zu überlassen, wann Sie anhalten wollen und umkehren. Vertrauen Sie jetzt einfach Ihren Füßen und Beinen und lassen Sie sich neugierig und verwundert tragen, wohin Ihre Beine Sie führen. Achten Sie darauf, wie Ihre jetzige Gangart von der anderen unterschieden ist. Wie hat sich die Wirkung des Gehens verändert?

Fast immer ist unser Gehen dadurch bestimmt, daß wir schnell ein Ziel erreichen wollen. Unser Gang wird dabei zu fest und gehetzt. Oft können wir diese Verformung selbst beim Spaziergang, Jogging, Walking oder Wandern nicht mehr loswerden, besonders wenn wir es nur als Training ohne Achtsamkeit betreiben.

Eigengang

Probieren Sie im Gehen alle Veränderungen aus: einen beschwingten Gang, einen schlendernden oder wiegenden Gang, mal stampfend fest, mal leichtfüßig, fersen- oder hackenbetont, lange langsame und lange schnelle Schritte, kurze ruhige und kurze abgehackte Schritte, mal weich, mal steif in den Knien. Achten Sie darauf, wie Sie sich bei den verschiedenen Gangarten fühlen und ob eine Gangart Ihnen besonders gut gefällt, ob Sie bei dieser Gangart vielleicht eine Melodie summen oder pfeifen wollen. Wenn Sie so eine Gangart gefunden haben, probieren Sie sie möglichst oft und genießen Sie es, von »Ihrem Gang« getragen zu werden.

Vielleicht haben Sie in Ihrem alten Gang auch alte Muster entdecken können. Oft haben wir uns an den Gang von Vater/Mutter/Geschwister/PartnerInnen angepaßt und verkürzen oder verlängern die »eigenen« Schritte. Das Wiederfinden des eigenen Ganges wirkt körperlich und seelisch befreiend. Daß ich in »meinem Gang« bin, spüre ich daran, daß ich mich groß fühle, die Schnelle der Fortbewegung genieße und das Durchmessen des Raumes. Oder daß eine Melodie in mir entsteht, die ich mitsumme oder mitsinge.

Wer am Schreibtisch nicht weiterkommt, läuft hin und her, bis der Gedankenfluß »weitergeht«. Goethe schrieb an einem Stehpult, so daß der Fluß zwischen Gehen und Schreiben (oder Diktieren) nicht unterbrochen war. Sie können es selbst ausprobieren. Wenn Sie sich angewöhnen, bei Spaziergängen immer Zettel und Stift dabei zu haben, können Sie Ihre beflügelten Gedankengänge gleich festhalten. Mir ist für dieses Buch viel auf Wanderungen oder während meines regelmäßigen Joggens eingefallen. Konfliktträchtige Gespräche »laufen« am besten im Gehen, weil dann nicht so schnell Beharrung und Frontenbildung das Gespräch zum Stillstand und Abbruch bringen. Das gemeinsame Gehen hält das Miteinander-Sprechen in Gang (besonders bei kinästhetisch veranlagten Menschen).

Achtsam behandeln

Sind beim Gehen die Arme und die Hände schon wichtig, so werden sie noch wichtiger, wenn wir erst angekommen sind. Denn in fast allen Tätigkeiten wirken unsere Hände mit. Wir verwirklichen uns durch unser Handeln.

Die große Bedeutung der Hände für die Menschen drückt sich auch sprachlich aus: wir be*handeln* einen Kranken; wir be*greifen* einen Sachverhalt, über den wir ver*handeln*; wir fühlen uns gut oder ungerecht be*handelt*. Frank R. Wilson weist nach, daß in erster Linie nicht der aufrechte Gang, die Sprache oder das Denken die menschliche Evolution bestimmt haben, sondern die Entwicklung der Hand, die sich nur durch einen winzigen Knochen von der des Affen unterscheidet.[17] Im Handwerk und im Handel zeigt sich auch die Bedeutung der Hand für die Schaffung der Grundlagen unserer Gesellschaft. Zwar scheint heute die Hand weitgehend durch Maschinen und Computer ersetzt zu sein. Aber an der berüchtigten »Mensch-Maschine-Schnittstelle« werden die Hände immer gebraucht, auch wenn sie die Maschine nur »bedienen«. Und dieses hier schreibt meine Hand (ganz altmodisch) mit einem Stift, damit es Frau K. morgen mit ihren Händen zeitgemäß in den PC »eingibt«. Allerdings behandeln wir unsere Hände meist nicht mit der ihnen zukommenden Achtung und vertrauen zu wenig ihren wunderbaren Fähigkeiten:

Die Hände achtsam behandeln
Schütteln Sie Ihre Hände locker und behutsam. Nehmen Sie nun den kleinen Finger der linken Hand zwischen Daumen, Zeige- und Mittelfinger der rechten Hand und »behandeln« Sie ihn durch sanftes Drücken und Streichen und durch winzige Drehungen. Behandeln Sie so alle Finger. Achten Sie dabei auf die Besonderheit jedes einzelnen Fingers und darauf, was er Ihnen bedeutet. (Früher gab es Zuordnungen jeden Fingers zu den Planeten und Göttern.) Lassen Sie dann beide Hände ruhen (z. B. auf dem Tisch). Spüren Sie nun, wie die Lebendigkeit Ihrer Hände in Sie einströmt.

Mit den Händen achtsam behandeln
Reiben Sie Ihre Hände aneinander, um sie »energetisch aufzuladen«. Legen Sie dann Ihren Kopf in die Hände und überlassen Sie ihn der entspannenden und zugleich anregenden Wirkung. Ähnlich können Sie Schmerzen und Verspannungen behandeln. Oft wirkt die Behandlung für andere oder durch andere intensiver. Vertrauen Sie Ihren Händen und entdecken Sie ihre heilenden Kräfte, die den Menschen seit Jahrtausenden helfen. (s. Ergänzungen)

Sicher haben Sie bei diesen Übungen gespürt, daß wir nicht nur zwei Hände haben, sondern wir *sind* auch unsere Hände, und zwar eine linke Hand und eine rechte Hand.

Ineinander
Legen Sie Ihre beiden Hände ineinander und spüren Sie die Entspannung und ein sanftes Strömen von der einen

Hand zur anderen. Alte Frauen auf dem Land sitzen so oft nach getaner Arbeit. Vielleicht entdecken Sie einen Unterschied, ob die rechte oder die linke Hand gibt oder empfängt. In vielen Religionen wird Andacht und Gebet mit dem Zusammenlegen beider Hände unterstützt, so daß auch das Göttliche noch in unseren Händen liegt.

Die Links- und Rechtshändigkeit ist in vielen Bereichen unseres Lebens wichtig. Neue Untersuchungen gehen davon aus, daß die angeborene Linkshändigkeit bei fast 50 % der Bevölkerung vorliegt. Nach heutigen Forschungen hängt die angeborene Händigkeit eines Menschen zusammen mit der Dominanz einer Gehirnhälfte und zwar bei Rechtshändern mit der linken Hemisphäre und bei Linkshändern mit der rechten Hemisphäre. Der Händigkeit entspricht dann die Dominanz einer Gehirnhemisphäre, die als Grundlage besonderer Begabungen und Erlebnisweisen angesehen wird. In der folgenden Tabelle ist die Funktionsverteilung schematisch dargestellt:

Rechtshändig (linke Hemisphäre)	Linkshändig (rechte Hemisphäre)
analytisches Denken	synthetisches Denken
Logisch	Ganzheitlich
Linear nacheinander	zusammenhängend
Sprachlich	Bildhaft
Zeiterleben	Räumliche Vorstellung
Zahlensinn	Musikalität
Rational	Intuitiv

Allerdings können solche, durch die neurologische Forschung gefundenen Zusammenhänge von uns nicht unmittelbar erfahren werden und sind zudem natürlich individuell verschieden ausgeprägt. Wir können uns diese Zusammenhänge aber durch Übungen zunutze machen, die rechts und links in Überkreuzbewegungen in Verbindung bringen und so auch die Funktionen beider Hemisphären verbinden, harmonisieren und effektivieren.

> ***Verbindung herstellen***
> *Stehen Sie aufrecht und entspannt. Heben Sie den rechten Arm gestreckt nach vorn bis in Augenhöhe. Beschreiben Sie nun mit der Hand eine waagerechte Acht, indem Sie im Kreuzungspunkt der Acht nach rechts oben die Hand bewegen und die Acht langsam vollziehen. Folgen Sie Ihrer Hand mit den Augen. Fahren Sie mit der Bewegung der Hand und der Augen fort. Wiederholen Sie dasselbe dann mit der linken Hand.*

Diese Übung aus der Kinesiologie soll durch die Überkreuz-Bewegung die Verbindung zwischen beiden Hirnhemisphären herstellen und so das Zusammenwirken von rationalen und intuitiven Kompetenzen fördern.[18]

Wichtig ist es für jeden Menschen, seine Händigkeit zu erkennen und zu beachten. Heute werden zum Glück Linkshänder nicht mehr umgeschult. Aber viele, die sich heute für Rechtshänder halten, sind es in früher Kindheit nur aus Anpassung oder Gewohnheit geworden. Sie werden heute als Pseudorechtshänder bezeichnet. Bei ihnen bleibt die rechte Gehirnhälfte dominant. Sie ist nun jedoch unterdrückt, während die linke Hemisphäre überlastet ist. Daraus ergeben sich Störungen, die eine Behinderung von Gedächtnisleistungen bewirken können. Lernen und Erinnern können stark beeinträchtigt werden, und die betreffenden Menschen fühlen sich oft gehemmt und verunsichert: Es kann zu Minderwertigkeitskomplexen, Ängsten und Vermeidungsverhalten, sogar zu Rückzugstendenzen und Depressionen kommen. Auch Sprachstörungen wie Stottern und Stammeln können so entstehen. Erst wenn der Zusammenhang zwischen den Symptomen und dem oft jahrelang zurückliegenden Umerziehungsprozeß erkannt wird, ist eine Therapie möglich. In jedem Fall ist es für unsere Wahrnehmungsfähigkeit und unser Denken gut, immer wieder beide Hände in unser Tun einzubeziehen.

Üben mit der nicht-dominanten Hand

Schreiben Sie das Wort Achtsamkeit *mit Ihrer nicht-dominanten Hand von hinten nach vorn. Wiederholen Sie es mehrere Male und achten Sie darauf, wie schnell Ihre nicht-dominante Hand lernt und das Schriftbild sich verbessert. Wiederholen Sie die Übung nach ein, zwei, mehreren Tagen und achten Sie darauf, wie gut Sie es noch können.*

Handlich spüren

Verwöhnen Sie Ihre Hände, indem Sie sich einen kleinen Stein oder eine kleine Kugel aus Glas oder Porzellan besorgen und in der Hand halten und darin bewegen. So im Handeln spüren Sie Ihre Hand, und Ihre Hand umfaßt nicht nur den Stein, sondern begreift das, was den

Stein und Sie umfaßt. In vielen Religionen spielen runde Gegenstände in der Hand eine Rolle (Rosenkranz, Tesbih in islamischen Traditionen).

Weil die Hände für unser Handeln im Leben so wichtig sind, kann uns die äußere Beschaffenheit der Hände viel über eine Person aussagen. Damit beschäftigt sich seit dem Altertum die Chiromantie, bei der es mehr ums Wahrsagen geht, und später die Chirologie, die sich mit Charaktermerkmalen beschäftigt.

Der Odem des Lebens

Eine besondere Bedeutung kommt im Körperlichen der Atmung zu. Im Atmen sind wir zwischen Innen und Außen, zwischen bewußt und unbewußt, hinein und hinaus, tun und lassen. Im Atmen nehmen wir Raum in uns hinein und geben ihn verwandelt an die Welt zurück. Atmen ist die einzige Tätigkeit unseres Daseins, die ohne unseren Willen geschieht, die wir dann aber wieder willentlich bestimmen können. Unser Leben als Erdenwesen fängt mit einem ersten Atemzug an, während fast alle anderen Organfunktionen einschließlich der Bewegungen sich schon im Mutterleib weit entwickelt haben. Und unser irdisches Leben hört mit einem letzten Atemzug auf, wenn andere Lebensfunktionen dennoch fortexistieren.

Atmen ist eine besondere organismische Eigenbewegung, weil sie – anders als z. B. der Herzschlag oder die Verdauungstätigkeit – an der Grenze zwischen unwillkürlichen und unbewußten Körperfunktionen und willkürlichen und bewußten Beeinflussungen steht. Ich kann meinen Atem willentlich anhalten oder beschleunigen, tief oder flach atmen, stoßweise oder sanft. Andererseits kommt und geht der Atem nächtlich und täglich meist unbemerkt und selbstreguliert.

Da das Atmen für unser Befinden von entscheidender Bedeutung ist, hat diese Stellung des Atmens zwischen willkürlicher Steuerung und unbewußter Selbstregulierung seit jeher die Menschen angeregt, Atmen zum Ausgangspunkt therapeutischer und bewußtseinserweiternder Beeinflussungen zu nutzen. Aber gerade weil Atmen so zentral mit allen unseren Lebensfunktionen verbunden ist, kann jede willkürliche Beeinflussung für unser Leben auch gefährlich werden. Wenn Sie daher durch viele Konzepte und Techniken des »richtigen« oder »guten« Atmens verwirrt sind, werfen Sie am besten alle Vorstellungen über den guten und richtigen Atem über Bord, mit der Einsicht, daß das Wichtige am Atem seine stete Veränderung ist und daß Sie an der Grenze zwischen Beeinflussung und Geschehenlassen immer auf Ihren Atem achten können als den Mittler zwischen Ihrem Innenraum und dem Weltenraum, mit guten und schlechten Gerüchen.

Auf etwas sollten Sie jedoch besonders achten: nämlich *daß Sie überhaupt atmen.* So selbstverständlich das zu klingen scheint, so wenig selbstverständlich ist es. Wir haben in uns einen Schutzreflex, den Atem in gefährlichen Situationen anzuhalten. Diesen Schutzreflex aktivieren wir häufig, wenn er uns gar nicht gut tut, nämlich bei Aufregung, Streß, Anspannung, Angst. Und dann hört unsere Energie auf zu fließen und das, was einmal eine sinnvolle Totstellreaktion in der Gefahr war, wird nun zu einer Dauerblockade, die uns lähmt, ineffektiv werden läßt und schnell zu Ermüdung und Erkrankungen führt. Also achten Sie in schwierigen Situationen darauf, daß Sie nicht den Atem anhalten und so Ihre Energie blockieren. Ich selbst habe jahrelang darunter gelitten, daß ich als Gruppenleiter nach schwierigen Sitzungen nachts nicht schlafen konnte und mich am nächsten Morgen wie zerschlagen fühlte, bis ich in einer Supervision entdeckte, daß ich in Konfliktsituationen andauernd den Atem anhielt. Seitdem achte ich konsequent auf mein Atmen und darauf, den Atem nicht anzuhalten und bin so ein besserer Gruppenleiter geworden, der auch nach schwierigen Sitzungen gut schlafen kann. Außerdem überträgt sich die Lebendigkeit meines Atmens auf die Lebendigkeit des Atems der Gruppenmitglieder und auf die Lebendigkeit der Gruppe überhaupt (Grundlegendes bei I. Middendorf.).[19]

Als kleine Anregung empfehle ich Ihnen hier noch diese mit islamischen Traditionen zusammenhängende Übung:

Atemgebet

Knien Sie sich auf einer weichen Unterlage bequem hin. Mit dem Einatmen heben Sie die Hände nach oben, die sie mit angehaltenem Atem für wenige Augenblicke oben halten und dann ausatmend mit den Handflächen bis zur Berührung des Bodens gehen, wobei Ihre Stirn den Boden berührt. Nach wenigen Augenblicken des Aus-

haltens gehen Sie mit dem Einatmen wieder nach oben. Sie können das wiederholen, bis Sie Ihren eigenen zyklischen Rhythmus finden, der Sie stärkt und über sich hinausbringt. Hilfreich ist dabei die Vorstellung: Ich nehme beim Einatmen »Gutes« in mich hinein, beim Ausatmen: Ich lasse alles »Schlechte« aus mir heraus, und beim Atem anhalten: Das »Rechte« geschieht.

Achtsamsein im Körperlichen scheint zunächst nur mit der eigenen Person zusammenzuhängen. Daß es sich dabei dennoch nicht um einen individualistischen Rückzug aus der Verantwortung handeln muß, hat eine der westlichen Begründerinnen von körperbewußten Verfahren, Elsa Gindler (1885–1961) selbst durch ihr Leben und ihre Arbeit bewiesen, indem sie ihre Übungen als eine Form des Widerstands gegen Gleichschaltung, Naziideologie und Rassismus praktiziert hat. Sie hat nicht nur Verfolgten geholfen und ihre jüdischen SchülerInnen unterstützt, versteckt und ihre Flucht organisiert, sondern sie hat ihre Arbeit im Bewußtsein der dauernden Gefahr und der Verfolgung auf die Möglichkeiten der Angstbegegnung und der Überlebensstrategien sogar im KZ ausgerichtet. Hier wird deutlich, daß Körperarbeit durchaus politische Arbeit ist, und nicht wenige körperorientierte »Bewegungen« der 20er Jahre endeten im Neudeutschen Irrationalismus und völkischen Kult. Nur dann, wenn Achtsamkeit die oberste Maxime aller Körperarbeit ist, wenn Veränderlichkeit und Geschehenlassen wichtig sind, wird sich naturgemäß vom Körper aus Widerstand gegen starre Einordnungen, gegen Gleichschritt und Rassismus entwickeln. Die Trennung von Körperlichkeit und Geist, von Bewegung und Achtsamkeit ist immer die beste Voraussetzung für Gleichschaltung, Unterwerfung und Diktatur.

Männlein oder Weiblein oder beides?

Eine Grunderfahrung unserer Körperlichkeit ist unser Geschlecht. Schon seit der Geburt werden wir als Jungen oder als Mädchen wahrgenommen und angesprochen, und wir erleben uns mit zunehmender Selbstverständlichkeit als männlich oder weiblich. Wir wissen aber auch aus den Berichten Transsexueller und aus der Geschlechterforschung, daß die schlichte Aufspaltung in männlich/weiblich, wie sie das biologische Geschlecht und die Zuordnung durch die Gesellschaft nahelegen, nicht der Lebenswirklichkeit der Menschen entspricht. Auch wenn die biologischen Ausprägungen der äußeren Sexualorgane eindeutig sind, bleiben die inneren Sexualorgane, die sekundären Geschlechtsmerkmale, die genetische, chromosomenmäßige und innersekretorische und vor allem die soziale Prägung wichtig für die erlebte Geschlechtszugehörigkeit.

> *Wie männlich/weiblich bin ich?*
> *Schreiben Sie in Ihr Entdeckungsbuch die Worte* Mann/Männer. *Listen Sie dann dahinter alles auf, was Ihnen zu Mann und Männer einfällt, ohne irgend eine Ordnung oder Absicht, von Bartstoppel bis geistiger Höhenflug (mindestens 20 Begriffe und Eigenschaften). Schreiben Sie dann in einem Abstand darunter*

Frau/Frauen, *und notieren Sie dann wieder dahinter, was Ihnen zu Frau und Frauen einfällt von Haar bis geistiger Höhenflug (mindestens 20 Begriffe und Eigenschaften).*
Suchen Sie sich nun einen schwarzen, einen roten und einen grünen Stift. Unterstreichen Sie nun in beiden Abschnitten mit schwarz alle Begriffe oder Eigenschaften, die Sie bei sich selbst erkennen oder vermuten; danach mit rot diejenigen Eigenschaften und Begriffe, die Sie gern hätten; dann diejenigen mit grün, die Sie ablehnen (Doppelunterstreichungen sind möglich!).

Sind Ihnen bei Mann und Frau die Eigenschaften jeweils aus verschiedenen Bereichen eingefallen? Z. B. körperliche Merkmale – wie Haut, Haare, Stimme – hier und abstrakte Begriffe wie: Gewalt, Krieg, Liebe – dort? Was bedeutet das für Sie? Wenn Sie in Ihrem eigenen Geschlecht mehr grüne als rote und schwarze Unterstreichungen gemacht haben, dann kann Ihre Auseinandersetzung mit Ihrer Rolle als Mann oder Frau mit der Ablehnung der eigenen Geschlechtlichkeit zu tun haben und besonders schwierig sein. Mehr rote als schwarze Unterstreichung können mit Idealisierungen zusammenhängen und auch auf Identifikationsprobleme hinweisen. Vielleicht hilft Ihnen dann die folgende Anregung:

Mann werden – Frau werden
Gehen Sie in Ihrer Erinnerung zurück und finden Sie Antworten auf folgende Fragen, die Sie in Ihr Entdeckungsbuch schreiben:

- *Wer und welche Umstände haben mich in meiner Entwicklung zum Jungen/Mädchen gehindert?*
- *Wer und welche Umstände haben mich in meiner Entwicklung zum Jungen/Mädchen gefördert?*
- *Wer und welche Umstände haben mich in meiner Entwicklung zum Mann/zur Frau gehindert?*
- *Wer und welche Umstände haben mich in meiner Entwicklung zum Mann/zur Frau gefördert?*
- *Welche konkreten Schritte kann ich in den nächsten Tagen tun, um mich als Frau/Mann gut zu fühlen?*

Vielleicht suchen Sie sich eine vertraute Person, der Sie diese Schritte mitteilen und die dann darüber wacht, ob Sie die geplanten Schritte auch wirklich durchführen.[20]

Gesundheit! Gesundheit!

So, wie wir nicht nur einen Körper haben, sondern auch unser Körper sind, sind wir auch mit unseren Krankheiten und unserer Gesundheit vertraut und fremd zugleich. Die moderne Medizin suggeriert uns, daß es »die Gesundheit« gibt und daß die von außen übertragenen Krankheiten vermeidbare und schnell zu behebende Pannen sind. In Wirklichkeit hat jeder Mensch seine für ihn allein typische Gesundheit oder – zutreffender gesagt – viele besondere Arten des Gesundseins bilden das einmalige und zu jeder Zeit andere Muster des Lebendigseins eines jeden Menschen: Jetzt am Morgen, nach einem Lauf, spüre ich mein Gesundsein in der Wärme meines Körpers, in meinem Frischsein und in der Anregung im Atmen und in meiner Durchblutung. Nach dem Mittagessen spüre ich mein Gesundsein in der Sättigung, bei fast unmerklichen und angenehmen Prozessen im Bauch.

Gesundheitsbild
Zeichnen Sie einen Umriß Ihres Körpers und finden Sie Farben, mit denen Sie Ihre typischen Gesundheitszustände symbolisch in Ihr Körperbild hineinmalen können.

Was fällt Ihnen zu den verwendeten Farben ein? Welche Stellen des Körpers sind kräftig bemalt, welche weniger oder gar nicht? Entdecken Sie Möglichkeiten für ein individuelles Gesundheitsprogramm (Körperübungen, Massage, Eßgewohnheiten ...). Für Anregungen und Austausch mit anderen gibt es heute vielfältige Angebote.[21]

Und hier gleich noch eine Anregung:

Gesundheitsliste
Verwenden Sie die unten stehende Assoziationsliste für Bemerkungen oder Symbole über Ihre Gesundheitszustände, evtl. auch die Ihrer Kinder, Verwandten, FreundInnen, auch zu verschiedenen Tages- und Jahreszeiten (z. B. bei Verdauung: instabil im Alltagstrott, stabil auf Reisen).

Kreislauf	Sehen (Augen)	Knochen	Hände, Füße
Herz	Hören (Ohren)	Haut	Geschlecht
Niere,	Atmen (Lunge,	Haare	Stimme
Blase	Bronchien)	Arme	Kopf
Verdauung	Muskeln	Beine	Gelenke
			Wirbelsäule

Welche Zeilen sind bei Ihnen leer geblieben? Ist die Leere nur Anzeichen von Sorg- und Achtlosigkeit (keine Probleme mit ...) oder von Verdrängung? (Ich hatte z. B. die Wirbelsäule zuerst nicht in die Liste aufgenommen, obwohl bzw. weil ich da viele Probleme habe.) Gibt es Zusammenhänge mit Tages- oder Jahreszeiten?

Und da sind wir schon bei den Krankheiten, die wir »haben«, wenn wir krank »sind«. Krankheiten sind in der Vorstellung vieler moderner Menschen Funktionsfehler des Betriebssystems Körper, die durch äußere Eingriffe (operativ, medikamentös) schleunigst zu eliminieren sind. Wenn wir aber gelernt haben, auf die Strukturen unseres Gesundseins zu achten, werden wir merken, wie Kranksein zu unserer Existenz dazugehört, wie bestimmte Krankheiten unserer Persönlichkeit, unserer Körperlichkeit und sogar der Art unseres Denkens, Fühlens und Handelns entsprechen und daß Kranksein eine wichtige Bedeutung für unsere persönliche Entwicklung und unser Wachstum haben kann. Dies merken wir am deutlichsten bei den Kinderkrankheiten, wenn bestimmte Wachstumsschübe mit bestimmten Krankheiten einhergehen. Nach der Pubertät sind die Zusammenhänge nicht mehr so deutlich, weil die Entwicklungsprozesse nicht mehr äußerlich sichtbar sind.[22]

Allerdings ändert sich die Bedeutung der Krankheiten fundamental in Zeiten des Elends, der Not und bei Epidemien. Es gehören günstige soziale und individuelle Bedingungen dazu, damit wir durch Achtsamkeit auf unser Kranksein unsere Entwicklung fördern können. Unter den gegenwärtigen Umweltbedingungen können wir dem Leiden an einer lebensfeindlichen Kultur, an erstarrten Sozialstrukturen und krankmachenden ökonomischen Verhältnissen nicht nur durch Achtsamkeit auf die Krankheiten begegnen. Wir müssen die zerstörerischen und krankmachenden Faktoren unserer Gesellschaft einbeziehen in unser Achtsamsein als Grundlage einer ganzheitlichen und umweltbezogenen Gesundheitsförderung. Dabei können die eigenen Krankheiten aber ein wichtiger Ausgangspunkt sein.

Krankheitsliste

Ergänzen Sie jetzt Ihre Gesundheitsliste, indem Sie Zeilen finden, die mit Ihrem Kranksein zu tun haben. Tragen Sie in diese Zeilen Symbole und Sätze ein, die mit vergangenem, gegenwärtigem und möglicherweise zu erwartendem Kranksein und schädigenden Umweltbedingungen zu tun haben (Haut: Den kleinen Pustelkönig pustets um: Windpocken, 5 Jahre. Hören: Die Grille höre ich nicht mehr, doch danach fragt mich keiner mehr: Tinnitus, 60 Jahre, streß- und lärmgeplagt).

Wenn Sie so auf Ihr Gesundsein und Kranksein achten, werden Sie deutlicher spüren, welche Bedeutung Krankheiten in bestimmten Zeiten Ihres Lebens haben: Alter, Entwicklungsphasen, Krisen, aber auch Jahreszeiten, ja sogar Wochentage können zusammenhängen mit der Bedeutung des Krankseins für Ihr Leben.

Fieberkurve

Schreiben Sie Krankheiten auf, an die Sie sich erinnern können und datieren Sie diese so genau wie möglich.

Können Sie zeitliche Folgen erkennen, Jahreszeiten, Monats- oder Wochenrhythmen? Können Sie Zusammenhänge mit persönlichen Veränderungs- und Entwicklungsprozessen entdecken? Mit Umweltveränderungen?

Wenn Sie bemerken und sich dafür interessieren, daß z. B. Krankheitssymptome des Herzens verstärkt im Herbst und am Nachmittag auftreten, Hautleiden mehr im Frühling, Ulkusleiden mehr im Herbst und im Frühling, dann sei Ihnen für genauere Studien das kenntnis- und phantasievolle Buch »Im Rhythmus der Jahreszeiten – gesund leben im Einklang mit der Natur« von Benno Werner empfohlen.[23]

Oft sind es auch einmalige und äußere Umstände, wie Unfälle, berufliche Veränderungen, Verlust von Freunden und Verwandten, die mit unserem Kranksein zusammenhängen. Auch dann können wir versuchen, die Bedeutung des Krankseins für unser Leben und unsere weitere Entwicklung herauszufinden:

Laßt Krankheiten sprechen

Versetzen Sie sich in Ihr letztes Kranksein (oder in eine frühere Krankheit, die Ihnen gerade einfällt). Stellen Sie sich vor, daß dieses Kranksein eine ganz spezielle Botschaft für Sie enthält. Versuchen Sie, diese Botschaft zu hören oder zu finden (meine Wirbelsäule: »Finde heraus, wie Du Dich besser belasten und entlasten kannst«).

Falls in Ihrer Botschaft ein »nicht« oder »weniger« vorkommt (»Du sollst nicht so hastig essen«), versuchen

Sie es das nächste Mal mit einer positiven Form (»gönne Dir Ruhe beim Essen«) oder einem Sinnspruch (»Eile mit Weile«), weil verneinende Botschaften uns nicht anregen, sondern einen geheimen Widerstand in uns wecken.

Dauernde Schmerzen, langanhaltende und schwere Erkrankungen und besonders Behinderungen verändern grundsätzlich unser Leben und unsere Einstellung zu Gesundheit, Leiden und Normalität. Auch dabei ist es möglich, der Bedeutung des Leidens im lebensgeschichtlichen Kontext einen Sinn zu geben. Wie unterschiedlich diese Sinngebung sein kann, wurde mir beeindruckend deutlich an zwei Lebensläufen:

Da ist einmal Laurent Clerc, ein französischer Schriftsteller und Lehrer, der 1817 das American Asylum für Gehörlose gründete und eine Zeichensprache für Gehörlose erfand, die in ihren Grundlagen heute noch millionenfach benutzt wird. Dann ist da, geboren 1847, Alexander Graham Bell, allen bekannt als der Erfinder des Telefons, das er 1876 als 30jähriger vorführte in einer praktisch verwendbaren Form, wie wir sie im Prinzip heute noch benutzen. Beiden gemeinsam ist ihre Gehörlosigkeit, mit der sie sich aber in ganz entgegengesetzter Weise auseinandersetzten. Clerc empfand sich selbst und auch jeden anderen Gehörlosen nicht als fehlerhaft, krank oder behindert, sondern als ein zwar anderes, aber intaktes menschliches Wesen: »Was wir für fehlerhaft befinden, erweist sich, ohne daß wir es wissen, über kurz oder lang als vorteilhaft für uns«. Ganz anders Bell, der in verbissener Wut seine Gehörlosigkeit und die der anderen als Betrug und Tragödie erlebte, die es gelte zu »normalisieren«, indem man Gottes Fehler »korrigierte«.

Clerc entwickelte eine umfassende eigene Weltkultur der Gehörlosen, die in wenigen Jahren die Lebensbedingungen für das Ansehen der Gehörlosen auf wunderbare Art veränderte. Dagegen kämpfte Bell an und erreichte die Unterdrückung von Sign (ASL, American Sign Language, der von Clerc mit entwickelten Zeichensprache), wodurch das Selbstwertgefühl und mit ihm die Kultur der Gehörlosen für mehrere Jahrzehnte verfiel. Statt dessen versuchte Bell, die Gehörlosen durch Hörapparate zu entschädigen.

Beide, obwohl fast Zeitgenossen und aus ähnlichen sozialen Bedingungen kommend, haben ein völlig konträres Erleben von Gesundheit, Leiden, Behinderung und Normalität. Und beide gehen schöpferisch, sozial verantwortlich und politisch engagiert damit um.

Wenn Sie die Botschaften Ihres Krankseins beachten, wird Ihnen mehr und mehr bewußt werden, daß Kranksein und Hinfälligkeit zu unserer menschlichen Existenz in ihrer Endlichkeit dazugehört. Denn obwohl für jeden Menschen der eigene Tod so gewiß ist wie nichts anderes in unserem Leben, verdrängen wir unseren Tod und halten uns heimlich doch für unsterblich. Da wir die Erfahrung des eigenen Sterbens noch nicht gemacht haben und nur Erfahrungen mit dem Sterben anderer haben können, entwickelt sich in uns eine Haltung, als ob Sterben immer eine Angelegenheit der anderen ist, die wir dann am besten den »Sterbe-Profis«, den Ärzten, Krankenschwestern und Bestattungsunternehmern überlassen.

In der zwanghaften Fixierung auf Jugend, Gesundheit und Leistung wird in unserer Gesellschaft die Todesverleugnung zum durchgängigen Prinzip. Aber der verleugnete und unterdrückte Todesgedanke macht sich vielfältig bemerkbar: als bewußtlose Gier nach Genuß, Abenteuer und Konsum, als Raffgier, Ehrgeiz und Arbeitswut, um so in beständiger Aktion dem Todesgedanken zu entrinnen. Die daraus entstehende Anspruchshaltung und der Erlebnishunger erweisen sich aber als selbstgestellte Fußangeln, weil in der Flucht vor dem Tod das Tretrad immer schneller bewegt werden muß und am Ende nur noch die Geschwindigkeit ohne Sinn und ohne Ankommen erfahren wird. Erst in der Achtsamkeit auf meinen Tod kann ich das Geschenk des gelebten Augenblicks empfangen und am intensivsten annehmen. Und so kann der Tod etwas zu mir gehöriges werden, und die Angst vor dem Tod kann aufhören.[24]

Sterbenmüssen

Versuchen Sie, sich Ihr eigenes Sterben vorzustellen: Wo möchte ich sterben? Wen möchte ich noch einmal sehen? Wen möchte ich bis zuletzt bei mir haben? Wie wünsche ich mir mein Sterbezimmer? Was könnte mir am Ende wichtig sein? Was kann ich jetzt tun, daß ich mein Sterben annehmen kann?

Abschied

Wenn Sie in einer schönen Landschaft sind oder einen Sonnenuntergang sehen: Stellen Sie sich vor, wie es ist, wenn Sie nicht mehr da sein werden. Vielleicht können

Sie unter dem großen Traurigsein auch den Trost finden, daß alles, was wir sehen, auch ohne uns weiterexistiert. Und vielleicht spüren Sie, wie sich im Traurigsein die Intensität der Gegenwart und das Glück des gelebten Augenblicks vertiefen.

Wir sind nicht so alt, wie wir uns fühlen

Ein wichtiges Merkmal unserer körperlichen Existenz ist das Alter. In unserer Gesellschaft wird dem Lebensalter eine besonders wichtige Bedeutung zugemessen. Es trennt nicht nur jung und alt, Kinder von Jugendlichen, Erwachsene von sogenannten »Senioren«, sondern die Zugangsmöglichkeiten zu bestimmten Lebensbereichen sind an ein fixiertes Alter gebunden (Kindergarten, Schule, Lehre, Studium, Wahl, Führerschein, Sexualität, Heirat, Rente ...). Darüber hinaus ist jedes Lebensalter mit gesellschaftlichen Wertungen verknüpft, z. B. in diesem Jahrhundert die Glorifizierung von Jungsein und die Entwertung des Alters (die durch die häßlich-absurde »Senioren«-Sprachregelung verharmlost werden soll). Alle Menschen bewegen sich in der Zahlenreihe des Älterwerdens unaufhaltsam fort. Und bei jedem Geburtstag wird der Wechsel zu einer neuen Zahl ähnlich wie beim Jahreswechsel mit Erwartungen, Einschätzungen und Wünschen befrachtet, die bei »runden« Geburtstagen und bei besonderen Zahlen noch magisch überhöht werden. Zur Achtsamkeit auf Ihr eigenes Lebensalter seien Ihnen die folgenden Anregungen (auch für künftige Geburtstage) empfohlen.

Magisches Alter

Wie schon bei anderen Visualisierungen setzen Sie sich entspannt hin, schließen die Augen, lassen alle Sorgen und Gedanken im Ausatmen freundlich wegziehen, folgen nur Ihrem Atem, der leicht ein- und ausgeht. Stellen Sie sich nun »Ihre« Alterszahl groß in den Raum geschrieben vor. Sehen Sie genau hin ... Wie sieht Ihre Zahl aus? Welche Farbe hat sie? Wie gefällt sie Ihnen? Welche Gefühle, Erwartungen, Wünsche verbinden Sie mit dieser Zahl? Probieren Sie aus, ob die Zahl Ihnen eine Botschaft schickt ...

Wenn Sie sich von Ihrer Zahl verabschiedet haben und wieder in Ihrem Zimmer angekommen sind, können Sie versuchen, symbolisch in Ihr Entdeckungsbuch einzutragen, was Sie mit Ihrer Zahl erlebt haben.

Auch wenn das Alter für uns eine so große Rolle spielt, verwischen wir zugleich immer wieder die objektive Zahl durch subjektive Einschätzungen, wie in dem banalen Spruch, daß man so alt ist, wie man sich fühlt. In Wirklichkeit unterscheiden sich die subjektiven Vorstellungen und Einschätzungen von unserem Alter in verschiedenen Bereichen erheblich. Dies können Sie sich durch Eintragung des subjektiv von Ihnen erlebten Alters in folgender Aufstellung verdeutlichen:

Altersmix

Mein Gesicht sieht aus wie ... Jahre
Mein Körper sieht aus wie
Gesundheitlich fühle ich mich wie

In meiner körperlichen Leistungsfähigkeit fühle ich mich wie
In meiner geistigen Leistungsfähigkeit fühle ich mich wie
In meiner beruflichen Kompetenz fühle ich mich wie
In meiner Beziehungskompetenz fühle ich mich wie
In meiner Liebesfähigkeit fühle ich mich wie
Ich möchte gern gehalten werden für
Ich wünschte mir, ich wäre

Wenn Sie Lust haben, ein wenig weiter mit Zahlen zu jonglieren, dann zählen Sie nun Ihre Alterszahlen zusammen und dividieren Sie die Summe durch 10. Wenn der Unterschied dieses Wertes zu Ihrem tatsächlichen Alter mehr als 10 beträgt oder wenn die Differenz zwischen der größten und der kleinsten Ihrer Alterszahlen mehr als ein Drittel Ihres Alters beträgt, dann ist die Identifikation mit Ihrem Lebensalter sehr schwach und verdient mehr Beachtung, z. B. durch die Lebenslinie im 7. Kapitel.

3 Spüren: Die Bedürfnisse

Am Anfang unseres Lebens schon sind die Bedürfnisse da. Sie werden befriedigt oder auch nicht, sie entstehen aufs neue, andere Bedürfnisse kommen hinzu, sie verändern sich und sie verändern uns. Im Organismus spüren wir einen Mangel. Körperempfindungen entstehen, wir wollen etwas aus der Umwelt aufnehmen. Das Bedürfnis wird zum Wollen, etwas Bestimmtes soll es nun sein. Der Mangel an Flüssigkeit in meinem Organismus bewirkt Durst, irgendein Getränk muß her, am besten wäre jetzt ein kühles Bier, ich gehe in den Keller und hole es, trinke, ah, das tut gut.[25]

Brauchen und Wollen

Alle unsere Bedürfnisse fangen damit an, daß wir einen Mangel spüren (nur bei Ausscheidungsfunktionen spüren wir ein Zuviel). Mit dem Mangel kommt gleich das Verlangen, das noch nicht differenziert ist. Erst dann merken wir mit mehr Bewußtheit, daß wir etwas Bestimmtes wollen. Wir tun etwas, um unser Bedürfnis zu befriedigen. Die Befriedigung ist dann mit angenehmen Gefühlen verbunden, die wir als sättigend, entspannend, zufriedenstellend empfinden. Dieser Verlauf läßt sich darstellen in einer Bedürfniskette:

Spüren des Mangels	Was brauche ich?	Was will ich?	Was tue ich?	Befriedigung
Durst	Flüssigkeit	Bier	in den Keller gehen	Trinken, ah

Sie können das für sich selbst aufschreiben:

> ***Meine Bedürfniskette***
> *Schreiben Sie für Ihren heutigen Tag einige Bedürfnisketten nach o. a. Schema auf. Achten Sie dann auf folgende Aspekte:*
> *Welche Arten von Bedürfnissen sind Ihnen zuerst eingefallen, welche gar nicht (körperbezogene, emotionale, soziale)?*
> *Gab es in Ihrer Kette Unterbrechungen, an welchen Stellen?*

Sie werden vielleicht bemerkt haben, daß die Kette vom Bedürfnis bis zur Befriedigung nur selten ohne Störungen verläuft. Viele Unterbrechungen sind dabei möglich:

- In Zeiten der Not kann ich nicht bekommen, was ich will. Ich bin dann froh, wenn ich überhaupt etwas bekomme, was meinen Mangel lindert (Wasser statt Bier). Die Phase des Wünschens wird dann reduziert auf das, was im Moment erreichbar ist. Not hindert uns daran, unser Wollen zu differenzieren und unsere Befriedigungen zu verfeinern.
- Rücksicht auf andere oder auf gesellschaftliche Nor-

men verhindern die sofortige Befriedigung meiner Bedürfnisse (ich kann mein Bier nicht trinken, weil mein Kind schreit). Der Aufschub der Befriedigung von Bedürfnissen ermöglicht das Zusammenleben von Menschen und ist eine wichtige Voraussetzung für den Bestand und die Entwicklung der menschlichen Gesellschaft. Das sind die schweren aber notwendigen Lektionen in der Kindheit, in der am Anfang einmal die paradiesische Einheit von Bedürfnis und sofortiger Befriedigung gewesen ist.

- Erziehung und gesellschaftliche Normen können bewirken, daß ich meine Bedürfnisse überhaupt nicht mehr spüre. Ich esse, nicht weil ich Hunger habe, sondern weil es 13 Uhr ist. Wer seine Bedürfnisse nicht mehr spürt, wer ihre Befriedigung dauernd aufschiebt, ohne darauf zu achten, verhindert den Kontakt zwischen Organismus und Umwelt und verhindert so die eigenen Entwicklungsmöglichkeiten. Krankheiten können die Folge sein.
- Ich suche nach Scheinbefriedigungen, denen gar kein Bedürfnis zugrunde liegt. Ich esse, weil ich frustriert bin. Ich trinke etwas, weil es die Werbung empfiehlt. Ich esse in der Küche die Reste auf, damit »nichts umkommt«. Auch hier wird der Kontakt zwischen Organismus und Umwelt gestört mit krankmachenden Folgen.
- Wegen eines wichtigen Ziels kann ich mich entscheiden, auf die Befriedigung eines Bedürfnisses zu verzichten. Obwohl ich Hunger habe, esse ich nichts, weil ich fasten will.

Am letzten Beispiel wird deutlich, daß die Bedürfnisse in unserem Leben unterschiedliche Prioritäten haben: Am wichtigsten ist uns zunächst die Befriedigung der elementaren physiologischen Bedürfnisse nach Luft, Wasser, Nahrung, Wärme, Licht, Sexualität. Nach Abraham Maslow, einem der Begründer der Humanistischen Psychologie, kommen in einer nächsten Stufe dann die Bedürfnisse nach Sicherheit und Schutz, gefolgt von sozialen Bedürfnissen nach Akzeptanz, Zugehörigkeit, Liebe und Anerkennung.[26] Als letzte Stufe führt Maslow das Bedürfnis nach Selbstverwirklichung und persönlicher Erfüllung an. Wichtig an diesem Modell ist, daß in der Regel erst die Bedürfnisse der unteren Stufe befriedigt sein müssen, ehe die der nächst höheren wichtig werden können. Wer Hunger leiden muß, kümmert sich nicht zuerst um seine soziale Anerkennung, und für Arbeitslose klingt die Frage nach der Selbstverwirklichung eher zynisch.[27]

Bedürfnisse und ihre Befriedigung hängen also nicht nur von individuellen und gesellschaftlichen Prägungen ab, sondern immer auch von ökonomischen und kulturellen Voraussetzungen in der jeweiligen Situation.

Um also von unseren Bedürfnissen ausgehend persönliches Wachstum zu ermöglichen, ist es nicht nur wichtig, auf unsere Bedürfnisse zu achten, sondern auch auf die Kette zwischen Bedürfnis und Befriedigung mit all ihren Unterbrechungen, wie nun in dieser erweiterten Bedürfniskette dargestellt:

- Bedürfnis
  (Wie spüre ich den Mangel?)

- Was brauche ich?
  (Wie beschränke ich die Menge des Brauchbaren?)
- Was will ich?
  (Wie treffsicher sind meine Wünsche; wodurch sind sie beeinflußt?)
- Was tue ich?
  (Wodurch lasse ich mich abbringen; was bringt mich zum Aufschub?)
- Befriedigung
  (Was hindert die Vollkommenheit bzw. die »Sättigung«?)

Sie können nun für Ihre vorhin notierten Bedürfnisketten versuchen, die Unterbrechungen und Störungen aufzuspüren. Am Beispiel von Hunger und Sexualität sollen nachfolgend Möglichkeiten des Achtsamseins auf die Bedürfnisse skizziert werden, bevor es dann weitergeht zu den Gefühlen.

Was auf den Tisch kommt ...

In kaum einem Bereich unseres Lebens und bei kaum einem anderen Bedürfnis sind wir so eng an unsere kulturelle und lebensgeschichtliche Herkunft gebunden wie beim Essen. Unternehmen Sie dazu folgenden Versuch:

> ***Nahrhafter Einfluß***
> *Schreiben Sie untereinander alle einzelnen Lebensmittel, die Sie gestern vom Aufstehen bis zum Schlafengehen gegessen und getrunken haben. Notieren Sie nun hinter jedem Lebensmittel, welche Personen, Situationen und*

anderen Bezüge Ihnen zu diesem Lebensmittel und seiner Zubereitung einfallen (z. B. Mutter, ein Lehrer, Tante Hanni, ein Freund, Türkei, Kochbuch ...).

Sie werden entdecken, wie das, was Sie essen, von vielfältigen Einflüssen geprägt ist. Je nachdem, ob eher kindheitsbezogene oder neuere Aspekte überwiegen, ob Sie sich eher an Personen und Traditionen oder an ernährungsphysiologischen Grundsätzen orientieren, können Sie Ihren Eß-Typ bestimmen, der immer auch etwas mit anderen körperlichen und seelisch-geistigen Eigenarten von Ihnen zu tun hat.

Was wir essen, wird uns als Kleinkind von der Mutter oder einer anderen Bezugsperson gereicht und ist somit eng an Zuwendung und Liebe gekoppelt. Die Verbindung von Essen und Gefühlen der Zuwendung bleibt so oft lange erhalten (»Liebe geht durch den Magen«). Mangel an Zuwendung wird oft durch Essen und Trinken kompensiert. Wir haben am Anfang keinen anderen Einfluß auf die uns angebotenen Speisen als Schlucken oder Zurückweisen, und so bleibt oft auch später Schlucken oder Zurückweisen eine Form der Zustimmung oder des Protests. Mit dem Älterwerden wird aber die Unterscheidungsfähigkeit immer wichtiger. Das Kind lernt, wie es durch Riechen, Ansehen, Betasten, Schmecken, Kauen vom Brauchen zum Wollen kommt. Es kann sich immer differenzierter mit seiner Nahrung auseinandersetzen, auswählen und gestalten. Je nachdem, wie sich Eltern, Freunde, Verwandte, ErzieherInnen und LehrerInnen im Rahmen der ökonomischen und gesellschaftlichen Bedingungen mit diesem Prozeß des Kindes auseinandersetzen, werden bestimmte Eß-Typen geprägt, die auch weit in andere Lebensbereiche hineinreichen.[28] Denn natürlich ist der Mensch nicht so sehr das, *was* er ißt, sondern *wie* er ißt. Sie können da viel über sich herausfinden, wenn Sie sich an typische Auseinandersetzungen während des Essens in Ihrer Kindheit erinnern:

- Es wird aufgegessen!
- Beim Essen spricht man nicht!
- Wir fangen zusammen an!
- Bei Muttern schmeckt's am besten!
- Das habe ich extra für Dich gekocht!
- Mit Liebe gekocht!
- Iß langsam! ...

Daß Essen in unserer heutigen Kultur problematischer geworden ist und immer weniger mit der Befriedigung eines Bedürfnisses zu tun hat, hängt noch mit zwei weiteren Faktoren zusammen: Einmal müssen wir heute unsere Nahrungsmittel auswählen aus einer schier unübersehbaren Vielfalt von Produkten, die durch endlose Bearbeitungs- und Verpackungsprozesse kaum noch an das Ausgangsprodukt erinnern und der Nase, dem Tastsinn, dem Auge oft keine Anhaltspunkte zur Auswahl geben. Zum zweiten wird Essen heute von einer penetranten Ernährungsaufklärung zum ausschlaggebenden Faktor einer mechanistisch verstandenen Gesundheit hochstilisiert, so daß eine bestimmte Summe von Vitaminen, Mineralien und anderen Stoffen schon ewiges Leben zu garantieren scheint.[29] In den USA wird die Aufklärung soweit pervertiert, daß z. B. auf Quellwasser vermerkt wird,

Nutrition Facts:

Kal:	0	0 Prozent des tägl. Bedarfs
Fettgehalt:	0 Gramm	0 Prozent des tägl. Bedarfs
Kohlehydrate:	0 Gramm	0 Prozent des tägl. Bedarfs
Protein:	0 Gramm	0 Prozent des tägl. Bedarfs

Aufgrund solcher Prägungen unserer Eßgewohnheiten (durch geographische, kulturelle und soziale Faktoren, durch die Nahrungsmittelindustrie, durch wissenschaftliche und ideologisch bestimmte Diäten und Ernährungspläne) werden viele unserer Bedürfnisse deformiert und die Bedürfniskette unterbrochen. Da kann es hilfreich sein, unseren Eßgewohnheiten mehr Achtsamkeit zukommen zu lassen, wie z. B. so:

> ***Nahrhaftes Schreiben***
> *Schreiben Sie im Anschluß an eine Hauptmahlzeit ein möglichst genaues Eßprotokoll, das all Ihre Tätigkeiten (evtl. einschließlich Vorbereitung, Tischdecken, Abräumen), Ihre Gedanken und Gefühle während des Essens beschreibt.*

Wie waren Ihre Sinne beteiligt (riechen, tasten, sehen, schmecken)? Haben Sie auf Ihr Beißen, Kauen, Schlucken geachtet? Haben Sie sich erlaubt, etwas zurückzulegen oder auszuspucken, auf das Sie keine Lust hatten? Haben

Sie auf Zeiten geachtet: Warten und Erwartung vor dem Anfangen oder sofortiges Loslegen? Hast oder Muße auf dem Weg vom Teller zum Mund, schnell gekaut zum Verschlucken und Verschlingen oder genüßliches Verweilen im Mund; schnell der nächste Bissen oder ein Innehalten zum Nachgeschmack; am Ende ein Fertig, Satt oder Wohlfühlen, Dankbarkeit. (Mein Sohn Julian hat nur bis zum 5. Jahr alle Fragen im Sinne des ruhigen Genießens beantwortet.)

Wenn Sie beim Achtsamsein auf Ihr Essen Unzufriedenheit merken und etwas verändern wollen, empfehle ich Ihnen folgende, etwas aufwendige, aber wunderbar wirkende Übung:

Nahrhaftes Fasten

Da die Übung mit einem dreitägigen Fasten verbunden ist, sind einige Vorbereitungen wichtig.

Erstens: Planen Sie die Übung für drei Tage, in denen Sie keinen besonderen Arbeits- oder Privatstreß erwarten. Zweitens ist es vorteilhaft (aber nicht notwendig), die Übung zu zweit oder zu dritt durchzuführen, um immer Austausch und Unterstützung zu haben.

Drittens: Bitten Sie eine Vertrauensperson, Ihnen für den Abschluß des Fastens ein besonderes Mahl zuzubereiten, was gleich noch beschrieben wird. (Notfalls können Sie es auch selbst zubereiten.) Wenn Sie so vorbereitet sind, beginnen Sie Ihr Fasten am Morgen des ersten Tages, indem Sie nichts mehr essen. (Die vorherige Einnahme von Abführmitteln ist umstritten. Zwar entsteht dann meist kein Hungergefühl, aber es können schädliche Neben-

wirkungen auftreten. Einfacher ist es, am Vortrag nur Früchte und etwas Gemüse zu essen.) Achten Sie darauf, daß Sie viel trinken, schwache Kräutertees, eventuell fettlose Gemüsebrühe, Trinkwasser ohne Kohlensäure.

Achten Sie nun und in den folgenden Tagen darauf, was Ihnen während des Fastens besonders fehlt. Ist es das Beißen und Kauen? Möchten Sie unbedingt etwas Festes herunterschlucken? Fehlt Ihnen eine schöne Unterbrechung des Tageslaufs durch ein Ritual des Genießens? Fehlt Ihnen das Schmecken? Das Sattwerden und wieder Hungrigwerden? Die versäumten Tage, sich etwas Gutes anzutun? Wenn Sie es nicht mehr aushalten, genehmigen Sie sich ein Erbschen oder einen Brotkrümel. Wie geht es Ihnen mit dem Durchhalten, oder doch einmal inkonsequent sein? Achten Sie auch darauf, was Ihnen beim Fasten gut tut: Ihr Durchhalten? Die Unabhängigkeit von Nahrung? Ein Gefühl der Freiheit? Abheben von den materiellen Zwängen? Trance?

Am Nachmittag oder Abend des dritten Tages sollte Ihr »breakfeast« als Fastenbrecher-Festmahl so vorbereitet sein, daß möglichst viele kleine Speisen auf großen Platten schön angerichtet sind:

roh, gekocht, gebraten, Obst, Gemüse, Fleisch, Fisch, Reis, Kartoffeln, Brot, Süßes, Saures, Bitteres, Salziges, Festes, Weiches. Nun betreten Sie (mit Ihren eventuellen PartnerInnen) den Raum und lassen sich Zeit zum Wahrnehmen: Was kommt zuerst und ist Ihnen wichtig? Sehen oder riechen? Was möchten Sie berühren, anfassen, nehmen? Später dann auch in den Mund nehmen, schmecken, sich erlauben, es wieder herauszunehmen und sich ganz auf etwas anderes stürzen, zerkauen, verschlingen, das nächste wieder anders ...

So können Sie viele neue Eßerfahrungen gewinnen und dabei vielleicht merken, daß Sie viele Speisen nur aus Gewohnheit oder altem Gehorsam essen und daß Ihnen anderes viel besser bekommt. So habe ich dabei entdeckt, daß mein ständiges Beharren auf Kartoffeln zu allen Mahlzeiten nur ein Kriegsrelikt war, weil Kartoffeln für uns damals das einzig vorhandene Nahrungsmittel war, das uns sättigte. Seit meinem Fasten habe ich mich umgestellt. Andere haben entdeckt, daß ihr Fleischkonsum mit Nachkriegskonventionen zu tun hatte und ihnen jetzt Gemüse viel besser bekommt. Wieder andere merken, daß ihr Vegetarierdasein nur aus abstrakten Einsichten herkommt und ihnen Fleisch recht gut tut. Und so wünsche ich Ihnen auch gute Entdeckungen, die Ihre Bedürfnisse klären und Ihre Eßgewohnheiten vielleicht ein wenig verändern und Ihnen guttun.

Zwischen Lust und Leistung: Sexualität

Mit der Sexualität ist es verwirrend: Je mehr wir über sie zu wissen glauben, um so mehr Fragen entstehen. Ist Sexualität überhaupt ein Bedürfnis? Welchen Mangel spürt denn da der Organismus? Doch nicht einfach nur einen Mangel an Orgasmus? Oder an Lust? Oder ist da umgekehrt ein Überschuß an Erregung und Spannung? Sexualität ist doch auch da ohne Mangel und ohne Anlaß, bei Männern spätestens jeden Morgen. Ist sie dann etwa ein Trieb? Aber was ist denn ein Trieb und gibt es noch andere

Triebe? Gibt es eine männliche und eine weibliche Sexualität? Wie gehört die Sexualität zur Liebe?

Aus allen Fragen kommt zunächst zum Vorschein, daß es sich bei der Sexualität um körperliche Vorgänge handelt, in die unsere Gefühle und unser Denken und Handeln intensiv einbezogen sind. Im Spannungsbogen von animalisch wildem Triebgeschehen und innigster menschlicher Beziehung, zwischen ekstatischer Lust und kuscheligem Schmusen, von Hetero/Homo bis Sado/Maso versuchen die Menschen seit Jahrtausenden sich mit ihrer Sexualität einzurichten. Zu allen Zeiten wird sie wegen ihrer dramatischen Expressivität und Intensität sozial reguliert und kontrolliert. Die mit der Sexualität verbundenen Empfindungen, welche von den unauslotbar dunklen Gefühlen des Versinkens, sich Fallenlassens und sich Auflösens bis zu den berauschenden Fanfaren der Wollust reichen, verlangen wie in der Sucht nach unendlicher Wiederholung. Und da das Subjekt des sexuellen Begehrens zugleich Objekt für das sexuelle Begehren des Partners oder der Partnerin ist, kann sich die Intensität der Empfindungen ins Unermeßliche steigern. Aber diese Intensität und das kurze Glücksgefühl der Entgrenzung des eigenen Ich durch die innige Verschmelzung mit einem Du ist an bestimmte, selten zu findende Personen gebunden, und so wächst mit jedem sexuellen Kontakt die Abhängigkeit von dieser Person bis zum schmerzhaft wütenden Verlangen. Selbst wenn die Lust ausbleibt, treibt die Erinnerung an vergangene Lust zu unendlichen Wiederholungen und die Eifersucht wird so oder so zum Thema.

Insofern Sexualität als Bedürfnis an die Verfügbarkeit über das andere Geschlecht gebunden ist, hängen von der Sexualität auch die Herrschaftsverhältnisse zwischen den Geschlechtern ab, die sich bei uns seit mindestens 3000 Jahren durch wechselnde Formen patriarchaler Herrschaft etabliert haben. Als Leitmotiv aller menschlichen Schicksale wird Sexualität zum ewigen Thema der Kunst, der Religion und heute auch der wissenschaftlichen Forschung.

Wir wollen uns hier nicht einmischen in diese vielfältigen Verherrlichungen, Verdammungen und Analysen und uns weise bescheiden geben mit dem, was unsere eigene Achtsamkeit bezüglich der Sexualität angeht:

Lust heute

Schreiben Sie über Ihre Sexualität aus heutiger Sicht möglichst ausführlich in Ihr Entdeckungsbuch zu den folgenden Punkten:

Was gefällt mir an meiner Sexualität?

Was erregt mich, was läßt mich kalt, was stößt mich ab?

In welchem Umfang gelingt mir befriedigende Erfüllung?

Inwieweit kann ich meine sexuellen Wünsche und Vorlieben erfüllen?

Wie reagiere ich auf unbefriedigte Erfüllung meiner Sexualität (darüber sprechen mit der Partnerin bzw. dem Partner? Mit anderen? Rückzug? Ersatz?)

Welche Gefühle nehme ich wahr, welche Gefühle wünsche ich mir?

Was könnte ich tun, um meine Sexualität noch vielfältiger und wunschgemäßer zu erleben (kleine, demnächst realisierbare Schritte, die andere Menschen nicht beeinträchtigen)?

Sie werden bei dieser Reflexion bemerkt haben, daß im Bereich der Sexualität die Bedürfniskette zwischen Bedürfnis und Befriedigung besonders oft unterbrochen sein kann. Das fängt sogar beim Bedürfnis selbst an, das starken gesellschaftlichen Tabus unterworfen ist. Schon der heranwachsende Junge muß schamvoll seine Erregung an unpassender Stelle verbergen und eine Frau, die im falschen Moment verkündet, daß sie »geil« sei, kann den Rest des Abends vergessen. Die Jahrtausende alte jüdisch-christliche Unterdrückung der Sexualität wirkt auch heute noch untergründig fort und prägt trotz äußerer sexueller Befreiung die Bedürfniskette je nach Geschlecht, Alter und Schichtzugehörigkeit der Beteiligten.

Diese Prägung ist dann besonders stark, wenn es vom Bedürfnis zum Brauchen und noch stärker, wenn es vom Brauchen zum konkreten Wünschen kommt. Die Vorstellung, daß eine sexuelle Vorliebe »pervers«, »widernatürlich« oder »schamlos« sei, gehört zum Mechanismus dieser gesellschaftlichen Prägungen. Zwar verlieren die Zwangsvorstellungen der gottgewollten Heterosexualität und der für die Ehe vorbehaltenen Sexualität ihre Dominanz. Aber auch der Weg vom Brauchen und Wünschen zur Befriedigung ist noch immer mit vielen Vorurteilen gepflastert.

Inzwischen kommen durch die sogenannte »sexuelle Befreiung« seit den 60er Jahren neue Zwangsvorstellungen hinzu, die nun besonders die sexuelle Befriedigung unter Leistungsnormen stellen, vom perfekten Orgasmus bis zur ständig verfügbaren Erektion. In diesem Zwangsgestrüpp ist es schwer, die eigene Sexualität erfüllt zu leben und zu entfalten. Denn um die Entfaltung geht es immer bei Sexualität, da wir uns in jedem Lebensalter und in jeder Situation neu mit der Veränderung unserer Sexualität auseinandersetzen müssen. Diese Auseinandersetzung ist am intensivsten in der Pubertät, aber zeitlebens ist es wichtig, unser eigenes Geschlecht und das andere besser kennenzulernen. Die Achtsamkeit auf die Veränderung unserer Sexualität und der damit ausgelösten Gefühle in unserer Lebensgeschichte im Zusammenhang sozialer und kultureller Veränderungen ermöglicht es uns, die unserer Person jeweils entsprechende Sexualität zu entfalten und zu genießen:

Stationen der Lust
Schreiben Sie Stationen Ihrer sexuellen Entwicklung auf, die Ihnen einfallen.
Alter
Was fällt mir zu meiner Sexualität damals ein?
An welche Gefühle erinnere ich mich?
Welche Personen spielen eine Rolle?
Einfluß von TV, Kino, Literatur, Gespräch

Wenn Sie so der lebensgeschichtlichen Prägung Ihrer Sexualität auf die Spur kommen, können Sie vielleicht Beschränkungen Ihrer Sexualität finden, die Sie heute nicht mehr akzeptieren wollen, so daß Sie die kleinen, demnächst realisierbaren Schritte, um Ihre Sexualität noch vielfältiger und wunschgemäßer zu erleben, noch ergänzen können.[30]

Aber wie steht es denn nun bei aller Lust mit der Liebe und anderen Gefühlen?

4 Spüren: Die Gefühle

Mit den Gefühlen geht es sonderbar: Bald überfallen sie uns hinterrücks und bestimmen über unser Leben; dann wieder sind sie nicht da, wenn wir sie haben wollen. Wir schätzen sie, wir unterdrücken und verleugnen sie, und sie sind doch immerzu in uns und um uns. Bald wollen wir unsere Gefühle beherrschen, bald lassen wir uns willenlos von ihnen beherrschen. Manchmal dürfen wir unsere Gefühle nicht zeigen, dann wieder sollen wir uns »öffnen« und »einbringen« und sagen, was wir fühlen. Wie z. B. jetzt:

> ***Gefühle heute***
> *Erinnern Sie sich so genau wie möglich an alle Gefühle seit dem Aufwachen heute und schreiben Sie sie auf.*

Sie haben sicher gemerkt, daß es gar nicht so leicht ist, sich an die eigenen Gefühle zu erinnern und noch weniger leicht, sie sprachlich festzuhalten. Noch schwieriger wird es, wenn wir sagen wollen, was denn eigentlich ein Gefühl ist. Sie können es selbst ausprobieren mit einer eigenen Definition und so den millionenfachen Versuchen von Wissenschaftlern und anderen Menschen einen weiteren hinzufügen. Ebenso schwer ist es, zu unterscheiden zwischen Gefühlen, Empfindungen, Emotionen, Stimmungen, Leidenschaften, Affekten, Launen.

Die wenigen Wissenschaftler, die sich überhaupt mit Gefühlen beschäftigen, haben je nach Theorie ihre eigenen Unterscheidungsmerkmale.[31]

Auch die Umgangssprache hilft uns nicht weiter. So gibt es Worte für Gefühle, die es in anderen Sprachen gar nicht gibt. Zum Beispiel existiert im Englischen kein Wort für Schadenfreude, und oft sind die Bedeutungen der Worte für ein Gefühl unterschiedlich, wie bei Angst und l'angoisse im Französischen. Wir wollen uns hier allerdings nicht mit Abgrenzungen und Definitionen plagen, sondern uns dem zuwenden, was wir entdecken, wenn wir auf unsere Gefühle achten. Drei Beispiele (Wut, Depression, Liebe) sollen dann die allgemeineren Zusammenhänge verdeutlichen.

Und wer's nicht fühlt, der wird es nicht erjagen

Fangen wir mit einem universellen Aspekt der Gefühle an: Wir wissen aus Untersuchungen, daß es Gefühle gibt, die auf der ganzen Welt einen ähnlichen Gesichtsausdruck bewirken. Der entsprechende Gesichtsausdruck wird von allen erkannt und mit dem entsprechenden Gefühl verbunden, so zum Beispiel bei Freude, Trauer, Furcht, Ärger, Angst, Ekel, Überraschung.

> ***Überraschen Sie sich selbst***
>
> *Stellen Sie sich vor einen Spiegel und spielen Sie den Überraschten. Notieren Sie dann, wie Ihre Mimik und Ihr Atem sich verändern. Ob Sie eine ähnliche Mimik haben wie die meisten Menschen, können Sie in den Ergänzungen lesen.*[32]

Das Überraschende an diesem Versuch ist nicht nur, daß diese Gefühle universell sind, sondern, daß sie auch von jedermann und jederfrau bewußt reproduziert werden können. Diese Universalität der Gefühle einerseits und die sprachlichen Verwirrungen über Gefühle andererseits weisen uns hin auf die Funktion der Gefühle in der menschlichen Entwicklungsgeschichte.

In einem harten Überlebenskampf, in dem Menschen nur über primitivste Werkzeuge und Waffen und wenig Informationen verfügten, war es von entscheidender Bedeutung, daß bei Bedrohungen alle sofort und gemeinsam reagierten. Die Furcht versetzt durch Hormonausschüttung den Körper in einen Alarmzustand, das Blut wird in die Arme und besonders in die Beine gelenkt, so daß eine sofortige Reaktion und Flucht ermöglicht wird. Der von den anderen unmittelbar erkannte Ausdruck der Furcht ermöglicht ohne jedes weitere (möglicherweise verräterische) Signal, daß alle sofort und gemeinsam handeln. Das Hochziehen der Brauen und Aufreißen der Augen bei Überraschung erweitert das Blickfeld. Der geöffnete Mund und der angehaltene Atem schärfen das Hörvermögen, und die angespannte Haltung erleichtert das plötzliche Lospreschen. Die Gefühle sind also mit ihrer Orientierungsfunktion für den einzelnen und mit ihrer Signal- und Mitteilungsfunktion für die anderen entscheidend für das Überleben des Individuums und der Gattung. Mit der zunehmenden Herrschaft der Menschen über die Natur und mit der zivilisatorischen Entwicklung der menschlichen Gesellschaft haben die Gefühle diese dramatische Überlebensfunktion weitgehend verloren. Dafür nehmen gesellschaftliche und kulturelle Prägungen zu. Wer heute einem Schreckimpuls mit wildem Herumschießen folgt, dient weder dem Überleben der Gesellschaft noch seinem eigenen und wird bestraft.

Dennoch haben die Gefühle in unserem Leben auch heute noch eine vielleicht ebenso wichtige Bedeutung, die aber viel verborgener und vielschichtiger mit unserem individuellen Wohlergehen in der Gesellschaft und mit unserem Beitrag für den Bestand der menschlichen Gesellschaft zusammenhängt. Indem wir auf diesen Zusammenhang achten, wollen wir uns nun wieder achtsam den eigenen Gefühlen nähern.

Die wichtigste Voraussetzung dafür ist, daß wir unser eigenes Fühlen möglichst umfassend in unserem Achtsamsein berücksichtigen. Ohne zunächst auf Abgrenzungen und Definitionen einzugehen, wollen wir alle seelischen Zustände einbeziehen, die wir in uns und als uns selbst betreffend mit ihren körperlichen Ausdrucksformen erleben:

Mit gemischten Gefühlen

Hier finden Sie als Anregung eine Liste mit einer Auswahl seelischer Zustände, die eine Person als in sich und sich selbst betreffend erleben kann.

Um Ihre Achtsamkeit auf diese Zustände zu wenden, können Sie ab und zu einen ganzen Tag hindurch oder auch, wenn Sie gerade Lust haben, die Zustände mit einem Punkt oder Strich versehen, die Sie gerade empfinden. So werden Sie Häufungen und Lücken herausfinden und die Strukturen Ihres Fühlens und Empfindens besser kennenlernen. Ergänzen Sie dabei diese Liste, wann immer Sie bei sich einen Zustand empfinden, der nicht aufgeführt ist. Sie können hier Ihre Gefühle auch farblich nach ihrer Qualität differenzieren: angenehm/unangenehm/sowohl als auch.

Ich fühle mich

aggressiv	allein	anerkannt
angewidert	ärgerlich	ausgebrannt
beschämt	depressiv	eigensinnig
einsam	entspannt	erfüllt
erregt	feige	freudig
gehetzt	gelangweilt	gestreßt
gierig	glücklich	heiter
hilflos	hoffnungsvoll	hohl
humorvoll	lebendig	lustig
lustlos	mutlos	neidisch
nörglerisch	offen	schuldig
sinnlich	stark	starr
träge	traurig	überfordert
überheblich	überwältigt	unbefriedigt
unterdrückt	unverstanden	unvollkommen
unwichtig	verantwortungsvoll	verletzt
verliebt	verwirrt	verzweifelt
weinerlich	wertlos	wütend
zufrieden	zurückgewiesen	dankbar
stolz	ohnmächtig	

Beim Ergänzen der Liste werden Sie bald Gefühle aufspüren, die nicht durch »ich fühle mich ...« ausgedrückt werden können. Da sind zunächst die eng mit dem Körper verbundenen Empfindungen Schmerz und Lust. Den

Schmerz wollen wir loswerden und ihn auch verbal von uns fernhalten: *Es* tut mir weh, ich *habe* Schmerzen, aber selten: ich fühle Schmerzen, höchstens: ich leide *unter* den Schmerzen. Und deshalb haben wir kaum Worte für die millionenfachen Arten der Schmerzen. (Über die Sprachverhunzungen der Rechtschreibreform siehe Ergänzungen)[33]

Die Lustempfindungen hingegen wollen wir uns so intensiv und dauernd einverleiben, daß wir lieber gleich verstummen und höchstens nur stammeln und seufzen.

Ganz anders ist es da bei der Schwangerschaft, die mit vielen sich stetig verändernden körperlichen Empfindungen verbunden ist und denen viele Frauen unablässig nachspüren und gern Ausdruck geben. Hier können sich Empfindungen und körperliche Veränderungen verbinden mit dem Achtsamsein auf das unerklärliche Wachsen eines Wesens, das der Mutter unbekannt und doch vertraut ist. (Von all dem können wir Männer meist nicht einmal träumen, womit wir möglicherweise bei einem anderen Gefühl landen: Neid.)

Weiter fehlen in der Tabelle die Zustandsgefühle von längerer Dauer, weil wir sie meist nicht mit »Ich fühle mich ...« beschreiben. Liebe, Ehrfurcht, Freude, Glück, Trauer sind anhaltende Zustände, in denen ich mich befinde. Ich erlebe mich so, als ob ich jenseits von Raum und Zeit selbst dieser Zustand bin.

Weiter fehlt in der Liste »Ich schäme mich« (was etwas anderes ist, als »ich fühle mich beschämt«). Ähnlich ist es mit »ich bin verlegen« und »mir ist es peinlich«, also mit Gefühlen, in denen ich meine (oder andere) Mängel verbergen und aus der Situation verschwinden möchte. Von der Situation weggehen möchte ich auch, wenn ich mich ekle. Gefühle sind also nicht nur wichtig zur Einschätzung einer Situation (Ekel: die Speise könnte verdorben sein), sondern auch zur Handlungsorientierung (Ekel: das esse ich nicht).

Während wir jetzt Gefühle erwähnt haben, die mit Weggehen und Vermeiden zu tun haben, können wir allgemein drei Grundarten der Handlungsorientierung finden:

Handlungsorientierung	Gefühl
Auf etwas oder jemanden zugehen	Neugier, Verliebtheit, Haß
In der Situation bleiben, etwas bewahren	Glück, Dankbarkeit
Aus der Situation weggehen, etwas vermeiden	Ekel, Furcht, Scham

Um mehr über die Strukturen Ihres Fühlens zu erfahren, können Sie jetzt versuchen, die in der Tabelle von Ihnen angekreuzten Gefühle den drei Handlungsorientierungen zuzuordnen, auch wenn einige Gefühle sich zwischen den Zeilen befinden. Sie können so erfahren, ob Sie im emotionalen Kontakt eher bewahrend, vermeidend oder ausgreifend und zupackend sind.

Gefühle zeigen

Wenn wir in einem Gefühl sind, ist uns die dazugehörige Handlungsorientierung allerdings nur selten bewußt. Ebenso wenig achten wir meist auf die körperlichen Vorgänge, die jedes Gefühl ohne unsere Absicht begleiten:

Errötend folgt er ihren Spuren

Hier ist eine Liste von körperlichen Vorgängen und Veränderungen, die im Zusammenhang mit Gefühlen in bestimmten Kombinationen auftreten und häufig als »somatische Marker« bezeichnet werden.

- *Atem*
  flacher, schneller, langsamer, angehalten
- *Herzschlag*
  langsamer, schneller, stärker, schwächer
- *Durchblutung*
  Bereiche stärkerer/schwächerer Durchblutung
- *Hormonausschüttung*
  Wirkung dämpfend, anregend, euphorisch
- *Erregung*
  steigend, sinkend
- *Sehen*
  verschwommen, geschärft, verdunkelt, erhellt
- *Hören*
  klarer, dumpfer, lauter, leiser
- *Unwillkürliche Bewegungen*
  Gliedmaßen, Gesicht
- *Schweißausbruch*
  Bereiche, Dauer

Indem Sie für Ihre in der Tabelle angestrichenen Gefühle die entsprechenden oben aufgeführten körperlichen Veränderungen herausfinden, können Sie sich Ihre typischen somatischen Marker bewußt machen und darauf achten, in welchen Situationen sie nach Art und Intensität variieren. Eine Einstimmung haben wir oben schon mit den somatischen Markern für die Überraschung vorgenommen.

Die Achtsamkeit auf die somatischen Marker ist keineswegs ein müßiges Spiel. Denn zu der in unserer Kultur praktizierten Gefühlskontrolle gehört auch die Mißachtung der die Gefühle begleitenden körperlichen Symptome. Wir schämen uns unseres Errötens und erröten noch mehr. Andere sind peinlich berührt vom Zittern ihres Gegenübers, wodurch das Zittern noch verstärkt wird. Wenn wir unsere eigenen körperlichen Symptome nicht beachten oder sogar zu unterdrücken versuchen, können diese Symptome zu körperlichen Verspannungen und psychosomatischen Erkrankungen führen. Deshalb ist es wichtig, auf die somatischen Marker unserer Gefühle zu achten. Und während ich schreibe, merke ich, daß ich aufgeregt bin, ob ich auch alles gut beim Schreiben ausdrücken kann, so daß meine Hand jetzt zittert und ich im Bauch einen Druck spüre und mir der Kopf heiß wird. Das finde ich unangenehm und werde mir erst einmal einen Tee zubereiten.

Wo aber bleibt bei den somatischen Markern die Stimme? Wir wissen aus einem neuen Forschungsprojekt an der Technischen Universität Berlin (W. Sendlmeier, 2000), daß bei Ärger und Freude nicht nur schnell, sondern auch besonders deutlich gesprochen wird, indem viele Silben betont und die einzelnen Laute gut artikuliert werden. Obwohl wir bei Trauer und Angst langsamer sprechen, werden die Silben undeutlich artikuliert. Bei Angst wird die Stimmlage höher, bei Trauer wird die Klangfarbe wie angehaucht. Also könnten wir auch die Stimme zu den somatischen Markern zählen. Andererseits können wir unsere Stimme bewußt einsetzen, und sie spielt eine entscheidende Rolle beim Ausdruck unserer Gefühle. Wir brüllen bei Wut oder haspeln als Verliebte stimmliches Süßholz. Aber nicht nur mit der Stimme können wir zusätzlich zu der Funktion der somatischen Marker unsere Gefühle bewußt ausdrücken. Wir schlagen mit der Faust auf den Tisch, wir drohen mit dem Finger, wir wenden uns ab und verziehen das Gesicht.

Und damit sind wir bei einer weiteren wichtigen Einsicht über Gefühle: Jedes Gefühl kann durch Stimme, Mimik, Gestik, Körperhaltung und Bewegung zum Ausdruck gebracht werden, wie Sie gleich ausprobieren können:

> ***Mit Ausdruck***
> *Stellen Sie sich vor einen Spiegel und denken Sie an eine Person, auf die Sie wütend sind oder über die Sie sich geärgert haben. Versuchen Sie nun zu diesem Gefühl verschiedene Ausdrucksformen von wüstem Fäusteschütteln bis zum »Keep smiling«. Achten Sie darauf, wie sich Ihre Wut oder Ihr Ärger bei jedem anderen Körper- und Gesichtsausdruck anders anfühlen.*

Mit diesem kleinen Experiment können wir unsere Einsicht über den Ausdruck von Gefühlen differenzieren:

1. Die Ausdrucksformen von Gefühlen haben sowohl allgemein menschliche Grundkomponenten (Lachen bei Freude) wie auch kulturspezifische und individuelle Ausprägungen (bei Trauer lautes Wehklagen oder Verstummen).

2. Diese Ausdrucksformen können für andere Menschen Signalwirkungen und Mitteilungsfunktionen haben (Vorsicht, er kriegt gleich wieder seinen Koller!).
3. Gefühl und Ausdruck brauchen nicht übereinzustimmen.

Diese Erkenntnisse über den Ausdruck von Gefühlen sind deshalb so wichtig, weil sie im Zusammenhang mit einem existentiellen Prinzip stehen, das erst mit der Entwicklung der Psychotherapie und insbesondere der Gestalttherapie in den letzten Jahrzehnten entdeckt wurde. Dieses Prinzip läßt sich so formulieren:

Gefühle können nur so weit zur Orientierung und damit zur persönlichen Entwicklung beitragen und können nur so weit Signalfunktion haben und damit zur sozialen Integration beitragen, wie sie angemessen ausgedrückt werden. Die Unterdrückung eines Gefühls oder seiner Äußerung hilft also auf Dauer weder mir noch meinen Bezugspersonen.

Stellen Sie sich ein kleines Mädchen vor, dem durch Verbote oder Anpassungsprozesse an familiäre Verhaltensweisen nicht ermöglicht wird, seine Aggressionen oder seine Wut zu zeigen. Sie wird lernen, alle Arten aggressiven Gefühlsausdrucks zu unterdrücken, was sie innerlich lähmen wird. Resignation, Hilflosigkeit, Depression können die Folge sein und auch plötzlich scheinbar unmotivierte Ausbrüche.

So können Leserinnen nachforschen, ob sie bei Gefühlen der Resignation, der Hilflosigkeit, der Depression nicht ganz im Verborgenen Gefühle der Wut oder Aggression entdecken, die dem kleinen Mädchen nicht erlaubt waren und die so umgewandelt oder verdrängt werden mußten. Und die Leser können nachforschen, ob sie bei Gefühlen der Erstarrung und Lähmung vielleicht tief in sich verborgen eine Traurigkeit oder eine Sehnsucht nach Tröstung und Zärtlichkeit finden, die der kleine Junge nie zugeben durfte, bis ihn das Unterdrücken und Verdrängen lähmte. Wenn es Ihnen gelingt, solche verdrängten und unterdrückten Gefühle in Ihr Bewußtsein zu bringen, auf sie zu achten und sie in Ihr Leben zu integrieren, werden Sie bald merken, wie Ihre Beziehungen zu anderen Menschen vielfältiger und klarer werden und Ihr persönliches Wachstum weitergehen kann. Genau darin besteht die Wirkung vieler psychotherapeutischer Verfahren.

Von den TherapeutInnen können wir lernen, daß der Atem in diesem Prozeß eine wichtige Rolle spielt. Wir unterdrücken den Ausdruck unserer Gefühle fast immer durch Anhalten des Atems. Ebenso können wir den Ausdruck unserer Gefühle zum Fließen bringen, indem wir unseren Atem in Bewegung bringen. Der Atem als Mittler zwischen unwillkürlichen körperlichen Funktionen und bewußtem Ausdruck ermöglicht es uns, den Ausdruck unserer Gefühle zu beleben und damit einen Zugang zu unseren Gefühlen zu finden.

Während wir bei der Nichtübereinstimmung von Gefühl und Ausdruck bis jetzt die Fälle berücksichtigt haben, in denen die Gefühle nicht zu ihrem Ausdruck kommen, können wir umgekehrt auch einen Gefühlsausdruck produzieren, ohne daß wir ein entsprechendes Gefühl spüren. Bekannt sind die Krokodilstränen oder die geheuchelte Freude über ein mißlungenes Geschenk. Hier produzieren wir in der Regel den Ausdruck für ein gesellschaftlich erwartetes Gefühl (Trauer, Freude, Dankbarkeit):

> ***Krokodilstränen***
> *Stellen Sie sich vor einen Spiegel und probieren Sie, wie Sie ein paar gesellschaftlich erwartete Gefühle produzieren können (z. B. Interesse, Wohlwollen, Bedauern, Dankbarkeit, Freude). Wie gut gelingt es Ihnen? Wie geht es Ihnen dabei?*

Wenn Sie sich dabei unbehaglich gefühlt haben und wie »von sich selbst ertappt«, dann läßt sich das leicht erklären: Zwar hat Ihr Ausdruck eine Signalfunktion für andere, nicht aber eine Orientierungsfunktion für Sie selbst. Damit wird Ihr Ausdruck zur Maske. Denn die Funktion der Maske ist es ja gerade, anderen etwas zu signalisieren, was ich gar nicht bin. Je mehr unser Ausdruck von solchen ohne Gefühl produzierten Ausdrucksweisen bestimmt ist, um so mehr verlieren wir unsere Lebendigkeit und werden zu Automaten der gesellschaftlichen Erwartungen. Auch in der Sprache drückt sich das nicht vorhandene Gefühl verräterisch aus: »Ich entschuldige mich«, sagt der Politiker, der seine Schuld gar nicht empfindet und so nicht sagen kann: »Ich bitte Sie um Entschuldigung.« »Ich bedanke mich«, verrät die nichtgespürte Dankbarkeit, die in einem »Ich danke Ihnen« ihren Ausdruck finden könnte. Immerhin könnten wir als so Nichtbedankte antworten: »Ich bebitte mich«.

Emotionale Kompetenz

Die in der Öffentlichkeit immer mehr um sich greifende Gefühlskälte hat aber als Kehrseite den emotionalen Streß im Privaten. Denn da Gefühle in der Öffentlichkeit immer weniger gezeigt werden und die Verdrängung (von cool bis Pokerface) gesellschaftlich zelebriert wird, wächst zugleich der Anspruch, nun alle zurückgehaltenen Gefühle im Privaten auszuleben und das öffentlich Entbehrte nun in den Beziehungen kompensatorisch aufzuholen. Das führt dann zu einer Überfrachtung und Überlastung von Zweierbeziehungen und Freundschaften, aber auch von Eltern-Kind-Beziehungen und Familien überhaupt. Die Medien überhöhen diesen emotionalen Streß dann zusätzlich als melodramatisches Schicksal unserer Zeit, abgeschwächt als Serienknüller oder zum Mitzittern im Reality-TV.

Aber auch wenn unser Ausdruck mit unserem Gefühl übereinstimmt, kann diese Übereinstimmung viele Formen annehmen: Ich kann meiner Wut durch Zerschlagen von Tisch und Bänken freien Lauf lassen (es gibt für Manager und Unternehmer besondere Zerschlag-Kneipen, in denen sie nach gehabtem Mahl im Armani-Anzug das Mobiliar kurz und klein schlagen dürfen). Ich kann aber auch nur leise vor mich hinzischen: Hab ich vielleicht eine Wut. Zwischen Gefühl und Ausdruck steht immer kontrollierend unser Verstand. Im ersten

Beispiel ist er unterdrückt, und der Kontakt wird durch Zerstörung unterbrochen. Im zweiten Beispiel unterdrückt der Verstand das Gefühl, und der Kontakt wird gelähmt. Das Verhältnis zwischen Gefühl und Verstand, zwischen Emotionalität und Rationalität läßt sich in unserer Gesellschaft als ein Herr-Knecht-Verhältnis beschreiben. Einmal sind wir »den Gefühlen ausgeliefert«, dann wieder »beherrscht die Einsicht unseren Zorn«. Dieses Herr-Knecht-Verhältnis hindert sowohl unsere Gefühle wie auch unseren Verstand an der Entwicklung aller vorhandenen Möglichkeiten und läßt uns in vielen Bereichen emotional und intellektuell verkümmern. Deshalb ist es wichtig, dieses wechselweise Herr-Knecht-Verhältnis zwischen Denken und Fühlen zu verändern und in eine fruchtbare Zusammenarbeit umzuwandeln.

Der beste Weg dazu ist das Achtsamsein auf unsere Gefühle, so daß Rationalität und Emotionalität aufgehoben sind in der Achtsamkeit und zu einer Balance kommen können. Erst dann können wir für unsere Gefühle Ausdrucksformen finden, die Orientierungs- und Mitteilungsfunktion so verbinden, daß sie den Kontakt zu anderen Menschen weder zerstören noch lähmen, sondern wechselweise bereichern. So können wir am besten unsere emotionale Kompetenz erweitern und vertiefen.

Die Einsicht über die Wichtigkeit der emotionalen Kompetenz hat sich erst in den letzten Jahrzehnten auch in der Fachwelt durchgesetzt. So spricht Howard Gardner noch vorsichtig von der intrapersonellen und interpersonalen Intelligenz, während Daniel Goleman in seinem Bestseller »EQ – Emotionale Intelligenz« deutlich macht, daß der Erfolg im Leben nicht nur von der (mit dem IQ gemessenen) Intelligenz abhängt, sondern auch davon, wie wir mit unseren eigenen und anderen Emotionen umgehen (siehe Ergänzungen). Diese Kompetenz kann heute schon im Internet durch Tests mit einem EQ gemessen werden, um so auch das Fühlen wieder rational und digital einzuordnen und zu beherrschen. Uns ist hier die Achtsamkeit wichtiger und die Gewißheit, daß wir unsere emotionale Kompetenz immer weiter vervollkommnen können. Dabei kann Ihnen folgende Anregung helfen:

> ***Innere Stimme***
> *Versuchen Sie möglichst oft, auf Ihre seelischen Zustände und die begleitenden körperlichen Symptome und ihren Ausdruck zu achten und versuchen Sie auch, ob Sie Zustände, Symptome und Ausdruck täglich etwas genauer beschreiben können. Halten Sie ab und zu inne und fragen Sie sich: »Wie fühle ich mich jetzt?«,*
> *»Was spüre ich jetzt?«*

Das klingt so einfach und scheinbar banal und fällt uns in der alltäglichen Wirklichkeit dann doch schwer, weil wir meist auf unsere Ziele und Handlungen fixiert sind. Je konsequenter Sie aber Ihre Frage wiederholen, um so eher werden Sie merken, daß Sie so besser mit Ihren eigenen Emotionen umgehen können und sich vielleicht sogar freier und offener fühlen. Vielleicht gelingt es Ihnen dann auch, Ihren Gefühlen mehr zu vertrauen und sie als lebendige Kraft in Ihr Denken und Handeln einzubeziehen.

Wenn viele Experten die Wichtigkeit der emotionalen Kompetenz betonen und vor der neurotisierenden Wirkung der Unterdrückung des Gefühlsausdrucks warnen und therapeutisch und aufklärend dieser Unterdrükkung entgegen zu wirken versuchen, dürfen wir allerdings nicht den historischen Kontext der Entstehung dieser Unterdrückung und der damit verbundenen Leistungen vergessen. Norbert Elias hat als einer der ersten darauf hingewiesen, daß der Zivilisationsprozeß unserer Gesellschaft und seine sozialen, medizinischen und ökonomischen Errungenschaften nur durch die Kontrolle des Ausdrucks von Bedürfnissen und Gefühlen bis hin zur »Selbstzwangsapparatur« (Elias) möglich war. Die Beherrschung des Gefühls wurde schon von Platon als Tugend gewertet, die in der Besonnenheit ihren Ausdruck finden sollte. Wir dürfen nicht vergessen, daß wir auch durch das in diesem Zusammenhang später entstandene Gewaltmonopol des Staates in einem Zeitalter noch nie dagewesener öffentlicher Sicherheit leben. Der Beherrschung der äußeren Welt und der damit einhergehenden Zerstörung der Umwelt entspricht eine innere Zähmung der Gefühle.

Die gewaltige Entwicklung des zweckrationalen Denkens und die Betonung der trainier- und meßbaren Intelligenz geschieht auf Kosten der emotionalen Kompetenz. Der Umgang mit den eigenen Gefühlen und denen der anderen war im Fortschrittstaumel der Aufklärung kein ernstzunehmendes Thema und wurde zur Kompensation an die Künstler und an sensible Damen in ihren Salons delegiert. Obwohl unser Leben weitgehend von Gefühlen beherrscht ist, sind sie auch heute noch ein vernachlässigtes Thema, nicht nur in Soziologie und Philosophie, sondern auch in den dafür eigentlich zuständigen Gebieten Psychologie und Pädagogik.[34] Die von Descartes im 17. Jahrhundert ausgegebene Parole »Cogito ergo sum« (ich denke, also bin ich) ist auch heute noch Leitlinie öffentlicher Denk- und Lebensentwürfe.

Aber in der Konsum- und Informationsgesellschaft werden nun mit dem Abschließen der bisherigen Phase des Zivilisationsprozesses die Verluste des Fortschrittsglaubens und der technischen Rationalität immer spürbarer, und es entstehen in vielen Bereichen des öffentlichen und privaten Lebens neue Bewegungen, die ein verändertes Verhältnis des einzelnen zur Gesellschaft und zur Umwelt versuchen, bei dem die Zwangsdialektik von Selbstkontrolle, Ausbeutung und Naturbeherrschung aufgehoben wird durch die Achtsamkeit auf den unlösbaren Zusammenhang zwischen dem Wohlergehen des einzelnen, dem Fortbestand der Gesellschaft und der Umwelt. Als eine wichtige Voraussetzung dafür haben wir hier die Entwicklung und Erweiterung der emotionalen Kompetenz dargestellt, bei der die Achtsamkeit auf unsere Gefühle und deren Ausdruck im Mittelpunkt steht. Da aber die meisten unserer Gefühle mit anderen Menschen zu tun haben und oft von deren Gefühlen ausgelöst werden, ist für die emotionale und insbesondere auch für die soziale Kompetenz die Achtsamkeit auf die Gefühle und den Gefühlsausdruck der anderen wichtig. Bevor wir zu diesem Thema im 6. Kapitel kommen, sollen hier als Anregung noch drei wichtige Gefühle beispielhaft skizziert werden.

Ein Mann sieht rot ...

Nach der Meinung der meisten Menschen ist von allen menschlichen Gefühlen die Wut am schwersten zu beherrschen. Zu jedem richtigen Mann gehören »seine Wutanfälle«, während Frauen eher »Wut im Bauch haben«. Probieren Sie es aus:

> ***Meine Wut gehört mir?!***
> *Versuchen Sie sich an Ihren letzten Wutanfall zu erinnern oder daran, als Sie das letzte Mal wütend waren. Versetzen Sie sich möglichst stark in diese Wut oder achten Sie dann beim nächsten Mal darauf:*
> *Welche körperlichen Veränderungen spüren Sie?*
> *Welche Ausdrucksform geben Sie Ihrer Wut?*
> *Welche Phasen des Wütendseins sind Ihnen unangenehm, welche angenehm?*
> *Wie geht die Wut in Ihre nächsten Aktivitäten ein?*

Wenn Sie gespürt haben, daß Ihr Wütendsein auf Sie belebend und anregend wirkt, dann liefern Sie Beweise für die sogenannte »Katharsis-Theorie«, wonach das Ausleben der Gefühle reinigend wirkt. Genauer können wir feststellen, daß in der Wut eine stark verändernde Handlungsorientierung mit motorisch anregenden somatischen Markern da ist. Lassen wir diese Veränderungsdynamik und die Motorik in den Ausdruck unserer Wut fließen, so spüren wir die Intensität des Gefühls, die uns belebt. Die aggressiven Gefühle, die im Zivilisationsprozeß besonders verdächtig und kontrollbedürftig erscheinen, haben dennoch eine wichtige Funktion: Unsere Angriffslust und unsere Aggressionen ermöglichen uns überhaupt erst das Einverleiben der Umwelt und somit das individuelle und stammesgeschichtliche Überleben. Im Abbeißen, Zerbeißen und Kauen zerkleinern wir die Nahrungsmittel mundgerecht und ernähren uns. Im Zugreifen, Abreißen und Zupacken richten wir die Umwelt für unsere Bedürfnisse her, wir handeln und schaffen und sichern die Voraussetzungen für unser Überleben und unser Eigentum.[35]

Wenn die modernen Menschen nur noch Fertignahrung zu sich nehmen und ansonsten frustriert im Internet surfen, fehlt der Angriffslust die Handlungs- und Ausdrucksmöglichkeit. Die unausgedrückte Angriffslust kann uns lähmen und anerzogene Aggressionshemmungen können zugleich latente Gewaltbereitschaft erzeugen. Dem entsprechen auch empirische Untersuchungen, wonach unterdrückte Wut die koronare Durchblutung des Herzens vermindert und so das Infarkt-Risiko erhöht. In vielen körperbezogenen Psychotherapien wird daher versucht, für aufgestaute Wut ungefährliche Entladungsmöglichkeiten zu schaffen (z. B. Schlagen auf Kissen u. ä.). Für mich war eine solche Entdeckung meines verdrängten Wut- und Aggressionspotentials und das dramatische Ausagieren mit Hilfe eines behutsamen und verständigen Gestalttherapeuten eine wahre Offenbarung, die mein Leben verändert und mich zur Gestalttherapeuten-Ausbildung geführt hat. Obwohl ich später als Therapeut auch mit vielen Klienten (und wenigen Klientinnen) solche Wut-Aktionen erfolgreich angeleitet habe, bin ich doch heute zurückhaltend, weil der Zugang zu Ausdruckshemmungen auch weniger dramatisch und ungefährlicher durch kleinere bewußt nachvollziehbare Schritte erfolgen kann und damit nachhaltiger verfügbar bleibt. In der Kooperation von Vernunft und Gefühl finden wir leichter das angemessene Gleichgewicht zwischen Toben und Lähmung:

> ***Wütend oder nicht***
> *Erinnern Sie sich an Situationen, in denen Sie wütend waren:*
> *Wie hängt Ihr Wütendsein mit Ihrer Männlichkeit/Weiblichkeit zusammen?*
> *In welchen Situationen werden Sie wütend?*
> *An welchen Gegenständen lassen Sie Ihre Wut aus?*
> *Welche Personen machen Sie wütend?*
> *Welchen Personen zeigen Sie Ihre Wut, welchen nicht?*
> *Wie beenden oder unterbrechen Sie Ihr Wütendsein?*

Wenn Sie zu den Ausagierenden gehören, versuchen Sie einmal, wie es für Sie ist, rechtzeitig und achtsam aus der Wut auslösenden Situation auszusteigen. Wenn Sie jedoch zu den Wutvermeidern mit Magenschmerzen, Zähneknirschen und Festhalten gehören, probieren Sie einmal, heftig atmend die Wut ein bißchen rauszulassen und den Stein des Anstoßes (aber nur falls er unbelebt ist) zu malträtieren.

Alles ist so sinnlos

Anders als die Wut erleben wir Depressionen nicht so sehr als Gefühl, sondern als eine länger anhaltende Stimmung, wobei wir uns die größte Mühe geben, sie möglichst schnell wieder loszuwerden. Dabei läßt sich die Depression oft nur schwer abgrenzen von Traurigkeit, Schwermut, Melancholie und diffusen Ängsten in verschiedenen Intensitäten bis hin zur Verzweiflung und Selbsttötung. Auch die körperlichen Symptome sind vielfältig: Schlaflosigkeit, Herzrhythmusstörungen, Nervosität, Unruhe, Konzentrationsunfähigkeit, Kraftlosigkeit, Verwirrtheit, Trägheit und Erstarrung.

Hier soll es allerdings weder um das besondere Gefühl der Trauer gehen, bei dem der Schmerz über den erlittenen Verlust im Vordergrund steht, noch um den dazugehörigen wichtigen Prozeß des Abschiednehmens und Sich-Ablösens, der mit Rückzug, Elend aber auch mit Ärger über das Verlassenwerden und möglicher Befreiung verbunden ist. Da diese Formen des Trauerns die Voraussetzung für das Beenden der alten Situation und den Anfang neuer Orientierungen sind, ist es wichtig, sie als Bestandteil unserer eigenen Wandlung zu akzeptieren und zu durchleben. Hier hingegen wollen wir uns nur der »normalen« Depression zuwenden, die als Stimmung durch Mutlosigkeit, lähmende Passivität und diffuse Ängste gekennzeichnet ist. Das Selbstwertgefühl, die Arbeits- und Konzentrationsfähigkeit kann abnehmen; Schlafstörungen, Appetitlosigkeit und andere körperliche Beschwerden können hinzukommen.

Diese Depressionen haben in den letzten Jahrzehnten

zugenommen, wobei immer mehr Jugendliche und sogar Kinder darunter leiden. In Deutschland sind über 20 % der Bevölkerung betroffen, Tendenz steigend. Als Ursache für Depressionen werden außer traumatischen Erlebnissen, Beziehungskrisen, Überforderung, auch die soziale Isolation, fehlende Zukunftsaussichten, mangelnde Identifikationsmöglichkeiten, aber auch unterdrückte Aggressionen genannt. Ohne auf die komplexen Zusammenhänge von Symptomen und Therapiemöglichkeiten einzugehen, soll hier die Achtsamkeit auf die depressiven Zustände im Vordergrund stehen:

Einsteigen – Aussteigen

Versuchen Sie bei der nächsten Depression oder in Erinnerung an die letzte herauszufinden, welche der folgenden Äußerungen für Sie zutreffend ist und kreuzen Sie sie an bzw. ergänzen Sie die Liste:

- *Ich schaffe es nicht*
- *Ich werde nie wieder glücklich sein*
- *Ich komme da nicht raus*
- *Es ist alles sinnlos*
- *Ich bin ein Versager*
- *Mir wird alles zuviel*
- *Niemand mag mich*
- *Alle haben mich enttäuscht*
- *Ich kann mich zu nichts mehr aufraffen*
- *Nichts interessiert mich mehr*

Da Depressionen wie alle anderen Gefühlszustände auch mit kognitiven und körperlichen Vorgängen und unseren Tätigkeiten verbunden sind, finden sich hier auch entsprechende Möglichkeiten der Unterbrechung:

1. Kognitives Aussteigen

Versuchen Sie in einem ersten Schritt Ihre oben angekreuzten Aussagen zu präzisieren: z. B. »Mir wird alles zu viel«: Was genau wird Ihnen zuviel? (z. B. Essenkochen, Saubermachen, Vorlesen, ins Büro gehen ...) Auf welche Art wird es Ihnen zuviel? (körperlich anstrengend, dauernd auf andere eingehen ...) Schreiben Sie sich das auf und lesen Sie es sich oder einer vertrauten Person vor. Finden Sie dann in einem zweiten Schritt etwas heraus, was Sie aufgeben und einschränken können und ersetzen Sie es durch etwas, was Sie gerne tun möchten (z. B. einen Abendspaziergang). Sie können dann Ihre Aussage »Mir wird alles zuviel« innerlich ersetzen durch »Ich habe viel zu tun. Und ich freue mich auf meinen Abendspaziergang«. Wichtig ist dabei, die All-Aussagen (keiner, alle, immer, niemals ...) durch konkrete Aufzählungen und mindestens eine Alternative zu ersetzen, um so aus dem depressiven Kreistrott von Ausweglosigkeit und Nichtstun herauszukommen. (Weil alles so ausweglos ist, kann ich nichts tun. Weil ich nichts tun kann, bleibt alles so ausweglos.) Setzen Sie sich kleine und einfache Ziele, möglichst mit einem genauen Tagesplan, in dem Sie dann auch Ihre Erfolge eintragen.

Da der Kreistrott meist grübelnd vollzogen wird, kann es auch wichtig sein, durch eine geistige Umstellung das Grübeln zu unterbrechen. Ablenkung, aber auch geistige Konzentration und Meditation können hilfreich sein.

2. Emotionales Aussteigen
Wenn Sie bei dem ersten Schritt auf eine bestimmte Person gestoßen sind, die Sie enttäuscht hat, dann kann es sein, daß der Depression eine unterdrückte oder umgeleitete Enttäuschung, Ärger oder Wut zugrunde liegt. Versuchen Sie im zweiten Schritt Ihren Ärger und Ihre Wut über diese Person zum Ausdruck zu bringen, am besten mit einer vertrauten Person oder sonst im Selbstgespräch oder in einem (nicht notwendigerweise abzuschickenden) Brief an diese Person. Als dritten Schritt können Sie versuchen, ob Sie später zu versöhnlichen Gedanken und Botschaften bereit sind.

Überhaupt ist der Kontakt mit Freundinnen und Freunden der beste Weg, um wenigstens kurzfristig aus der depressiven Stimmung auszusteigen. Durch den Kontakt wird der depressive Kreistrott zumindest zeitweilig unterbrochen. Zugleich kann im Gespräch allein durch das Aussprechen die scheinbare Ausweglosigkeit relativiert werden, und der Anfang für eine Veränderung ist damit schon getan. Deswegen sind auch Sorgen-Telefone wichtig und wirkungsvoll oder die Kneipe um die Ecke. Besonders wirksam kann die Teilnahme an einer Selbsthilfegruppe sein, weil der Austausch mit anderen Menschen, die ähnliche Erfahrungen haben, entlastend ist. Wir erleben dann im Kontakt mit anderen, wie Depression nicht als persönliches Versagen oder als abwendbares Schicksal hinzunehmen ist, sondern erfahren die allgemeineren, gesellschaftlichen Ursachen von Depressionen und können so Schuldgefühle und Versagensängste abbauen.[36]

3. Engagiert aussteigen

Da die meisten Depressionen mit einer Sinnkrise zusammenhängen, erweist sich das Engagement für etwas Sinnvolles als das nachhaltigste Mittel gegen Depressionen. Indem wir uns für andere einsetzen, erfahren wir unsere Fähigkeiten und Möglichkeiten und unsere soziale Einbindung. Sie können so vorgehen:

- Schreiben Sie Bereiche auf, in denen Sie sich gern engagieren würden (Betreuung von Kindern, Alten, Kranken; Beratung; politische Initiativen ...).
- Suchen Sie sich davon einen Bereich aus, in dem Sie tätig sein wollen entsprechend Ihren Fähigkeiten, Ihren zeitlichen und materiellen Möglichkeiten und Ihrer Lebenssituation (Umzug? Berufliche Veränderung? Beziehungskrise?).
- Planen Sie zwei oder drei konkrete Schritte, mit denen Sie im Verlauf der nächsten 7 Tage Ihre neue Tätigkeit anbahnen (Anrufe; Brief schreiben; Informationen beschaffen ...).
- Finden Sie ein paar andere Menschen, die Sie in Ihr Vorhaben einbeziehen.

Diese anderen sind auch wichtig, damit wir aus der Depression nicht zum »Helfersyndrom« kommen und zu den vielzitierten »hilflosen Helfern« werden (siehe 8. Kapitel). Denn schließlich müssen wir auch lernen, daß wir uns gesellschaftlich verursachte Miseren nicht als eigenes Versagen ankreiden.

4. Leibhaftig aussteigen

So wie die Depressionen eine körperliche Erstarrung bewirken können, hilft umgekehrt eine körperliche Aktivität zum Aussteigen aus der Depression. Am besten bewährt hat sich eine etwa halbstündige Tätigkeit, bei der Sie zum Erreichen eines von Ihnen festgelegten Ziels an Ihre körperlichen Grenzen kommen. Bei mir hat sich 40-minütiges Jogging zweimal in der Woche bewährt, ersatzweise auch 15 Liegestütze, bei anderen ist es Schwimmen, Radfahren, Tennisspielen oder Walking. Im Spüren der eigenen Körperlichkeit erleben wir so zugleich, daß wir »es« schaffen, daß wir an unser Ziel kommen mit kleinen persönlichen Tagesabweichungen, die uns mit dem Alltag versöhnen können. Der körpereigene Ausstoß sogenannter Endorphine bei solchen Tätigkeiten verstärkt noch die antidepressive Wirkung.

In den dunklen Monaten kann auch Licht die depressive Stimmung erhellen, zum Beispiel der Anblick des Himmels oder eines hell erleuchteten Bildes. Manchen hilft auch der Gang ins Solarium. Zuviel Schlaf kann ebenso wie chronisches Schlafdefizit depressiv fördernd sein. Und natürlich haben wegen der Psychosomatik auch Medikamente ihre Wirkung. Harmlos und bewährt ist dabei das Johanniskraut. Und wer weder allein noch mit Freunden aus der Depression herauskommt, sollte es unbedingt mit der Hilfe eines Arztes oder Therapeuten versuchen.[37]

Ein Bogen um die Liebe

Kaum wage ich dieses Wort hinzuschreiben: *Liebe*. Zu umfassend sind die damit verbundenen Gefühle, Wünsche, Sehnsüchte, Hoffnungen, Leiden und Qualen. Zu umfassend die Verflechtungen und Klärungsversuche um die Liebe: Da sind die vielfältigen Arten der Liebe, von der Mutterliebe bis zur Vaterlandsliebe, von Caritas bis Agape, zwischen der Liebe zu Gott und der Liebe zum Detail, von Sex bis himmlisch. Da ist die Liebe im geschichtlichen Wandel und mit unauslotbaren kulturellen Unterschieden. Wer wollte die Unterschiede ermessen, die sich zwischen den Liebespraktiken einer Geisha der Han-Dynastie und den Vorstellungen der Liebe eines mittelalterlichen Minnesängers auftun. Zu umfassend auch sind die Jahrtausende alten philosophischen und literarischen Annäherungen und die wissenschaftlichen Analysen, so daß wir uns nicht anmaßen wollen, hier mitzuhalten und also lieber einen Bogen um die Liebe machen. Aber weil Achtsamsein ohne Liebe gar nicht möglich ist (und dann bestenfalls zur Aufmerksamkeit gerinnt) und weil Liebe ohne Achtsamsein auch gar nicht möglich ist, sondern im Grund mit einer besonderen Steigerung des Achtsamseins verbunden ist, deshalb wollen wir den Bogen, den wir lieber um die Liebe machen, wenigstens liebevoll gestalten:

> **Die Liebe in uns**
>
> *Wenn Sie diese Anregung gelesen haben und sie durchführen wollen, nehmen Sie sich fünf Minuten Zeit. Finden Sie dann wieder einen ruhigen ungestörten Platz, wo Sie*

sich hinsetzen oder hinlegen. Schließen Sie dann die Augen und achten Sie noch einmal darauf, ob Sie entspannt sind oder ob Sie noch irgendwo in Ihrem Körper eine Verspannung spüren, die Sie dann auflösen. Atmen Sie dreimal tief ein und aus und entlassen Sie mit dem Ausatmen alle Sorgen und Probleme des Tages. Folgen Sie nun Ihrem Atem, wie er ruhig ein- und ausgeht. Wenn irgendwelche Gedanken kommen, begrüßen Sie sie als freundliche Bekannte und lassen Sie sie weiterziehen. Lassen Sie nun in sich eine Vorstellung von »Liebe« entstehen. Nehmen Sie sich dafür viel Zeit und spüren Sie, wie dieses Gefühl von Liebe in Ihnen wächst und Sie immer mehr ausfüllt. ... Lassen Sie das Gefühl sich ausbreiten in Ihrem ganzen Körper, im Bauch, Brust und Becken, im Geschlecht und im Kopf, in Armen und Beinen bis in die Fingerspitzen und Fußzehen. ... Vielleicht hat dieses Gefühl von Liebe auch Farben und Formen. Schauen Sie sich das in Ruhe an. ...

Später finden sich vielleicht auch eine oder mehrere Personen ein. Sehen Sie sich diese Personen gut an, ihre Kleidung, Körperhaltung, Gesichtsausdruck. ... Und vielleicht wollen Sie diesen Personen etwas sagen, dann tun Sie das innerlich. Und vielleicht hören Sie auch eine Antwort. Wenn Sie jemanden berühren wollen, dann tun Sie es. ... Wenn die Zeit gekommen ist, verabschieden Sie sich dann, und lassen Sie allmählich Ihr Gefühl der Liebe versinken und kommen Sie in Ihr Zimmer zurück und öffnen Sie vorsichtig die Augen. Wenn Sie Lust haben, können Sie dann noch das Erlebte mit Farben, Formen oder Worten symbolisch darstellen, wobei Ihre Hand, ohne irgend etwas Bestimmtes zu wollen, einfach anfängt, das Erlebnis Ihres Gefühls von Liebe zu Papier zu bringen.

In dieser kleinen Anregung können Sie einiges aus Ihrer Liebe wiederfinden: Liebe ist unter den Gefühlen in vielerlei Hinsicht besonders. Liebe ist einfach da. Wir spüren Sie als einen Überfluß unseres Fühlens und Achtsamseins, der absichtslos von uns ausstrahlt und die bedingungslose Zustimmung zu einem Du umfaßt. Wenn in der Gegenseitigkeit der Beziehung die Liebenden zugleich zu Geliebten werden, wächst der Reichtum der Liebe ins Unermeßliche. Aber Liebe ist nicht an eine bestimmte Person gebunden, sondern kann einfach als ein Gefühl des Erfülltseins dauern. In dieses Gefühl der Liebe kann sich Dankbarkeit und kindliches Staunen mischen, und vielleicht haben Sie dann bei sich und anderen als Ausdruck dieser umfassenden Liebe ein Lächeln bemerkt: »Das Lächeln ist die Ur-Geste des Menschen: Friedfertigkeit und Freundlichkeit verheißend und doch immer unergründlich, weil vieldeutig, öffnend ebenso wie verbergend. Das Lächeln ist der Gegenpol zum Toben; schreiend betreten wir diese Welt, lächelnd gewinnen wir sie. Das Schreien ruft die Mutter, das Lächeln hält sie fest. Ein Mensch, der nicht mehr lächelt, glaubt nichts mehr gewinnen zu können oder alles schon gewonnen zu haben.« So beschreibt Hans-Peter Dreitzel das Lächeln in seinem Buch »Reflexive Sinnlichkeit«, dem ich viele Einsichten und Anregungen für diese Kapitel verdanke. Wer die in diesem Kapitel hier nur angedeuteten Zusammenhänge genau und umfassend in einem gestalttherapeutisch fundierten Konzept verstehen will, dem sei dieses ungewöhnliche Buch empfohlen.[38]

So wie das Lächeln zum »Keep-smiling« oder zum »Tu-mir-nichts« gerinnen oder sich zum sadistischen Lächeln verzerren kann, können auch im Namen der Liebe ganz andere Ansprüche geltend gemacht werden. Da werden unter dem Deckmantel der allgemeinen Menschenliebe mit christlichem Vorzeichen Indianer und Juden abgeschlachtet. Augustinus bezeichnet die Folter als einen Akt der Liebe, damit der Abtrünnige auf den Weg der Wahrheit und des Heils zurückfindet. Von hier führt der Weg zu den menschenverachtenden und lebensfeindlichen Idealen der Nazis bis zu Stasi-Chef Mielkes »Ich liebe Euch doch alle«. Eine schwächere Variante liefert der Spruch »Seit ich die Menschen kenne, liebe ich die Tiere«.

Die bequeme All-Liebe braucht sich nicht mit den Problemen der Menschen und vor allem nicht mit der eigenen Lieblosigkeit auseinanderzusetzen. Da haben wir normalen Liebenden es wesentlich schwerer:

Meine Lieben

In der folgenden Liste können Sie für mehrere Personen einen oder mehrere Gründe Ihrer Liebe ankreuzen.

Ich liebe Dich, weil ...

... ich Dich brauche	... es mit Dir im Bett so toll ist
... wir so gut harmonieren	... wir so gut miteinander reden können

... Du immer für mich da bist	... Du so erfolgreich bist
... ich Dir helfen kann	... Du mir alle Wünsche erfüllst
... mein Leben ohne Dich sinnlos wäre	... Du mich nicht bedrohst
... Du mein ein und alles bist	... Du mich unterstützt
... Du so schön bist	... es mit Dir so lustig ist
... ich verrückt nach Dir bin	... ich mich mit Dir streiten kann

Sie können nun je nach der Kombination angekreuzter Gründe herausfinden, welche Gefährdungen mit Ihrer Liebe verbunden sein können: Besitzansprüche, Funktionalisierung, Harmonisierung, Herrschaftswünsche, Abhängigkeit, Gewohnheit, Opferhaltung, Selbstaufgabe, Regression, Vater/Mutterrolle statt Partnerschaft, Konfliktvermeidung, Hänsel- und Gretel-Spiel, Schneewittchen-Dornröschen-Aschenputtel-Idealisierung, Statuserhöhung, Bequemlichkeit. ...

Und Sie haben vielleicht auch gemerkt, daß unsere Liebe heute so gefährdet ist, weil uns Liebe immer wichtiger wird in einer von Informations- und Kommunikationstechnologien überfrachteten Welt, in der cool zum Attribut der Vollkommenheit geworden ist.[39] So stürzen wir uns auf die Partnerin oder den Partner, um Bindungen, Wärme, Geborgenheit, die uns in Nachbarschaft, Freundeskreis und Beruf fehlen, nun nur noch in der Partnerschaft zu suchen. Erst allmählich lernen wir, mit dieser Überforderung umzugehen. Zum Glück bleiben uns die Berührungen. Wir lächeln, wenn wir ein Kind ansehen, und beim ersten Lächeln unseres Kindes fühlen wir uns selig.

5 Achtsam im Denken

Sie werden bei dieser Überschrift vielleicht denken, daß der Zusammenhang zwischen Achtsamkeit und Denken nicht offensichtlich ist. Und da sind Sie auch unserem Thema bereits auf der Spur. Denn natürlich haben Sie recht, wenn Sie den Zusammenhang zwischen Denken und Achtsamsein in Frage stellen. »Ich war ganz in Gedanken«, sagen wir, wenn wir gar nicht zugehört haben oder jemanden übersehen haben, also unachtsam waren. Und seit der Aufklärung und erst recht seit der Etablierung der Naturwissenschaften stellen wir uns vor, daß beim Denken immer etwas herauskommen muß, ein Ergebnis, ein Resultat oder eine Entscheidung, ein Entschluß. Wir verbinden Denken mit Logik, Vernunft und Zweckrationalität, mit der Unterscheidung von richtig und falsch, mit Wahrheitsfindung und dem Fortschritt. Sollte sich in unseren Köpfen noch etwas anderes tun, wird es abgetan als Mystizismus oder Träumerei, irrational, abergläubisch, verrückt, gesponnen, unnütz, infantil. Daß aber Denken tatsächlich eine ganz vielgestaltige, geheimnisvolle menschliche Aktivität mit unendlichen Möglichkeiten und Wirkungen ist, wissen wir nicht nur von Wissenschaftlern, sondern auch von Dichtern, Musikern, Philosophen, von weisen Männern und Frauen, Hexen, Seherinnen und Schamanen. Und wir selbst erfahren die vielgestaltigen und geheimnisvollen Möglichkeiten des Denkens, wenn wir uns erinnern, träumen, nachdenken, phantasieren, uns besinnen, etwas erkennen und einsehen, an etwas denken, Probleme lösen, meditieren, sprechen, schreiben, lesen, zuhören. Und überhaupt ist Achtsamsein ein Prozeß, der immer auch mit Denken und mit Benennen zu tun hat.

Denkend ordnen wir unsere Wahrnehmungen: die Wichtigkeit des Gesehenen und Gehörten, seine Deutungen, Zusammenhänge und zeitliche Folgen. Unser Denken wird sinnlich, wenn wir be-greifen und ein-sehen. Denkend ordnen und deuten wir auch unsere Gefühle und bringen sie in Verbindung mit Wahrgenommenem und Erdachtem. Wir verknüpfen in Gedanken Ursachen mit Wirkungen, um die Welt zu erklären. Wir verbinden Vergangenes mit dem Jetzigen und schließen in Gedanken auf die Zukunft als Voraussetzung für planvolles Handeln. Und wir denken über uns selbst nach und gelangen zu Selbsterkenntnis mit dem Verstehen anderer. Denkend stellen sich unsere Werte dar und erst aus der gedanklichen Analyse unserer gesellschaftlichen und materiellen Welt können wir den Sinn unseres Handelns finden und begründen. Denkend kann ich erstaunen über das Wunder des Kosmos und der menschlichen Existenz und darüber, daß ich es bedenken kann. Aber auch Pläne zur Vernichtung werden ausgedacht, mit Ideen begründet und begeistert durchgeführt. Im Denken allein wird nicht das Gute und auch nicht das Wahre und Schöne begründet. Dazu brauchen wir auch die anderen Dimensionen der Achtsamkeit. Denkend kann ich mich und die Welt auch vergessen: Ich denke, also bin ich nicht. Das ist die realistische intellektuelle Wende der Devise »cogito ergo sum«.

Uns geht es in diesem Kapitel darum, auf die Zusammenhänge zwischen Denken, Wahrnehmen, Fühlen und Bewegen zu achten und dabei sowohl das rationale Denken wie auch andere geistige Aktivitäten bis zum Träumen einzubeziehen.

Mit Rätseln und Apfelkernen

Unsere Wahrnehmungen, unser Körper und unsere Gefühle beeinflussen unser Denken: Angst lähmt die Gedanken, Gehen beflügelt und beschwingt das Denken, weshalb es auch früher Stehpulte gab, wo man aus dem Gehen sofort zum Schreiben der Gedankengänge kam. Umgekehrt wirkt unser Denken auch unmittelbar auf unsere Wahrnehmungen, Gefühle und unseren Körper ein:

> ***Körperdenken***
>
> *Wenn Sie an einem Tisch sitzen, legen Sie den linken Unterarm auf den Tisch. Denken Sie nun an Ihren Arm: Wie sein Gewicht die Tischplatte beschwert, wie das Blut durch den Arm bis in die Fingerspitzen fließt, wie der Arm schwer und warm ist. Sie werden bald die Schwere und Wärme spüren.*

Diese Beeinflussung des Körpers durch das Denken ist Grundlage des Autogenen Trainings, der Hypnose und des modernen »Mentalen Trainings« der Spitzensportler. Ebenso können wir unsere Gefühle, Empfindungen und Stimmungen durch das Denken beeinflussen, was beim Gebet und in der Meditation wichtig ist und heute in der fragwürdigen Parole »Denke positiv!« und im Neurolinguistischen Programmieren (NLP) vermarktet wird mit schnellen Erfolgsversprechungen.[40]

Im folgenden soll es aber nicht um Theorien des Denkens und auch nicht um Definitionen gehen. Der Begriff »denken« wird hier absichtlich ohne nähere Präzisierung und sehr umfassend gebraucht, getreu der Goethe'schen Devise: Wollt Ihr wissen, wie ich es soweit gebracht? Hab nie über das Denken nachgedacht.

Hier soll es also darum gehen, wie Sie von Ihrem eigenen Denken mehr erfahren können und sich im Denken besser verstehen. Die folgende Anregung kann Ihnen verdeutlichen, wie Sie selbst mit zwei Möglichkeiten aus der unendlichen Vielfalt Ihres Denkens umgehen.

> ***Rätsel mit Unbekannten***
> *Um die erste Möglichkeit des Denkens auszuprobieren, lösen Sie bitte folgende Aufgabe: Der Vater ist genau doppelt so alt wie der Sohn. Zusammen sind sie 63 Jahre alt. Wie alt ist der Vater, der Sohn?*

Wie ging es Ihnen beim Nachdenken? Spürten Sie Lust am klaren, eindeutigen Problem? Freude an der richtigen Lösung? Erfolgserlebnis? Oder Erinnerungen an früheres Versagen? Ängste? Widerstand und Abwehr? Verwirrung? Versuchen Sie, sich Ihren Zustand bei der Lösung der Aufgabe so genau wie möglich zu vergegenwärtigen und vielleicht sogar aufzuschreiben. (Lösung siehe Ergänzungen)[41]

Sie können diesen Versuch auch weiterhin für sich nutzbar machen durch folgende einfache Methode: Wählen Sie sich aus Ihrer Umgebung irgendeinen Gegenstand, der Ihren Zustand beim Lösen der obigen Aufgabe symbolisieren soll (z. B. ein Stein, ein Stift oder ein Blatt Papier). Dieser Stift steht dann z. B. für Ihre Lust am Problemlösen oder für Ihren Widerstand dabei. Sie können Ihren Zustand in diesem Gegenstand »verankern« und können den Gegenstand nun als Symbol Ihres Zustands weiterhin nutzen. Nun zur zweiten Möglichkeit:

Apfelkern als Unbekannter

Für den zweiten Teil möchte ich Sie bitten, sich einen Apfelkern zu holen. Haben Sie ihn? Sehen Sie sich den Apfelkern an, spüren ihn zwischen den Fingern. Wenn Sie das Folgende gelesen haben, schließen Sie bitte die Augen, setzen Sie sich aufrecht mit beiden Füßen auf den Boden, lassen Sie mit dem Ausatmen die Entspannung in Ihrem Körper sich ausbreiten und alle Sorgen und Gedanken wegwehen, bis Ihr Atem ruhig ein- und ausgeht. ...

Spüren Sie nun den Kern zwischen Ihren Fingern und versetzen Sie sich immer intensiver in diesen Kern und erfahren Sie, wie Sie selbst teilhaben an diesem Kern. ... Und nun versenken Sie sich mit diesem Kern in warme, dunkle Erde. Spüren Sie die Geborgenheit und das weiche Umhülltsein, ... wie im Inneren verborgene Kräfte ansteigen, sich formen zu einem zarten Keim und Wurzeln, wie der Keim die Erde durchbricht und zum Licht und

zur Wärme steigt, ... spüren Sie das Wachsen und Gestaltetwerden aus der Kraft der Wurzeln und der Berührung von Sonne, Wind und Regen. Spüren Sie das Wachsen und Werden eines großen, einzigartigen Baumes mit seinem Stamm, den Zweigen und Ästen, an denen Blätter wachsen, Blüten und dann auch Äpfel. Lassen Sie Ihren Baum so stehen, verabschieden Sie sich von ihm und kehren Sie dann zu dem Kern zwischen Ihren Fingern zurück.
So, und jetzt können Sie anfangen und die Augen schließen.

Sind Sie wieder gut angekommen? Ist es Ihnen geglückt, in die Vorstellung des Kerns, des Wachsens, des Baumes hineinzukommen? Sind Sie vielleicht selbst Kern oder Baum geworden? In welcher Phase haben Sie sich besonders wohlgefühlt? Oder waren da von Anfang an Abwehr, Widerstand? Die Sorgen und Gedanken drehten sich im Kopf und ließen kein Bild zu?

Auch diesen Zustand können Sie sich vergegenwärtigen und in einem Symbol verankern, z. B. indem Sie den Baum in Ihrer Vorstellung auf ein Blatt Papier malen oder zeichnen. Sie können auch wieder den Kern oder einen anderen Gegenstand als Symbol und Anker für diese Art des meditativen Denkens nutzen.[42]

Von Newton zur Wendezeit

Zwischen dieser Apfelkernmeditation und der Vater-Sohn-Aufgabe lassen sich die unendlichen Räume unserer Denkmöglichkeiten ahnen, die allerdings in der abendländischen Geistestradition eine einseitige Prägung erfahren haben. Seit Aristoteles und erst recht durch die Aufklärung und die Entwicklung der Naturwissenschaften wird die Logik des Richtig-Falsch zur Grundlage einer auf logischen Schlüssen und Beweisen beruhenden Vernunft, die ihre Wahrheit nur noch im Eindeutigen, Klaren (Auf-Klärung) und Hellen sieht (im Englischen heißt Aufklärung »enlightenment«). Diese Klarheit steigert sich bei den Männern der Aufklärung so weit, bis sie zur Bedingung ihrer eigenen Existenz wird: Descartes' »cogito ergo sum« bedeutet, daß erst sein logisches Denken ihn seine Existenz spüren läßt. Und weil diese Vernunft zugleich das geistige Instrument der Naturbeherrschung und der technischen Anwendbarkeit geworden ist, hat sich die Verführungskraft dieser instrumentellen Vernunft zusammen mit den technischen Fortschritten ins Unermeßliche gesteigert und wirkt in allen Globalisierungsprozessen immer weiträumiger und bis heute fort. Auch Sie haben bei der Lösung mathematischer Probleme oder anderen »Logeleien« oder auch am PC oder eben beim Lösen der Aufgabe, die verführerische Lust am Eindeutigen, am Beweisbaren und am kontrollierbaren Ergebnis gespürt. Sie können nun nochmals ausprobieren, wie verführerisch oder angstauslösend sich für Sie die instrumentelle Vernunft erweist:

Pendeln mit Gesetz

Sie benötigen für dieses klassische Experiment, das in der Entwicklung der Naturwissenschaften eine große Rolle gespielt hat, nichts weiter als:

- *einen dünnen Faden (Nylon oder ähnliches) ca. 50 cm lang*
- *einen Ring (Fingerring o. ä.)*
- *eine Uhr mit Sekundenzeiger*
- *einen Zentimetermaßstab*
- *etwas zum Befestigen des Pendels (eine Lampe, Türklinke o. ä.).*

Ihre aus der klassischen Physik stammende Aufgabe lautet: Wie verändert sich die Schwingungsdauer eines Pendels, wenn sich die Länge des Pendels vervierfacht? Dazu befestigen Sie nun den Ring an Ihrem Faden und messen 10 cm an Ihrem Faden ab. Befestigen Sie dann an dieser Stelle Ihren Faden an der Lampe o. ä., so daß Ihr Pendel von 10 cm Länge frei schwingen kann. Es kommt nun darauf an, die Schwingungsdauer dieses Pendels zu messen, wobei die Schwingungsdauer die Zeit ist, die das Pendel für einmal hin und her bis zum Ausgangspunkt benötigt. Halten Sie dann den Ring so fest, daß er etwa 2 cm aus seiner senkrechten Lage entfernt ist und der Faden immer noch gespannt bleibt und achten Sie nun auf den Sekundenzeiger Ihrer Uhr. Wenn der Sekundenzeiger genau bei der 12 ist, lassen Sie Ihr Pendel los und zählen 10 Schwingungen ab, bis der Ring nach 10 Schwingungen wieder in der Ausgangslage bei Ihrer Hand ist und lesen zugleich ab, wie viele Sekunden seitdem vergangen sind. Wenn Sie diese Zeit durch 10, nämlich die Anzahl der Ausschläge, teilen, erhalten Sie die Schwingungsdauer T_1 *Ihres 10 cm langen Pendels. Tragen Sie diese Zahl in die Tabelle ein. Nun lösen Sie die Befestigung Ihres Pendels und messen an dem Faden 40 cm ab* *und befestigen Ihr Pendel wiederum so, daß es nun 40 cm lang schwingen kann. Messen Sie wieder nach dem oben angegebenen Vorgehen die Schwingungsdauer T_2 Ihres Pendels von der Länge L_2 = 40 cm und tragen Sie diesen Wert auch in Ihre Tabelle ein. Wenn Sie richtig gemessen haben, werden Sie entdecken, daß es einen Zusammenhang zwischen der Vervierfachung der Pendellänge und der Veränderung der Schwingungsdauer des Pendels gibt, der den Gesetzen der Newtonschen Mechanik entspricht und den Sie im Anhang erklärt finden.*[43]

Pendellänge	**Schwingungsdauer**
L_1 = 10 cm	T_1 = ... sek
L_2 = 40 cm	T_2 = ... sek
L_2 = 4 L_1	T_2 = × T_1

Auswertung:
Wie haben Sie sich während Ihres Experimentierens gefühlt? War da Neugier? Erinnerung an die Schulzeit? Gefühl, den Geheimnissen der Schöpfung auf die Spur zu kommen? Resignation: Ist sowieso alles längst erforscht? Abwehr? Angst?

Wie geht es Ihnen, wenn Sie die Übereinstimmung Ihres Ergebnisses mit den im Anhang angegebenen finden, bzw. wenn Sie Unterschiede feststellen? Stolz, es richtig gemacht zu haben bzw. Ärger über Nichtübereinstimmung? Ein Gefühl des Dazugehörens bzw. Ausgeschlossenseins?

Können Sie sich vorstellen, wie sich die ersten Entdecker dieser Gesetze gefühlt haben?

Tatsächlich haben Sie mit diesem Experiment in einem Anwendungsbeispiel das zweite Axiom der Newtonschen Mechanik bestätigt, nach dem die Beschleunigung eines Körpers (hier Ihres Ringes) proportional zu der auf ihn einwirkenden Kraft (hier: der Schwerkraft) ist, woraus sich für ein (idealisiertes) Pendel ergibt, daß die Schwingungsdauer dieses Pendels proportional zur Quadratwurzel der Pendellänge ist, was Sie hoffentlich gemessen haben.

Die Newtonsche Mechanik ist das Lieblings- und Paradepferd der instrumentellen Vernunft aus mehreren Gründen:

- Weil sie in ihrer Klarheit und Eindeutigkeit die Bewegungsabläufe der gesamten materiellen Welt auf eine einzige mathematische Formel bringt
- Weil ihre Reichweite von den Gestirnen bis zu den Elementarteilchen reicht
- Weil sie zugleich die Grundlage der sie erweiternden Relativitätstheorie ist
- Weil ihre technische Anwendung überhaupt erst den Siegeszug der Technik und der Naturbeherrschung ermöglichte.

Hier ist also der wichtigste Ausgangspunkt des kolossalen Triumphzugs der instrumentellen Vernunft, der sich die beweisbaren Wahrheiten und das lückenlose Funktionieren auf die Fahnen geschrieben hat. Die instrumentelle Vernunft übernimmt von da an die Leitung bei der Ausbeutung der Natur und zugleich bei der Ausbeutung der arbeitenden Menschen und bei der Herrschaft der Männer über die Frauen und über andere Völker. Der Preis des erzielten wissenschaftlich-technischen Fortschrittes ist die Atombombe, sind Umweltkatastrophen, soziale Entwurzelung und Ausgrenzung, denn alles, was sich nicht der Eindeutigkeit dieser Vernunft unterordnet, wird verdrängt, unterdrückt, ausgerottet, diffamiert, wird als verrückt, irrational und finster abgetan und verbannt. Zeitgleich mit dem Siegeszug der Mechanik werden die Narrenschiffe (Stultifera navis) eingerichtet für diejenigen, die nicht in die Welt der Vernünftigen und des rational Verwertbaren passen. Mit dem steuerlosen Treibenlassen der Narrenschiffe den Rhein hinunter soll zugleich alles nicht Kalkulierbare, Lebendige, Unheimliche, Verrückte der menschlichen Existenz abgetrieben werden. Wie weit dieser Prozeß der Aufklärung und Vertreibung von allem Nichtrationalen bei Ihnen gelungen ist, können Sie wieder mit Ihrem Pendel ausprobieren:

Pendeln transzendent

Setzen Sie sich nun bequem an einen Schreibtisch (ohne Wackeln und ohne Zugluft). Nehmen Sie Ihr Pendel als spirituelles Medium oder Instrument des Okkulten zwischen Daumen und Zeigefinger der linken (bei Linkshändern: rechten) Hand, stützen Sie den Ellbogen auf, so daß das Pendel frei herunterhängt bis auf wenige Millimeter über der Tischplatte. Warten Sie nun, bis das Pendel völlig still steht. Fragen Sie nun das Pendel nach seinem Zeichen für »Ja«. Es wird anfangen zu schwingen. Die Schwingung kann kreisförmig oder geradlinig sein und ist nun das vereinbarte Ja-Zeichen. Bringen Sie nun das

Pendel wieder zum Stillstand und fragen Sie ebenso nach »Nein«. Richten Sie nun an Ihr Pendel eine Frage »mittlerer Reichweite« (also keine Schicksalsfrage, aber auch keine Bagatelle), die sich mit »Ja« oder »Nein« beantworten läßt und die Sie selbst betrifft (z. B.: Soll ich in den Sommerferien verreisen?). Die nach Ihrer Frage einsetzende Schwingung ist dann entsprechend dem vereinbarten Zeichen die Antwort des Pendels für Sie. Kommt keine den vereinbarten Zeichen entsprechende Schwingung zustande, verweigert sich Ihr Pendel einer Antwort.

Wenn Ihnen diese uralte mantische Praxis zusagt und Sie sich dafür begabt fühlen, können Sie den Kreis Ihrer Fragen erweitern, andere Menschen und Kräfte einbeziehen, und Sie können für sich entscheiden, ob Sie das Pendel als Eintritts-Medium ins Spirituelle ausprobieren oder als Humbug und Aberglaube abtun und vergessen wollen. In jedem Fall aber hat sich Ihr Pendel nun von Schillers Verdammung des physikalischen Pendels befreit: »Knechtisch folgt es dem Gesetz der Schwere, die entgötterte Natur.«[44]

Während Sie beim ersten Experiment das Pendel als Objekt benutzt haben, das Sie, das erkennende Subjekt in Gang gesetzt haben, ist beim zweiten Experiment die Trennung zwischen dem Pendel und Ihnen aufgehoben. Im ersten Experiment waren Sie Beobachter, Organisator und Auswerter des Experiments, während Ihre Gefühle, Wünsche, Körperempfindungen auszuschalten waren, weil sie das Experiment nur gestört hätten. Im zweiten Experiment dagegen sind Ihre Gefühle, Wünsche und Befindlichkeiten gerade Teil des Vorgangs, dem Sie auf die Spur kommen wollen. Während es beim ersten Experiment um die Genauigkeit Ihrer Messungen und die Richtigkeit Ihrer Resultate geht, sind beim zweiten Experiment Kategorien der Genauigkeit und Richtigkeit belanglos. Vielmehr können Sie etwas über die Einheit von »Pendel und Ich« erfahren, indem Sie auf die Kräfte achten, die Sie ebenso umgeben wie das Pendel. Die menschliche Fähigkeit, in jedem Geschehen und so auch im Pendeln Ordnung, Bedeutung und Sinn zu erschaffen, läßt Sie dann besondere Aspekte einer »verborgenen Wirklichkeit« als Selbsterkenntnis enthüllen. Statt Entdeckung, Ausbeutung und Beherrschung der Natur können Sie achtsam sein, teilnehmen und beteiligt sein, Aussöhnung mit der Natur erfahren und versuchen, einen Zugang zu ganzheitlichen Zusammenhängen zu finden, die nicht meßbar und nicht rational erfaßbar sind.

Im Wendezeit-Optimismus der New-Age-Bewegungen wurde dieser Zugang vielfältig gesucht: Durch eigene innere Erfahrungen soll der Mensch zu seiner Entwicklung als Teil des Göttlichen und zur Bewußtwerdung seiner göttlichen Natur gelangen. Viele dieser Bewegungen haben mit einer Kritik am wissenschaftlich technischen Weltbild neue Formen des Erkennens entwickelt und ausprobiert, bei denen die alten Trennungen von Denken und Handeln, von Kopf und Bauch, Erfahren und Verstehen in Frage gestellt wurden. Die Achtsamkeit auf die Zusammenhänge der menschlichen Existenz mit anderen Menschen und mit den Kräften der Natur und den Kräften des Kosmos wurde wichtig. Andererseits entstand da aus der Blendung durch die instrumentelle Vernunft eine Art Schwarzes Loch, das wahllos alles ausspuckte, was ein bißchen nach Antirationalität und Zivilisationskritik roch: Vom Schamanismus, germanischen Runenkult, Hexensalben, Geisterheilen, Tischrücken bis zur Makrobiotik, Rolfing und Wiedergeburt. Es hat sich gezeigt, daß der Ausstieg aus der durchrationalisierten Leistungs- und Konkurrenzgesellschaft nicht einfach durch Kopfsprung in »höhere Welten« gelingt. Viele dieser Praktiken haben dann doch die alten patriarchalen Herrschaftsstrukturen widergespiegelt, nun aber ungebremst durch kritische Auseinandersetzungen und hilflos umherirrend in den vielfältigen Formen transzendenter Erfahrungen. Diese waren aber verführerisch genug für alle, die keine Lust mehr zum Diskutieren hatten. Gangbare Wege aus dem Scheitern der instrumentellen Vernunft sehe ich da, wo wir vom Vertrauten herkommend bereit sind, seine Grenzen zu überschreiten und achtsam mit dem scheinbar Unvertrauten umzugehen. Vielleicht kann das Pendeln Sie da ermutigen.[45]

Indem Sie sich die verschiedenen Zustände Ihres Denkens vergegenwärtigen und vielleicht auch vergleichen, tun Sie etwas sehr Kompliziertes und Geheimnisvolles: Sie denken über Ihr Denken nach. Wir achten auf unser Denken. Denkend vergewissere ich mich meiner selbst als eines denkenden Wesens. Diese geheimnisvolle Fähigkeit des Menschen, über das Denken nachzudenken, hängt auch mit dem Begriff des Bewußtseins zusammen.

Allerdings gibt es auch hier wieder viele Arten, *wie* ich über das Denken nachdenke: Ich kann im Sinne der Erkenntnistheorie allgemein über Möglichkeiten logischer Operationen und der Erkenntnisgewinnung nachdenken. Die Begeisterung über dieses menschliche Vermögen hat Descartes in seinen berühmten Satz gebracht: »Cogito ergo sum«, ich denke, also bin ich. Ich kann aber auch einfach auf mein eigenes Denken achten, so wie wir es eben in der Auswertung der beiden Versuche getan haben. Diese Achtsamkeit im Denken ermöglicht es uns, wie ein Schwimmer im Meer die Richtung, die Art und die Tiefe unseres Denkens zu spüren und immer wieder neu zu bestimmen.

Wenn wir anfangen, auf unser eigenes Denken zu achten, werden wir allerdings schnell merken, daß wir im normalen Alltag oft eine Art inneren Monolog führen, bei dem Sorgen, unerledigte Dinge, Gedankenfetzen ein unablässiges Gemurmel erzeugen. Dazu wieder ein kleiner Versuch:

> ***Gemurmel innen***
> *Schließen Sie die Augen und achten Sie auf Ihren inneren Monolog. Können Sie ihn absichtlich abstellen? Absichtlich wieder anstellen? Was sind da für Inhalte, Themen, Redewendungen? Wie klingt diese innere Stimme? Wie gefällt sie Ihnen?*

Vielleicht haben Sie entdeckt, daß diese innere Stimme manchmal monoton und manchmal lebendig ist, daß sie ein ziemliches Eigenleben führt und nicht einfach an-

und abstellbar ist, daß Inhalte und Themen manchmal belanglos und manchmal wichtig sind; vielleicht hat Sie der Klang dieser inneren Stimme und manche Redewendungen auch an Personen aus der Kindheit erinnert.

Es ist dieser innere Monolog, dieses unablässige Gebrabbel, das uns oft hindert, zur inneren Ruhe zu kommen und achtsam zu sein. Das Geplapper und Geklapper im Kopf bewirkt Streß und Unruhe und erschwert es uns, auf Wahrnehmungen, Gefühle, Gedanken zu achten, weil es wie ein Störsender alles andere überlagert, überdeckt und verzerrt. Allerdings umfaßt dieser innere Monolog auch eine wichtige Möglichkeit der persönlichen Entwicklung: die Kommunikation mit mir selbst. Im inneren Sprechen bedenke ich meine jeweilige Situation und bereite Entscheidungen vor. Ich formuliere das, was ich dann im Gespräch sagen kann. Deshalb dürfen wir nicht versuchen, den inneren Monolog abzuschalten.

Was also tun, wenn wir zu innerer Ruhe kommen wollen und unsere Wahrnehmungen, Gefühle, Gedanken möglichst klar erleben wollen? Die Antwort ist paradox: Wir dürfen nicht versuchen, den inneren Monolog abzuwürgen oder zu unterdrücken, sondern wir müssen einfach auf den inneren Monolog achten. Wir können das tun, indem wir ohne Wertung oder Absicht die aufkommenden Monologsplitter innerlich benennen: Aha, jetzt ist der Gedanke da, was ich nachher einkaufen muß. Und da kommt der Gedanke, ob ich noch genug Geld in der Geldtasche habe. Und es kommt der Gedanke, was ich meinem Freund wohl zum Geburtstag schenken könnte.

Indem ich diese Gedanken so in Ruhe wertfrei und absichtslos beachte, verschwinden sie schneller als sie gekommen sind. Und das klappernde Rad in unserem Kopf wird allmählich langsamer und leiser.

Wenn Sie die Kräfte Ihres Denkens für etwas Wichtiges zentrieren wollen, probieren Sie einmal folgenden Versuch:

> ***Symbolische Handlung***
> *Bevor Sie in Ihre wichtige Denktätigkeit hineingehen, entspannen Sie sich und erinnern sich an die beiden Teile des Versuchs von vorhin ... Wählen Sie jetzt einen der beiden Gegenstände, der Ihnen für Ihre jetzige Denktätigkeit eine Unterstützung sein könnte und halten Sie ihn fest in Ihrer Hand.*

Sie werden bald bemerken, daß Sie die Kräfte Ihres Denkens besser aktivieren und bündeln können, daß Störungen und Ablenkungen unwichtig werden. Später brauchen Sie an Ihre Symbole nur noch zu denken, um die gleiche Wirkung zu spüren.

Laßt viele Mützchen qualmen

Aber was haben diese Kräfte des Denkens nun mit der Intelligenz zu tun und mit dem berühmt-berüchtigten IQ, der diese Intelligenz angeblich objektiv messen soll? Auch heute noch wird in deutschen Schulen z. B. der HAWIK-Test als »Meßinstrument« verwendet, um Schülerinnen und Schüler leistungsmäßig zu beurteilen. Da müssen zerschnittene Bilder von einem Hund, einer

Mutter und einer Eisenbahn in 75 Sekunden zusammengelegt werden. Oder es müssen Begriffe zu »Weihnachten« assoziiert werden:

2 Punkte:	Alle Verbindungen mit »Fest« ... Heiliger Abend ... Christkind u. ä.
1 Punkt:	Hinweise auf das, was Weihnachten üblicherweise getan wird (Geben und Nehmen müssen zum Ausdruck kommen oder Nehmen in Verbindung zum Weihnachtsmann (Christkind u. ä.)
0 Punkte:	Einseitige Schenkantworten. Bezug auf Winter.

Der mit solchen Aufgaben »gemessene« Intelligenzquotient soll dann Auskunft über die Intelligenz des Kindes geben, wobei in der Praxis als Regel gilt:

IQ unter 70:	geistige Behinderung
IQ von 70 - 85:	Lernbehinderung
IQ 85 -100:	Normal
IQ ab 110:	Überdurchschnittlich
IQ über 130:	Hochbegabt

Howard Gardner war (nach Forschungen von Spearman und Thurstone) einer der ersten, der in der Öffentlichkeit darauf hinwies, daß es nicht eine bestimmte Art von Intelligenz gibt, die für unsere geistigen Leistungen in Beruf und Alltag wichtig ist. Im Amerika der 80er Jahre war eine solche Aussage eine kleine Revolution, weil bis dahin Schul- und Berufslaufbahnen weitgehend anhand des IQ festgelegt wurden. Diese schon im Ersten Weltkrieg an der amerikanischen Stanford-Universität für militärische Eignungsprüfungen entwickelten Tests legten durch auszufüllende Fragebögen für jede Person eine bestimmte Zahl fest, die dann später als IQ das westliche Wundermaß für Intelligenz darstellte. Diese nur mit Papier und Stift gewonnene Zahl entschied über das Geschick von Generationen in Amerika und auch in Europa (wobei es - nicht untypisch - in England mit Galton 1883 und mit Binet 1905 Vorläufer gab). Die magische 100, die für die an einer Stichprobe gemessenen »durchschnittlichen« Leistungen steht, hing wie ein Damoklesschwert über den Köpfen der Schülerinnen und Schüler und der Bewerberinnen und Bewerber und spukt auch heute noch in Schulverwaltungen und Personalbüros. Ein IQ unter 100 bedeutete damals das Aus für schulische und berufliche Karrieren. Howard Gardner erst machte die Einsicht populär, daß nicht der IQ und damit nur das problemlösende Erkennen wichtig für den beruflichen und persönlichen Erfolg ist, sondern eine Vielfalt verschiedener Intelligenzen.[46]

Gardner unterscheidet mittlerweile sieben Arten von Intelligenz: Da ist zuerst die verbale Intelligenz, die mit der Fähigkeit zusammenhängt, sich auszudrücken und Sprachliches richtig zu erfassen. Mit der logisch-mathematischen Intelligenz ist die Fähigkeit gemeint, Zusammenhänge in ihrem logischen Aufbau zu verstehen und mathematische Sachverhalte nachzuvollziehen. Die räumliche Intelligenz hat mit Orientierungsvermögen und räumlicher Vorstellungsfähigkeit zu tun, wie sie für Architekten vorausgesetzt wird. Die kinästhetische Intelligenz betrifft das körperliche Geschick und die Fähigkeit, sich zielorientiert und »harmonisch« oder »anmutig« zu bewegen. Zur musikalischen Intelligenz gehört nicht unbedingt das absolute Gehör, sondern eher die Fähigkeit, Melodien, Rhythmen und Harmonien zu unterscheiden, wiederzuerkennen und herzustellen. Mit der interpersonalen Intelligenz bezeichnet Gardner die Fähigkeit, andere Menschen zu verstehen und sich selbst anderen verständlich zu machen. Sie betrifft sowohl Kommunikations- wie Kooperationsfähigkeit, während es bei der intrapersonalen Intelligenz darum geht, sich selbst zu erkennen und einzuschätzen und ein zutreffendes Selbstbild zu entwickeln. Howard Gardner hat schon selbst bemerkt, daß diese sieben Intelligenzarten keineswegs ausreichend sind, um die kognitiven Fähigkeiten des Menschen voll zu erfassen. Sie können selbst anhand Ihrer Fähigkeiten noch weitere Arten hinzufügen. Sie können im folgenden probieren, ob sich Gardners Ideen mit Ihren eigenen Ergänzungen auf sich selbst anwenden lassen:

Sieben und ein bißchen mehr

Überrumpeln Sie Ihren alten IQ, indem Sie sich viele IQ's gönnen. Dazu schätzen Sie für die jeweilige Intelligenzart Ihren jetzigen IQ ein (entsprechend der eben angegebenen groben Regel: 85–100: normal, ab 110: überdurchschnittlich, ab 130: hochbegabt, 70–85: Lernbehinderung). Tragen Sie Ihren geschätzten Intelligenzquotienten in die entsprechende Zeile der ersten Spalte ein. So erhalten Sie Ihr jetziges »geistiges Profil«. In die nächste Spalte tragen Sie dann ein, wie Sie es denn gern hätten, also Ihr »geistiges Wunschprofil«. Und natürlich können Sie in weiteren Zeilen noch andere Intelligenzarten eintragen, die Sie bei sich entdecken oder sich wünschen (z. B. künstlerische, hochstaplerische, politische ... Intelligenz).

Intelligenzart	jetzt	Wunsch
verbal		
logisch-mathematisch		
räumlich		
kinästhetisch		
musikalisch		
interpersonal		
intrapersonal		
.....		
.....		
.....		

Wenn Sie Spaß an Zahlenspielen haben, können Sie für Ihr geistiges Profil und Ihr Wunschprofil den Durchschnitts-IQ bilden (einfach alle IQ-Werte einer Spalte addieren und durch 7, bzw. Ihre erweiterte Zahl von Intelligenzarten dividieren) und mit Ihrem »normalen« Intelligenzquotienten vergleichen. So können Sie herausfinden, ob Sie durch die Differenzierung Ihrer Intelligenz sich besser einschätzen als der papierene Test ergeben hat. (Literatur zum Messen Ihres IQ in den Ergänzungen)[47]

Viel wichtiger ist es aber, auf die Unterschiede zwischen jetzigem geistigen Profil und Wunschprofil zu achten. Denn Gardners Ideen umfassen auch die frohe Botschaft, daß die Intelligenzarten zwar durch genetische Dispositionen geprägt sein können, daß sie aber allesamt durch

Übungen, Training und Anwendung verbessert und gestärkt werden können (wie sie umgekehrt auch durch Vernachlässigung und Anwendungsmangel verkümmern). Wenn also Ihr Wunschprofil höhere Werte aufweist als Ihr jetziges, kommt nun für Sie die entscheidende Frage: »Wie hindere ich mich daran, meine geistigen Fähigkeiten so zu entwickeln, wie ich es mir wünsche?«

Hier sind ein paar der am häufigsten aufgeführten Hinderungsgründe:

- Trägheit (hab keine Zeit)
- Resignation (bin zu unbegabt, bin zu alt, wozu denn das Ganze)
- Hadern (ich hatte so schlechte Lehrer in der Schule)
- Kompensieren (ich gucke lieber in die Glotze).

Wenn Sie einen davon bei sich entdecken, dann legen Sie ihn schelmisch lächelnd beiseite und tun Sie folgende wichtige Schritte:

1. Suchen Sie sich von Ihrem geistigen Profil *eine* Intelligenzart aus, die Sie gemäß Ihrem Wunschprofil verbessern möchten und die Ihnen jetzt gerade wichtig ist.
2. Überlegen Sie sich einige konkrete Schritte, die Sie in den nächsten 14 Tagen durchführen können, um Ihr Ziel zu erreichen (Ihre Schritte können umfassen: Bücher, VHS-Kurse, Trainingsprogramme, Fortbildung, Gespräche, eigene Übungen, Internet, eigene Angebote für andere, etwas schreiben, etwas produzieren ...).

3. Suchen Sie sich Freunde/Freundinnen, denen Sie davon erzählen, so daß Sie Unterstützung bekommen und zu mehr Verbindlichkeit angehalten sind.

Und natürlich hoffe ich, daß mit den hier vorgeschlagenen Entdeckungen der Achtsamkeit auch Möglichkeiten der Förderung Ihrer Kompetenzen verbunden sind.[48]

Der Traum als Leben

Eine träumerische Intelligenz hat Howard Gardner allerdings nicht vorgesehen. Dabei spielen Träume schon immer eine wichtige Rolle für die Menschen und ihre Geschichte. In der Bibel deutet Josef die Träume des Pharao und wendet so sein persönliches Geschick und das des ägyptischen Reiches zum Glücklichen. Erst durch die Aufklärung sind die rational nicht faßbaren Träume in Mißkredit oder zumindest in Vergessenheit geraten, und nach Kants Streitschrift »Träume eines Geistersehers« wurde der Träumer eher zur Bezeichnung eines vielleicht sympathischen aber lebensuntüchtigen und schwärmerischen Spinners.

Durch Freud wurden die Träume dann wissenschaftlich rehabilitiert und brachen nun gleich mit Macht aus den Wiener Salons in alle bildungsbürgerlichen Wohn- und Schlafzimmer. Nun wurde symbolträchtig drauflosgeträumt, und alle übertrafen sich als hellseherische Traumdeuter, die das am Tag Verdrängte nun aus dem Unterbewußten herauszuzerren und zu entziffern glaubten. Wir wollen hier allen Verführungen zur Kunst des Deutens widerstehen. Denn wir können die Wichtigkeit der Träume für unser Leben auch erfahren, indem wir einfach auf sie achten:

Traumzeit

In einer ersten Phase könnten Sie versuchen, möglichst gut auf Ihre Träume zu achten. Es ist erwiesen, daß alle Menschen in jeder Nacht träumen; viele vergessen ihre Träume aber sofort oder lassen sie erst gar nicht zum Bewußtsein kommen. Wenn Sie sich vornehmen, sofort beim Aufwachen Ihren Träumen nachzuspüren, werden Sie bald Erfolg haben, vielleicht nach Tagen oder auch nach Wochen. Sie werden irgendwann ein Fetzchen wie eine Erinnerung, eine ferne Ahnung erhaschen und können von da an allmählich mehr Traumelemente herausziehen wie Pflanzen aus einem See. Hilfreich sind auch Aufspür-Raster: Waren da Gebäude, Landschaften, Personen, Fahrzeuge? Allmählich wird es Ihnen gelingen, die Konturen Ihrer Träume deutlicher werden zu lassen. Sollten dabei häufiger Albträume[1], Angst- oder Horrorträume vorkommen, so ist dies eine wichtige Botschaft aus dem Bereich Ihres Unbewußten, daß Sie Hilfe und Unterstützung brauchen.

Wenn sich mit Ihren Träumen gute Gefühle verbinden, könnten Sie sich in einer zweiten Phase ein Bild Ihres Traumes merken oder aufschreiben und damit im Laufe des Tages und besonders vor dem Einschlafen immer

---

1 Oft fälschlich als Alpträume bezeichnet. Sie leiten sich jedoch nicht von den Alpen her, sondern vom Alb, einem quälenden Nachtgeist.

wieder den Kontakt zu Ihrem Traum herstellen. Sie werden bald spüren, daß Sie sich durch den Kontakt zu Ihrem Traum innerlich aufgehoben, geschützt und wie mit einem magischen Reich verbunden fühlen werden.

Wenn Sie Lust haben, einen Traum für Ihre persönliche Entwicklung zu nutzen, so versuchen Sie es einmal so:

Traumwege
Suchen Sie sich in Ihrem Traum den Gegenstand, die Person oder das Tier heraus, die Ihnen gerade jetzt beim Erinnern Ihres Traumes wichtig vorkommen. Schreiben Sie jetzt Ihren Traum aus der Sicht dieses wichtigen Traumelements in der Ich-Form auf (»Ich bin ein großes, leeres Haus. In mir gibt es viele Zimmer, aber Fenster und Türen sind fest verschlossen...«). Achten Sie darauf, wie es Ihnen beim Aufschreiben und Lesen geht. Vielleicht lesen Sie Ihren Traum einer vertrauten Person vor. Sie können die Erzählung erweitern, indem Sie ein zweites wichtiges Element (ebenfalls in der Ich-Form) einbeziehen, auch einen Dialog zwischen den beiden stattfinden lassen. Schließlich können Sie den Traum fortsetzen nach eigenen Wünschen und Phantasien.

Alle Elemente des Traums sind Teile der eigenen Person, die – vielleicht verdrängt, unterdrückt, vergessen – im Traum wieder zum Bewußtsein kommen. Indem ich mich mit diesen Elementen in der Ich-Form identifiziere, kann ich sie mir bewußt aneignen und mich mit ihnen auseinandersetzen. Zum Beispiel kann ich (»leeres

Haus«) traurig sein über eine gewisse Leere in mir, kann auch die vielen Zimmer als Hoffnung erleben und spüre vielleicht den Wunsch, Fenster und Türen zu öffnen, und das Haus mit Wesen und Dingen zu erfüllen. So können die Träume uns unterstützen und ermutigen, die eigenen Wege zu gehen und Risiken für längst gewünschte Veränderungen auf uns zu nehmen.[49]

Zugleich entwickelt und stärkt die geheimnisvolle Kraft der Träume auch andere Fähigkeiten, wie Kreativität und Intuition, die für alle Arten von Intelligenz wichtig sind und die heute durch Methoden des Tagträumens trainiert werden. Für die künstlerischen Fähigkeiten ist die Bedeutung der Träume offensichtlich. Daß aber auch viele Mathematiker die Lösung schwieriger Probleme im Traum finden, ist weniger bekannt (z. B. Pascal). Und vielleicht finden Sie über die Träume auch den Einstieg in Ihre spirituelle Geistigkeit, auch wenn Sie nicht gleich zum Hellsehen oder zur Erleuchtung kommen.

6 Achtsamsein im Umgang mit anderen

In der Achtsamkeit auf ein Du bilden wir das Ich. Unser Leben fängt in einem anderen Wesen an, im Bauch der Mutter, und wir sind unser Leben lang auf andere Menschen angewiesen und in der menschlichen Gemeinschaft voneinander abhängig. Erst im achtsamen Umgang mit anderen Menschen werden wir zu Persönlichkeiten. Zwar können wir in Einsamkeit und Zurückgezogenheit viele Fähigkeiten und Begabungen entwickeln und sogar Werke schaffen. Aber erst im Zusammenleben mit anderen bilden wir unseren individuellen Charakter und können verantwortlich in der menschlichen Gesellschaft handeln. So ist Achtsamkeit auf andere die Voraussetzung für die Entwicklung des einzelnen und für das Fortbestehen von Gruppen und der menschlichen Gesellschaft überhaupt. Im Fehlen der Achtsamkeit auf andere, in der Mißachtung und Verachtung anderer Menschen entstehen die Ursachen für Gleichgültigkeit, Verantwortungslosigkeit, gesellschaftliche Auflösungsprozesse, aber auch für Haß, Ausgrenzung, Gewalt und Krieg.

In der heutigen Informations- und Industriegesellschaft haben die Beziehungen zu anderen Menschen eine neue Bedeutung bekommen. Familie, Beruf und soziale Institutionen prägen heute nicht mehr in so starkem Maße die Identität der Menschen und bestimmen immer weniger unser Selbstverständnis. Noch in meiner Kindheit hatte der Schuster, der für jeden sichtbar an seinem kleinen Fenster auf dem Schusterschemel vor dem Dreifuß saß, seine festgefügte Bestimmung im Dorf, die ihm seine unverrückbare Identität gab. Zwar sind heute Beruf und Familie immer noch wichtig für unsere innere Stabilität. Aber sie bestimmen mit zunehmender beruflicher Mobilität und offeneren Beziehungsstrukturen immer weniger die Antworten auf die immerwährende Frage: »Wer bin ich?«

Diese Frage ist für uns von existentieller Bedeutung, weil sie den Prozeß unserer Persönlichkeitsentwicklung, unsere Lebendigkeit, unser Selbstgefühl und unsere Rolle in der Gesellschaft bestimmt. In der heutigen Situation sind wir immer mehr auch auf Menschen außerhalb von Familie und Beruf angewiesen, die uns durch ihre Äußerungen und durch ihr Verhalten uns gegenüber signalisieren, für wen sie uns halten und uns so helfen zu entdecken, wer wir sind. Denn den Zwängen der Konsum- und Informationsgesellschaft entspricht auf der anderen Seite der Wunsch nach einer »Beziehungsgesellschaft«: Die Anerkennung durch andere Menschen jenseits von Beruf und Familie wird immer wichtiger, so daß die Ansprüche und Erwartungen an Partnerschaften, an Eltern-Kindbeziehungen, an Freundschaften und flüchtige Kontakte immer mehr zunehmen, ohne daß unsere Kompetenzen im Umgang mit anderen in gleicher Weise gewachsen wären.

Wir erwarten dann allzu oft, daß das Leben zu zweit oder in der Gruppe (Familie, Schulklasse, Arbeitsgruppe ...) von selbst zu funktionieren hat ohne besonderes eigenes Engagement oder ohne besondere Kenntnisse.

Diese Erwartung hat sich aus früheren Gesellschaftsformen erhalten, als das menschliche Zusammenleben und insbesondere das Leben in Familien und anderen Gruppen nach festen Regeln geordnet war und von den einzelnen vor allem Einordnung und Anpassung gefordert wurde. Heute werden durch Individualisierungstendenzen einerseits und die zunehmende Offenheit und Mobilität der Gruppen andererseits viele Beziehungen immer schwieriger. Das kann sowohl für die einzelnen wie auch für die Gruppe insgesamt belastend sein und führt leicht zu Enttäuschungen, Konflikten, Spannungen, wie wir sie aus Beziehungskrisen, von verzweifelten Eltern und Kindern, aber auch vom Mobbing tagtäglich erfahren. Es ist deshalb notwendig, daß wir diese alten Erwartungen, die auf nicht mehr zutreffenden historischen Voraussetzungen beruhen, endlich aufgeben und lernen, wie wir uns im Zusammenleben mit anderen für unsere eigenen Interessen und die der anderen persönlich einsetzen. Je mehr Kompetenzen wir uns dafür aneignen, um so sinnvoller können wir die vielfältigen Möglichkeiten im Umgang mit anderen wirksam werden lassen.

Im Achtsamsein auf die anderen können wir uns diese Kompetenzen im Umgang mit anderen aneignen. Dazu sollen in den folgenden Abschnitten einige Anregungen vorgestellt werden, die sich zuerst auf ein Du und dann auch auf Gruppen beziehen.

Du bist immer so ...

Im achtsamen Umgang mit einem Du kommen viele Dimensionen und Aspekte zusammen. Dabei ist es wichtig, daß die Achtsamkeit immer beide Seiten umfaßt: mich ebenso wie die anderen. Indem ich auf die anderen achte, sie beobachte und achte, auf sie acht gebe, kann ich zugleich mich achten, mich in acht nehmen und beachte mich. Erst im Umfassen dieser beiden Pole ist persönliches Wachstum und gesellschaftliche Entwicklung möglich. Wenn ich nämlich nicht auf mich achte, um mich ausschließlich »selbstlos« für andere »aufzuopfern«, werde ich bald selbst verkümmern und dann auch auf andere nicht achten können und für sie nichts bewirken. Ebenso wird derjenige, der nur auf sich achtet, bestenfalls zum selbstverliebten Entertainer. Im Umgang mit anderen ist eine Form des Achtsamseins wichtig, die wie ein Kraftfeld mich und die anderen umgibt als Grundlage für gegenseitige Mitteilung, Auseinandersetzung und Unterstützung. Dazu eine kleine Anregung:

> ***Erinnerung***
>
> *Bitte erinnern Sie sich an die Person, die Sie als letzte gesehen haben. Erinnern Sie sich so genau wie möglich an diese Person. Schreiben Sie nun diese Erinnerungen auf und beschreiben Sie die Person, indem Sie von dieser Person als »Du« schreiben.*

Wie ist es Ihnen beim Aufschreiben ergangen? Fiel es Ihnen leicht? Fanden Sie es mühsam? Wenn Sie Ihre Aufzeichnungen lesen: Gibt es da viele Sätze, die Ihre erinnerte Person beschreiben (Du bist groß und schlank, Du hast schwarze Haare und einen Leberfleck am Mund ...) oder gibt es mehr Sätze, die mit Eigenschaften zu tun haben (Du bist heute so lustig, ein bißchen müde, ärgerlich, ungerecht ...)? Oder auch Phantasien, Wünsche, Vorstellungen (Du könntest ein bißchen freundlicher zu mir sein, wenn Du nur nicht immer so vorwurfsvoll wärst)?

Vielleicht haben Sie jetzt schon entdeckt, daß bei der Achtsamkeit auf ein Du viele Dimensionen meist zugleich und durcheinander da sind. Das, was ich von der anderen Person sehe oder höre, mischt sich mit meinen momentanen Bedürfnissen, meinen Gefühlen für diese Person und meinen Gedanken darüber zu einem dichten Geflecht. Im selben Moment höre und sehe ich, empfinde und wünsche etwas und denke nach. Dieses Geflecht aus Wahrnehmung, Gefühl, Bedürfnis, Gedanken ist die Grundlage unserer Beziehung zu einem Du. Von dieser Grundlage aus kann ich sprechend und handelnd mit dem Du in Kontakt kommen oder mich zurückziehen.

Der Kontakt zwischen dem Ich und dem Du wird für beide um so eher zur persönlichen Entwicklung und zu Wachstum beitragen, je eindeutiger und sicherer die Grundlage des Kontakts ist, also je besser und verläßlicher wir über das Geflecht aus Wahrnehmung, Gefühl, Bedürfnissen und Gedanken Bescheid wissen und uns darauf beziehen können. Die Voraussetzung dafür ist, daß wir uns der einzelnen Anteile dieses Geflechts bewußt sind, daß wir die verschiedenen Dimensionen des Achtsamseins in Bezug auf den anderen unterscheiden können. Umgekehrt entstehen Mißverständnisse, Verletzungen, Vorwürfe und wechselseitige Blockierungen, wenn wir die verschiedenen Dimensionen des Achtsamseins vermischen oder sogar verwechseln.

Ich habe über G. aufgeschrieben: »Du bist groß und schlank, hast blonde weiche Haare, schöne Augen und einen sinnlichen Mund. Heute morgen warst Du ungewöhnlich gut gelaunt, aber wie immer hast Du ein Chaos hinterlassen ...«.

In diesen wenigen Sätzen können wir verschiedene Dimensionen des Achtsamseins feststellen: »Groß und schlank«, »blonde weiche Haare« bezieht sich auf sinnliche Wahrnehmungen, wobei »schlank« bereits eine wertende Interpretierung enthält: Vielleicht würden andere Personen G. nicht als schlank bezeichnen, sondern als fraulich oder wohlproportioniert. Ebenso enthalten die »schönen Augen« und der »sinnliche Mund« Wertungen, die mit meinen eigenen Gefühlen zusammenhängen. Sind diese Gefühle nicht (wie in meinem Beispiel) angenehm, sondern unangenehm, so können schnell Vorurteile entstehen: »B. hat einen hinterhältigen Blick«, bedeutet vielleicht nur: B. schielt ein wenig, und das macht mich mißtrauisch. Die Wertung »hinterhältiger Blick« verstellt mir die Sicht auf B. und bringt mich dazu, mein eigenes (mir unbewußtes) Mißtrauen nun als Hinterhältigkeit von B. zu interpretieren. So fängt eine Automatik von Mißverständnissen an, die mit Ärger, Verletzungen und Abbruch der Beziehung enden können. Wenn ich dagegen auf mein Mißtrauen achte, kann ich weiter beobachten und nachfragen und so feststellen, ob mein Mißtrauen gerechtfertigt ist oder nicht und so den Fortgang der Beziehung entsprechend gestalten.

Auch in meinem Beispiel von G. geht es mit Wertungen weiter. »Ungewöhnlich gut gelaunt« enthält gleich zwei Interpretationen: »ungewöhnlich« unterstellt, daß es eine Regel gibt, wie man gute Laune zu haben hat. Und »gut gelaunt« schließe ich nur aus dem Lächeln und freundlichen Worten, die vielleicht nichts mit guter Laune zu tun haben, sondern mit der Absicht von G., einen Streit von gestern auszugleichen. So könnte meine Interpretation schon leicht zum Vorwurf werden: »Wir haben uns so gestritten, und Du hast heute schon wieder gute Laune« und neuen Streit eröffnen. Bleibe ich aber bei meiner Wahrnehmung und meinem Gefühl »Du lächelst und das tut mir gut«, ist der Anfang für einen guten Tag vorbereitet.

An diesen Beispielen wird deutlich, worauf es bei der Achtsamkeit im Umgang mit anderen ankommt. Versuchen Sie immer die folgenden vier Dimensionen zu unterscheiden:

1. Was nehme ich an einer Person wahr?

Meine Wahrnehmungen im Umgang mit anderen können umfassen:

- visuell
  Blickrichtung, Lidschlag, Gesichtsfarbe, Lippenbewegungen, Haltung und Bewegung von Fingern, Händen, Armen, Beinen, Füßen, Schultern, Kopf, Atmung
- auditiv
  Tonlage, Lautstärke, Sprechtempo, Stimmklang

- im vertrauten Umgang
  Hautfeuchtigkeit, Muskelspannung, Körpergeruch.

2. *Was für Gedanken, Interpretationen, Wertungen kommen in mir auf?*

Da wir keine Videokamera sind, versehen wir jede Wahrnehmung mit einer persönlichen Bedeutung, indem wir das Wahrgenommene deuten, interpretieren, werten und darüber nachdenken. Die hochgezogenen Augenbrauen des anderen deuten wir als Überraschung, das Lächeln als Einverständnis. Unsere Deutung kann zutreffend sein oder falsch, wie wir aus den Darstellungen über Gefühlsausdruck wissen. Deshalb ist es wichtig, sich immer wieder klarzumachen,

a) daß wir als Menschen notwendigerweise deuten und interpretieren,
b) daß aber diese Deutungen keine Wahrnehmungen sind, sondern unsere persönlichen Interpretationen,
c) die richtig oder falsch sein können.

Die häufigsten Mißverständnisse und Konflikte im Umgang miteinander ergeben sich daraus, daß wir unsere Deutungen für Wahrnehmungen halten. Das Lächeln, das ich als Einverständnis »wahrgenommen« habe, war vielleicht in Wirklichkeit ein Ausdruck höflicher Abwehr, und meine einladende Geste stößt dann auf Unverständnis.

3. Welche Gefühle entstehen bei mir?

Meine Wahrnehmungen und Interpretationen sind notwendigerweise von Gefühlen begleitet, die eine breite Skala (s. 4. Kapitel) umfassen können. Anders als die Deutungen sind die Gefühle weder richtig noch falsch, sondern Teil meines persönlichen Zustands. Das (vielleicht falsch gedeutete) Lächeln erfreut mich. Auch wenn die Deutung falsch sein kann, ist die Freude dennoch echt. Wie wir die Gefühle anderer wahrnehmen und mit ihnen umgehen können, wird anschließend ein Thema sein.

4. Welche Wünsche verbinde ich mit dieser Person?

Schon vor jedem Kontakt sind die Bedürfnisse da, und sie können durch die Wahrnehmungen, Interpretationen und Gefühle verändert werden: Diese Person gefällt mir, sie lächelt so freundlich, ich möchte mich gerne mit ihr treffen. Unsere Wünsche beeinflussen dann wieder unsere Deutungen und Gefühle: Das Lächeln wird zum Einverständnis, und ich freue mich.

Wir sind nicht gewohnt, diese vier Dimensionen zu unterscheiden. Aber je besser ich lerne, diese Dimensionen des Achtsamseins im Umgang mit anderen zu unterscheiden, um so eindeutiger und klarer wird der Kontakt mit anderen Menschen, um so mehr Möglichkeiten gegenseitiger persönlicher Entwicklung eröffnen sich.

Diese Tendenz zur Eindeutigkeit wird noch dadurch unterstützt, daß meine eigene Unterscheidungsfähigkeit sich durch den Kontakt auf die andere Person so auswirkt, daß auch sie mehr Unterscheidungsfähigkeit erlangt. Hierzu noch eine Anregung:

Unterscheiden

Stellen Sie sich eine Person vor, mit der Sie in der letzten Zeit einen Streit oder einen Konflikt hatten. Nehmen Sie sich nun ein Blatt Papier

1. *Beschreiben Sie die Person so genau wie möglich*
2. *Schreiben Sie alle möglichen Phantasien – ob sinnvoll oder nicht – über die Person auf. Fangen Sie Ihre Sätze an mit »Ich stelle mir vor, daß Du ...«*
3. *Schreiben Sie mindestens drei Gefühle auf, die Sie gerade jetzt erlebt haben*
4. *Vollenden Sie den Satz »Jetzt möchte ich mit Dir ...«.*

Welcher der vier Schritte ist Ihnen leicht/schwer gefallen? Welcher hat Ihnen Spaß gemacht? Oft unterdrücken wir unsere Phantasien über andere, so daß sie sich dann in die Wahrnehmungen und in die Gefühle einmischen. Erlauben wir den Phantasien aber ihren freien Lauf, so können sich Wahrnehmungen und Gefühle klären. Vielleicht hat sich bei Punkt 4 auch eine neue Handlungsperspektive im Umgang mit Ihrer gewählten Person ergeben.

Sie können diese Übung auch mit einer Partnerin oder einem Partner durchführen, indem Sie die Schritte 1 – 4 abwechselnd durchführen. A beginnt dann ca. drei Minuten lang zunächst alle Sätze mit: »Ich sehe, daß Du ...«, während B schweigend zuhört. Dann beschreibt B drei Minuten lang: »Ich sehe, daß Du ...« usw. Sie werden eine klärende Wirkung spüren.

Wir sind im Gespräch

Das wichtigste Medium der Achtsamkeit im Kontakt mit anderen Menschen ist die Sprache. Wenn wir miteinander sprechen und einander zuhören, können wir am sinnvollsten auf ein Du achten. Im Sprechen entwickeln wir unsere Persönlichkeit, und durch die Sprache werden die kulturellen, wirtschaftlichen, politischen und sozialen Bedingungen unserer Existenz geprägt.

Die ersten Worte, die wir hören, sind die Worte der Mutter, des Vaters, der Geschwister. Zu ihnen sprechen auch wir zuerst, anfangs nur Laute, dann Mama, Papa und andere Worte. Unser Name wird immer häufiger genannt und spielt eine immer wichtigere Rolle:

> **Mein Name**
>
> *Für diese Anregung brauchen Sie nur ein paar Minuten, aber einen möglichst stillen und ungestörten Platz. Nachdem Sie sich entspannt haben und ein paar Mal durch Ausatmen alle Sorgen losgelassen haben, lassen Sie in sich Ihren Namen ganz leise innerlich entstehen. Wählen Sie dabei den Vornamen Ihrer Kindheit. Hören Sie nun, wie dieser Name sich immer und immer in Ihnen wiederholt ... Sie können jetzt mit dem Hören Ihres Namens experimentieren, indem Sie die Lautstärke Ihrer inneren Stimme anschwellen lassen, vielleicht sogar sehr stark, und dann gegen Schluß hin wieder sehr leise werden lassen, bis sie allmählich verebbt. Sollten Sie im Verlauf dieses Versuchs traurig werden oder ängstlich, dann hören Sie bitte gleich mit dem Versuch auf. Wenn Sie die Stimme wieder ganz zum Schweigen gebracht*

haben, kommen Sie allmählich wieder in Ihr Zimmer zurück.

Vielleicht haben Sie beim Hören Ihres Namens zugleich bekannte Stimmlagen erkannt oder auch neue noch nie gehörte Stimmen vernommen. Sie können nachdenken, ob diese Stimmen etwas mit vergangenen Erinnerungen oder auch mit der Zukunft zu tun haben können.

Wenn wir den eigenen Name hören und selbst aussprechen, formt sich immer mehr die Gestalt des eigenen Ich. Im Sprechen mit den anderen bildet sich dann das Ich als Persönlichkeit. Die Erfahrung, daß Mutter und Vater uns zuhören und auf unsere ersten Laute und späteren Worte ernst oder freudig und anerkennend eingehen und sie wiederholen, gibt uns die grundlegende Gewißheit unserer persönlichen Existenz. Hier liegt die tiefste Wurzel für die existentielle Bedeutung des Gesprächs mit anderen Menschen.

Im Dialog können wir aus Ängsten, Verzweiflungen und Hoffnungslosigkeit Auswege finden und unser Selbstvertrauen stärken, vorausgesetzt, die andere Person hört uns »wirklich« zu. In einem bedingungslosen und unterstützenden Gehörtwerden können wir an die kindliche Gewißheit unserer persönlichen Existenz anknüpfen und neue Zuversicht und Kreativität für unsere Probleme finden. Diese geheimnisvolle Kraft des Dialogs hat Martin Buber in seinem Werk immer wieder aufs neue beschworen: »Im echten Gespräch geschieht die Hinwendung zum Partner in aller Wahrheit, als Hinwendung des Wesens also.«

Die unterstützende Kraft des Dialogs nutzt auch C. Rogers in der von ihm entwickelten Gesprächstherapie. Diese beruht auf der Grundannahme, daß jeder Mensch sein Selbstvertrauen und seine eigenen Kompetenzen optimal entwickeln und nutzen kann, wenn er im Gespräch mit einem anderen durch positive Zuwendung, aktives Zuhören und verständnisvolle Rückmeldung im Finden des eigenen Weges unterstützt wird. Wie schwer es allerdings ist, »einfach nur« aktiv zuzuhören, wissen alle, die es einmal ausprobieren oder eine mehrjährige Ausbildung in dieser Therapieform absolviert haben. Denn in unserer Kultur geht es seit der Antike nicht darum, anderen zuzuhören, sondern darum, mit Rhetorik und Dialektik andere zu überzeugen, mit der Rede Macht zu erlangen und eigene Ansprüche durchzusetzen und andere zu manipulieren. Auch heute geht es in Schule, Ausbildung und Politik nicht um Hören, sondern um Präsentation von Wissen, Beeinflussen, Recht haben, Beweisen.

In den letzten Jahren sind die Möglichkeiten des Dialogs nicht nur für therapeutische, pädagogische und soziale Bereiche erforscht und weiterentwickelt worden, sondern auch für wissenschaftliche Erkenntnisprozesse und für politische und organisatorische Entscheidungen.[50]

Hier sollen nur einige von der Achtsamkeit am nächsten berührte Aspekte wenigstens erwähnt werden:

Das letzte Gespräch

Erinnern Sie sich an Ihr letztes Gespräch und schreiben Sie so genau wie möglich auf, was Ihnen davon an

Inhalten, über sich selbst und über Ihren Gesprächspartner/Ihre Gesprächspartnerin in Erinnerung geblieben ist.

Sie werden feststellen, daß Sie sich neben den Gesprächsinhalten und bestimmten Äußerungen auch an Gesten, Mimik, Körperhaltungen Ihrer Partnerin, Ihres Partners erinnern, vielleicht auch an Ihre eigenen Gefühle und Gedanken während des Gesprächs. Lesen Sie noch einmal Ihre Erinnerungen und finden Sie heraus, ob Sie eher die Inhalte des Gesprächs, bestimmte Formulierungen oder Ihre Wahrnehmungen, Gefühle und Gedanken aufgeschrieben haben. So können Sie Hinweise auf die Art Ihres Zuhörens in diesem Fall und vielleicht auch für andere Situationen gewinnen.

Es wird deutlich, daß auch im Gespräch die verschiedenen Dimensionen des Achtsamseins eine Rolle spielen und daß es auch hier von Bedeutung ist, die verschiedenen Dimensionen zu unterscheiden. Auf der Ebene der sinnlichen Wahrnehmungen scheint im Gespräch zuerst das Hören des Gesprochenen im Vordergrund zu stehen. Dies ist aber beim tatsächlichen Gespräch nur selten der Fall. Da im Gesprochenen immer eine komplexe Botschaft (bestehend aus einer variablen Konstellation von Informations-, Beziehungs- und Aufforderungsanteilen, wie sie von Schulz von Thun Anm. 51 entworfen wurde) enthalten ist, löst das Gesprochene sofort Interpretationen, Gefühle, Wünsche und Reaktionen aus, die das Zuhören beständig überlagern. Schlimmer noch, bevor der/die andere überhaupt den Mund aufgemacht hat, ist dieser Prozeß längst im Gange:

Zuhören
Nehmen Sie sich bei der nächsten Fernsehdiskussion Zettel und Stift. Schalten Sie nach genau 10 Minuten Diskussion den Fernseher aus und schreiben Sie möglichst genau auf, was der letzte Redner in seinen letzten beiden Sätzen gesagt hat. Wiederholen Sie das ein paar Mal als Übung.

Vielleicht werden Sie erschrocken sein, wie ungenau das Aufgeschriebene ist und wie wenig Sie behalten haben. Sie können sich dann trösten, daß es nach vielen empirischen Untersuchungen den meisten Menschen als Zuhörern so ergeht, was z. B. auch die geringe Effektivität von Frontalunterricht und Vorlesungen begründet. Vielleicht können Sie aber auch Zusammenhänge feststellen zwischen der Genauigkeit Ihrer Wiedergabe und Ihrer Sympathie/Antipathie für den Sprechenden oder für seine Meinungen.

Als spielerische Übung können Sie auch einmal mit einem Gesprächspartner vereinbaren, daß vor jeder Antwort die Aussage des/der anderen wiederholt oder zusammengefaßt werden muß. Sie werden über die Veränderungen im Umgang miteinander überrascht sein.

Und natürlich höre ich im Gespräch nicht nur die Worte und Botschaften des/der anderen, sondern ich höre auch seine/ihre Stimme: Klingt sie laut oder leise, schneller, langsamer, anders als sonst, sind da Pausen; es kommt mir vor, als ob die Stimme ärgerlich, aggressiv, traurig, lustig, ängstlich klingt, und all das löst Gefühle aus, Gedanken, Interpretationen und Reaktionen: Wenn dieser Kerl so laut und aggressiv einen solchen Blödsinn daherredet, möchte ich am liebsten mit der Faust auf den Tisch hauen. Ich sage aber mit sanfter Stimme: »Lieber Kollege, da kann ich Ihnen leider nicht folgen« und kriege Magenbeschwerden:

> ***Einspruch***
> *Bei einer Fernsehdiskussion oder einem Vortrag (auch im Radio) achten Sie besonders auf Ihre Gefühle, Gedanken und auf das, was Sie gern sagen oder tun möchten. Machen Sie sich Notizen.*

Vielleicht spüren Sie eine befreiende Wirkung durch die Achtsamkeit auf Ihre Gefühle. Vielleicht merken Sie, daß Sie zu schnellen Reaktionen neigen (abschalten, ins Wort fallen) oder aber zu lange warten, bis sich dann Ärger und Unmut stauen.

Wenn wir nicht gerade telefonieren, beeinflußt uns im Gespräch auch das Aussehen, die Bewegungen oder vielleicht sogar der Geruch unserer GesprächspartnerInnen. Je besser wir lernen, nicht nur auf das Gehörte zu achten, sondern auch auf unsere anderen Wahrnehmungen, unsere Gefühle und Gedanken im Gespräch, um so klarer, eindeutiger und intensiver wird der Umgang miteinander und um so deutlicher werden die sich aus dem Gespräch ergebenden Erkenntnisse und Handlungsmöglichkeiten. Insbesondere ist diese Achtsamkeit auch für unser eigenes Sprechen von Bedeutung. Es ist dabei wichtig, daß ich nicht nur auf den Inhalt meiner Sätze achte, sondern auch darauf, was ich gerade fühle, wünsche, denke und wie das mit dem Gesprochenen zusammenhängt.

Achtsamsein im Gespräch ist Voraussetzung für einen achtungsvollen Umgang miteinander, für gewaltfreie Konfliktlösungen und für gelingende Zusammenarbeit. Unachtsamkeit im Gespräch führt zu Verletzungen, Mißverständnissen, Mobbing, wechselweiser Blockierung.

Wie schwierig es ist, Wahrnehmungen, Gefühle und Interpretationen im Gespräch auseinander zu halten, soll noch an einigen Beispielen verdeutlicht werden:

A: (Köpft das Frühstücksei, das ziemlich hart geworden ist, verzieht das Gesicht)

B: Aber ich habe es doch wie immer gekocht. Und für Deine schlechte Laune kann ich nichts.

Was ist passiert? B hat wahrgenommen: Das Ei ist hart, A verzieht das Gesicht. B hat interpretiert: Weil das Ei zu hart ist, verzieht A das Gesicht, aber nur, weil A sowieso schlecht gelaunt ist. B fühlt sich deshalb ungerecht behandelt, ärgert sich, rechtfertigt sich, greift A an. Streit ist vorprogrammiert. Es hätte aber auch sein können, daß für A das Ei gerade richtig ist und A das Gesicht wegen Zahnschmerzen verzieht. Es gibt auch andere Möglichkeiten, die B am einfachsten herausbringt durch möglichst genaue Wiedergabe der eigenen Wahrnehmungen:

B: Das Ei ist ziemlich hart geworden, und Du verziehst das Gesicht. (A hat die Möglichkeit zu Erklärungen).

So kann die Unterscheidung von Wahrnehmungen, Gefühlen und Interpretationen bei sich selbst und bei den anderen helfen, Mißverständnisse und sinnlose Konflikte zu vermeiden, und die Beziehungen zwischen Menschen klarer, einfacher und wesentlicher werden zu lassen.

Im Gespräch ist es immer hilfreich und klärend, wenn ich nicht nur hörend darauf achte, was ich wahrnehme, was ich fühle und was ich denke, sondern wenn ich sprechend meine Gefühle als Gefühle benenne, meine Wahrnehmungen als Wahrnehmungen, meine Interpretationen als Interpretationen und auch eventuell meine Intentionen als solche. Das klingt zunächst einfach, ist es aber unglücklicherweise gar nicht:

A: Du bist heute so schweigsam.
B: Du bist auch nicht gerade gesprächig.

Hier spricht A zwar eine Wahrnehmung aus, verschweigt aber die eigenen Gefühle (vielleicht Ärger über das Schweigen, vielleicht Angst) und eventuell den Wunsch nach einem Gespräch. Die Folge ist, daß B sofort mit Abwehr reagiert. Der Konflikt ist vorprogrammiert.

A: Du sagst heute gar nichts und dabei möchte ich doch gern mit Dir über Petras Zeugnis reden.
B: Ich bin jetzt ein bißchen müde, wir haben doch morgen früh Zeit.

Hier äußert A den eigenen Wunsch und so wird B ermutigt, die eigene Befindlichkeit (müde) und den eigenen

Wunsch auszudrücken. Eine Einigung könnte gelingen, wenn es nicht so weiter geht:

A: Immer bist Du müde, wenn ich mal etwas von Dir will.

B: Ach, laß mich doch in Ruhe mit Deiner ständigen Nörgelei.

Jetzt hat A die Bedürfnisse und den Vorschlag von B überhaupt nicht aufgenommen und statt dessen Interpretationen der Müdigkeit geliefert, um die eigene Unzufriedenheit zu verbergen. B reagiert mit Abwehr und setzt noch eins drauf. Besser wäre:

A: Ich sehe, daß Du müde bist nach so einem Tag. Aber ich war den ganzen Tag allein und bin so durcheinander wegen des Zeugnisses, daß ich Dir das wenigstens sagen will.

Die Kommunikationstheoretiker konzentrieren sich mehr auf den verbalen Aspekt des Gesprächs, also auf die Nachricht, die Aussage, die Mitteilung und unterscheiden da den Informations- und den Beziehungsaspekt. Bei dem berühmten Beispiel »Erna, im Kühlschrank ist kein Bier mehr« ist die übermittelte Information sehr eindeutig. Der Beziehungsaspekt kann je nach Situation und Stimmlage des Sprechenden viele Bereiche umfassen, z. B. Ärger, Enttäuschung, Wut, aber unter Umständen auch Erleichterung oder die Aufforderung, etwas zu tun.

Auch in diesem Fall läßt sich der Abend vielleicht noch retten, wenn der Sprecher seine Gefühle und seine

Wünsche angesichts des bierlosen Kühlschranks verständlich machen kann.

Ach wie gut, daß niemand weiß ...

Beim Sprechen geht es natürlich nicht nur um Kontakt, Offenheit und Ausdruck, sondern auch um Beeinflussung und bewußte oder unbewußte Manipulation. Eine gängige Form sprachlicher Manipulation besteht darin, daß der/die Sprechende sich in der Aussage versteckt und so unangreifbar und unfaßbar wird. Probieren Sie es aus:

> ***Rumpelstilzchen-Reden I***
> *Formulieren Sie einige Sätze, die mit »man« anfangen. Sie können dies auch im gedachten oder tatsächlichen Dialog tun.*

Sie werden gemerkt haben, daß »man« sich bei diesen Aussagen hinter Normen und Aspekten (man muß ..., man soll ..., man darf nicht ...) und Unverbindlichkeiten (man könnte mal) versteckt. Die eigenen Gefühle und Wünsche werden nicht deutlich, die Beziehungen zum anderen sind unpersönlich. Die eigene Verantwortung wird abgeschoben (da kann man nichts machen).

> ***Rumpelstilzchen-Reden II***
> *Versuchen Sie jetzt Sätze mit ›Wir‹, am besten im fiktiven oder realen Dialog.*

Hier geht es selten um Feststellung von Gemeinsamkeiten (wir waren gestern in guter Stimmung), sondern meist um die Verwischung von Differenzen und Vereinnahmungen: »Heute sehen wir mal nicht fern« statt »ich möchte gern, daß wir heute miteinander sprechen«. Bekannt ist: das Ärzte-Wir (»Wie geht es uns denn heute?« »Mir geht es schlecht, Herr Doktor, wie es Ihnen geht, weiß ich nicht«), das Pädagogen-Wir (Heute wollen wir den Dativ durchnehmen. Statt: Im Lehrplan ist der Dativ dran. Ich habe keine Lust dazu, Ihr habt keine Lust dazu, ich fange trotzdem an und versuche, es möglichst lustig zu machen), das Politiker-Wir (Wir müssen alle an einem Strang ziehen) und das Moralisten-Wir (Wir dürfen nie nachlassen ...). Den in das »Wir« unfreiwillig Einbezogenen wird eine eigene Reaktion erschwert. So kann allmählich ein unbewußter Widerstand anwachsen, der das Miteinander erschwert und eine stumme Opposition zu dem Wir-Redner aufbaut. Versuchen Sie in allen Gruppensituationen (Familie, Büro, Verein ...) Ihre Wir-Aussagen in Ich-Ihr-Aussagen umzuwandeln. Statt: Jetzt setzen wir uns wieder um den Tisch, besser: Ich möchte, daß Ihr Euch wieder um den Tisch setzt.

Als letzte Rumpelstilzchen-Runde:

Rumpelstilzchen-Reden III

Versuchen Sie jetzt Sätze, die mit Du anfangen, wieder in fiktiver oder realer Anrede.

Vielleicht haben Sie bemerkt, daß wir in Du-Aussagen besonders gern unsere eigenen Gefühle und Wünsche so verstecken, daß der/die andere den Schwarzen Peter zugeschoben bekommt. Hinter »Du bist heute so ruhelos und nervös« versteckt sich vielleicht »Ich möchte heute meine Ruhe und Du störst mich dabei«. Hinter »Du bist so abweisend« versteckt sich vielleicht »Ich möchte von Dir mehr Wärme und Nähe«.

Für die andere Person wirken solche Du-Botschaften meist holzhammerartig. Entsprechend ist die Reaktion meist Rückzug, Rechtfertigung oder Gegenangriff mit einer »Nein – Du bist ...« Aussage.

Persönlich

Stellen Sie sich eine Ihnen nahestehende Person vor und beschreiben Sie diese Person in »Du-bist«-Sätzen (Du bist immer so unordentlich, Du bist oft lustig ...). Formulieren Sie nun die Sätze in Ich-Aussagen um (ich fühle mich oft von Deiner Unordnung gestört, Deine gute Stimmung reißt mich mit).

Achtsamkeit im Gespräch mit anderen drückt sich am intensivsten in Ich-Du-Aussagen aus, weil sie persönliche Aussagen sind. Zugleich werden Sie bemerken, daß die innere Beteiligung und Erregung bei solchen Aussagen zunimmt. »Du bist sehr attraktiv« geht weniger unter die Haut, als »ich finde Dich attraktiv«, ebenso »Du hast wieder ein völliges Durcheinander im Badezimmer hinterlassen« statt »ich habe mich über die Unordnung im Badezimmer geärgert«.

Also empfehle Ich Ihnen: Vermeiden Sie Du-Aussagen und versuchen Sie es persönlich mit Ich-Du.

Ich habe hier nur einige der wichtigsten und typischen Störungen zwischenmenschlicher Kommunikation beschrieben, ohne auf die vielfältigen und komplexen Verwicklungen eingehen zu können, die im Gespräch zwischen Menschen auftreten. Wer hier mehr erfahren möchte, kann sich in vielen Büchern darüber informieren. Mir gefallen am besten die klaren und anschaulichen Bücher von Friedemann Schulz von Thun.[51]

Für Sie zum Abschluß dieses Themas noch eine Anregung:

> ***»Dialog-Killer«***
>
> *Analysieren Sie, warum die folgenden Antworten von B »Dialog-Killer« sind.*
>
> 1. A: *»Schau mal, wie schön ich die Bücher aufgeräumt habe«.*
>   B: *»Dafür habe ich vorige Woche den Keller aufgeräumt«.*
>
> 2. A: *»Ich habe fürchterliche Schmerzen an meiner entzündeten Zahnwurzel.«*
>   B: *»Ach, das ist gar nichts, ich hatte voriges Jahr gleich zwei entzündete Zahnwurzeln.«*
>
> 3. A: *»Ich möchte gern, daß Du meinen Kamm wieder zu meinen Sachen zurücklegst.«*
>   B: *»Warum mußt Du immer gleich so vorwurfsvoll sein?«*
>
> 4. A: *»Ich freue mich schon auf meine Reise nach Tirol.«*

B: *»Aber Mallorca ist um diese Zeit sicher viel wärmer.«*

5. A: *»Ich habe solche Ängste, daß mein Kleiner sich in der Kita angesteckt hat.«*
   B: *»Ja, ja, das kenne ich. Meine Kleine hat sich im vorigen Jahr auch einen Keuchhusten eingefangen.«*

6. A: *»Ich fühle mich in den letzten Wochen so depressiv.«*
   B: *»Du solltest nicht soviel Wein trinken und Dich mehr bewegen.«*

7. A: *»Entschuldige, daß ich zu spät komme.«*
   B: *»Das zeigt wieder mal, daß Dir die anderen egal sind«.*

(Auswertung siehe Ergänzungen)[52]

Ich war's nicht

Im Zusammenhang mit diesen Dialog-Killern und den Gesetzmäßigkeiten der menschlichen Kommunikation können wir allgemeiner auf ein einfaches Grundprinzip der Systemtheorie achten, um mit Konflikten besser zurechtzukommen.

Dieses *Grundprinzip* lautet: *»Zu jedem Konflikt gehören mindestens zwei.«*

Dieser scheinbar banale Satz soll darauf hinweisen, daß nie nur eine Person (aus der eigenen Sicht meist der/die andere) Auslöser oder Verursacher des Konflikts ist, sondern daß immer beide Personen daran beteiligt sind. So ärgere ich mich, wenn jemand zu spät kommt. Ist mein Anteil vielleicht, daß ich dem anderen nicht deutlich gemacht habe, wie wichtig mir Pünktlichkeit ist? Statt innerlich zu sagen »immer diese Unpünktlichkeit« oder »so ein unpünktlicher Mensch« hilft es weiter, zu überlegen, wie ich das nächste Treffen so vereinbaren kann, daß es pünktlich gelingt.

Diese Achtsamkeit auf das systemische Miteinander in jeder Beziehung hat viele Vorteile:

- Es gibt keine voreiligen Schuldzuweisungen mehr.
- Es gibt keine bösen und guten PartnerInnen.
- Es gibt nicht mehr jemanden, der es richtig und jemanden, der es falsch macht.
- Es gibt keine schlechten Eigenschaften (unpünktlich, streitsüchtig, rechthaberisch, vorwurfsvoll ...).

Die Verantwortung am Gelingen der Beziehung tragen alle Beteiligten;

- Es geht nicht mehr um Vorwürfe, sondern um die Einsicht in die eigenen Anteile.
- Es geht nicht mehr um die Aufarbeitung alter Differenzen und »oller Kamellen«, sondern um das, was gemeinsam jetzt noch möglich ist.

Klagen systemisch

Versuchen Sie sich einmal im systemischen Denken, indem Sie jeweils mögliche Eigenanteile des/der Klagenden herausfinden:

> *Dauernd quatscht sie mich voll (Eigenanteil z. B.: Ich traue mich nicht, sie zu unterbrechen).*
> *Sie hört mir nie zu.*
> *Nie sagt er, was mit ihm los ist.*
> *Er ist zu dominant.*
> *Nie hat sie Zeit für mich.*
> *Keiner versteht mich.*

Vielleicht fallen Ihnen jetzt (oder beim nächsten Konflikt) eigene Klagen auf, die Sie häufig aussprechen oder auch verschweigen. Es ist hilfreich, sie in Ihr Entdekkungsbuch aufzuschreiben und systemisch nach Ihrem Eigenanteil zu suchen und auch diesen aufzuschreiben.

Überhaupt ist es eine gute Methode, Achtsamkeit im Umgang mit anderen zu üben, indem wir einzeln oder gemeinsam über die Art unserer Kommunikation nachdenken und uns eventuell darüber austauschen. Vornehm ausgedrückt betreiben wir dann »Metakommunikation«, d. h. wir kommunizieren über unsere Kommunikation. Metakommunikation kann bei Konflikten hilfreich und befreiend sein, wenn alle Beteiligten darauf achten, was bei ihnen selbst abläuft und wenn Sie auch bereit sind, darüber sich den anderen mitzuteilen. Sie können es selbst ausprobieren und als Vorübung bei einem Ihrer nächsten konfliktgeladenen Gespräche sich anschließend zu folgenden Aspekten Notizen machen:

- Welche Gefühle hatte ich?
- Welche von meinen Gefühlen habe ich ausgedrückt, welche nicht und warum?

- Welche Botschaft, welche Wünsche und welche Absichten wollte ich vermitteln und wie klar war ich dabei?
- Wie aufmerksam war ich für die Botschaften, Wünsche und Absichten der anderen und wie deutlich sind sie mir geworden?
- Wie habe ich auf den Ausdruck der Gefühle von anderen reagiert?
- Was würde ich nachträglich jetzt noch sagen?

Je öfter Sie »systemisch« denken und sich in Metakommunikation üben, um so leichter und selbstverständlicher wird es Ihnen fallen. Sie werden erstaunt sein, daß es weniger Mißverständnisse, weniger Vorwürfe, weniger Sackgassen im Gespräch geben wird und daß Sie in Ihren Beziehungen mehr gegenseitiges Verständnis und persönliches Wachstum erleben.

Ich fühle etwas, was Du auch fühlst ...

Wir haben bis jetzt betont, wie wichtig es im Umgang mit anderen ist, auf die eigenen Wahrnehmungen, Deutungen, Wünsche und Gefühle zu achten. Ebenso wichtig sind natürlich die Wahrnehmungen, Deutungen, Wünsche und Gefühle der anderen Beteiligten. Deren Wahrnehmungen, Deutungen und Wünsche kann ich nur aus ihren Aussagen oder durch Nachfragen erfahren. Bei den Gefühlen ist das anders. Ich kann die Gefühle anderer Menschen unmittelbar erkennen, und sie wirken auch ohne Mitteilung auf mich ein.

Noch vor jedem Sprechen erkennt die Mutter Furcht,

Freude und Schmerzen ihres Kindes, und das Kind spürt die Gefühle der Mutter. Die Fähigkeit, Gefühle anderer unmittelbar und auch ohne Sprechen zu erkennen, war die Voraussetzung für das Überleben der Menschheit durch die Möglichkeit sofortiger gemeinsamer Reaktionen. Auch heute ist diese Fähigkeit durch viel subtilere psychosoziale Wirkungen eine wichtige Grundlage des menschlichen Zusammenlebens. Während wir die Bedeutung der Signal- und Mitteilungsfunktion des eigenen Gefühlsausdrucks für andere schon im 4. Kapitel dargestellt haben, soll jetzt der Umgang mit den Gefühlen anderer im Mittelpunkt stehen:

Dein Gefühl und mein Gefühl
Versuchen Sie, sich an die Menschen zu erinnern, denen Sie heute oder gestern begegnet sind und versuchen Sie auch, sich daran zu erinnern, welche Gefühle Sie bei diesen Menschen wahrgenommen haben, wie sie auf Sie gewirkt haben und wie Sie mit diesen Gefühlen umgegangen sind. Machen Sie sich möglichst ausführliche Notizen in Ihrem Entdeckungsbuch.

Sie können so herausfinden, wie es je nach dem Gefühlsausdruck der Person und je nach Situation verschiedene Möglichkeiten gibt, auf die Gefühle anderer zu reagieren:

Wir lachen, wenn wir in eine Runde lachender Freunde kommen, auch ohne den Anlaß des Gelächters zu kennen. Wir sind traurig, wenn eine uns nahestehende Person weint, auch wenn wir deren Grund nicht wissen.

Gefühle können »ansteckend« sein, und Gefühlsansteckung steht am Anfang unseres Umgangs mit den Gefühlen anderer. Kleinkinder unter zwei Jahren fangen an zu weinen, wenn ein anderes Kind weint. Säuglingsschwestern können davon erzählen. Gefühlsansteckung erleichtert den emotionalen Zusammenhalt einer Gruppe und stärkt das Wir-Gefühl. Jeder, der bei einer Demo dabei war, kennt dieses rauschhafte Gefühl des Eins-Seins mit den anderen, die man nicht einmal zu kennen braucht. Jeder weiß auch, wie im Faschismus und in anderen Diktaturen dieses Wir-Gefühl manipuliert und mißbraucht wird. In der Partnerschaft und in der Eltern-Kind-Beziehung kann es zu einem Automatismus der Gefühlsansteckung kommen, der symbiotisch die Grenzen zwischen Ich und Du und die persönliche Entwicklung verhindert. Besonders wichtig ist es, sich nicht von Gefühlen der Depression und Aggression anstecken zu lassen, dann schon lieber von Freude, Dankbarkeit und Liebe.

Wir ärgern uns, wenn wir eine Männerrunde dröhnend lachen hören, ohne daß wir den Anlaß kennen. Dieses Gegenteil von Gefühlsansteckung kennen wir als Antipathie. Sie ermöglicht Abgrenzung und Schutz, kann aber auch zu Vorurteilen und Ausgrenzung führen.

Wir freuen uns mit anderen, weil wir gemeinsam den Berggipfel erreicht haben. Im Miteinanderfühlen ist der gemeinsam erfahrene Anlaß des Gefühls wichtig und nicht die Ansteckung. Die verstärkende Wirkung dieses Miteinanderfühlens wird noch vergrößert, wenn die Gefühle des einen der Anlaß für die Gefühle des anderen sind, wie bei Liebenden, die »im Entzücken des anderen zunehmen« (Rilke) oder beim Haß. Weil nicht das Wir-Gefühl im Mittelpunkt steht, sondern der gemeinsame Anlaß, ist das Miteinanderfühlen in allen Bereichen des Zusammenarbeitens und als pädagogischer Bezug wichtig. Für Kinder ist es entscheidend, daß in ihrer Entwicklung nach der Phase der Gefühlsansteckung und der sie ablösenden Phase der Schadenfreude das Miteinanderfühlen in der Familie und in der Gruppe Gleichaltriger erlebt wird.

Wir können den Schmerz einer anderen Person »nachfühlen«, ohne daß wir ihn jetzt spüren, sondern nur, weil wir ihn früher selbst erlitten haben und wiedererkennen. Diese auch als Empathie bezeichnete Fähigkeit zum Nachfühlen ist die Voraussetzung des Mitgefühls und der Anteilnahme (nicht zu verwechseln mit Mitleid, dem immer etwas Verächtliches anhaftet). Damit ist Nachfühlen zugleich Grundlage und Bezugspunkt ethischen Handelns.

Wir können uns in die Wut eines anderen »einfühlen«, ohne daß wir diese Art von Wut schon erlebt haben und ohne diese Wut jetzt zu spüren. Diese ebenfalls als Empathie bezeichnete Fähigkeit, sich in andere hineinzuversetzen, ist verbunden mit absichtlicher und im Denken vollzogener Identifikation mit einer anderen Person. Die Fähigkeit des Einfühlens ist besonders wichtig für TherapeutInnen, PädagogInnen und ÄrztInnen und muß im Laufe des Lebens gelernt werden. Kindern ist Empathie fremd, weil sie ganz mit der Bildung des eigenen Ich beschäftigt sind. Die Eltern-Kind-Beziehung ist entscheidend dafür, ob die Voraussetzungen für das Erlernen von Empathie geschaffen werden und damit die Möglichkeiten eines einfühlenden Verständnisses für Menschen und deren Verhaltensweisen, auch wenn sie uns fremd oder sogar unangenehm sind.

Sie können jetzt für Ihre erinnerten Gefühle noch einmal überprüfen, wie Sie mit den Gefühlen anderer umgegangen sind und wie die hier aufgeführten Umgangsarten mit Ihren eigenen Gefühlen und Ihrer persönlichen Entwicklung zusammenhängen.[53] Mit diesen Einsichten können wir nun noch einmal die im ersten Teil erwähnten Voraussetzungen für die emotionale Kompetenz zusammenfassen:

Emotionale Kompetenz

- Achtsamkeit für die eigenen Gefühle und die dazugehörigen somatischen Marker
- Achtsamkeit für den Zusammenhang zwischen meinen Gefühlen und ihren Ausdrucksformen
- Achtsamkeit auf den Umgang mit den eigenen Gefühlen (Reflektieren, in Handlungen integrieren, Umwandeln)
- Achtsamkeit für die Gefühle anderer durch Empathie
- Achtsamkeit auf die Gefühle in der Metakommunikation

Und damit sind wir mit den Gefühlen schon in die Gruppe hineingeraten.

Sich entwickeln in Gruppen

So wie im Achtsamsein auf ein Du sich die individuelle menschliche Persönlichkeit entwickelt, werden wir durch vielfältige Kontakte in den verschiedensten Gruppen zu einer gesellschaftlich verankerten Person und wirken selbst in der Gesellschaft. Die soziale Verankerung bestimmt dann wieder, wie wir uns selbst als Person wahrnehmen und fühlen. Die Beziehungen zu den anderen sind die Grundlage unserer Selbstvergewisserung.

Wir leben von Geburt an nicht nur mit einer oder mehreren Bezugspersonen zusammen, sondern wir haben in verschiedenen Bereichen teil an unterschiedlichen Gruppen: da ist zuerst die Kleinfamilie, der Kreis der Verwandten, die Nachbarn, Freunde und Bekannte. Später sind wir im Kindergarten, in Schule, Beruf und Alltag immer wieder Mitglieder wechselnder oder länger dauernder Gruppen mit mehr oder weniger Verbindlichkeit, Freiwilligkeit, äußeren Formen: Vereine, Arbeitsgemeinschaften, Reisegruppen, Haus- und Wohngemeinschaften. Immer hängt unsere soziale Entwicklung und damit auch unsere persönliche Wachstumsmöglichkeit davon ab, wie es uns in diesen Gruppen geht. Die Achtsamkeit auf unser Befinden in diesen Gruppen ist deshalb wichtige Voraussetzung, damit wir unsere persönliche und gesellschaftliche Entwicklung mit anderen sinnvoll gestalten können.

Die erste Gruppe, die in unserem Leben eine ganz besondere Rolle spielt und bis zum Tod unser Leben prägt, ist die eigene Familie. Wegen ihrer besonderen Bedeutung für unsere Lebensgestaltung steht sie im Mittelpunkt des 7. Kapitels, so daß wir hier ganz »unfamiliär« fortfahren.

Außer der Familie sind schon sehr bald andere Gruppen in unserem Leben wichtig:

> ***Gruppenmitglied***
> *Denken Sie nun an eine Gruppe, die gerade jetzt in Ihrem Leben eine Rolle spielt. Schreiben Sie auf einen Zettel untereinander, was Ihnen an dieser Gruppe wichtig ist. Nehmen Sie immer eine neue Zeile, wenn Ihnen wieder etwas Wichtiges einfällt.*

Wenn Sie durchlesen, was Sie aufgeschrieben haben, werden Sie feststellen können, daß das, was Ihnen an der Gruppe wichtig ist, sich auf unterschiedliche Bereiche bezieht. Da geht es einmal darum, wie Sie sich in der Gruppe zugehörig fühlen; es geht um Geborgenheit, Sicherheit und Vertrauen in der Gruppe oder auch umgekehrt darum, daß Sie sich unsicher fühlen und wenig geborgen. Mit der Geborgenheit hängt auch zusammen, ob Sie sich in der Gruppe anerkannt und akzeptiert und geschätzt fühlen. Schließlich ist Ihnen vielleicht auch wichtig, ob Sie in der Gruppe mehr oder weniger Einfluß haben.

Sie können jetzt auf Ihrem Zettel nachsehen, welche Zeile eher mit Geborgenheit, welche mit Anerkennung und welche mit Einfluß zu tun hat, indem Sie jeweils ein G, ein A oder ein E hinter die jeweilige Zeile setzen. Sie erhalten so schon einen Einblick, wie Ihr Verhältnis zu dieser Gruppe jetzt gerade aussieht. Und wenn Sie darauf achten, entdecken Sie vielleicht, daß Sie in anderen Gruppen und in der Familie ähnliche Konstellationen wiederfinden, daß z. B. Geborgenheit Ihnen meist wichtiger ist als Einflußnahme oder umgekehrt. So erfahren Sie Strukturmerkmale Ihrer Beziehungen in Gruppen. Indem Sie darauf achten, werden Ihnen Ihre Beziehungsstrukturen bewußt, so daß Sie besser damit umgehen können.

Sie haben sich in diesem Versuch mit den drei Grundbedürfnissen auseinandergesetzt, mit denen alle Menschen in Gruppen zu tun haben. Da ist das elementare Grundbedürfnis nach Geborgenheit und Zugehörigkeit. Wenn dieses Grundbedürfnis nicht in einer oder mehreren Gruppen erfüllt ist, kann die persönliche und soziale Entwicklung eines Menschen gefährdet sein. Ebenso wichtig ist es auch, sich anerkannt zu fühlen und Wertschätzung von anderen Menschen zu erfahren. Die Wichtigkeit von Einflußmöglichkeiten auf die Gruppen wird von den meisten Menschen in verschiedenen Situationen unterschiedlich beurteilt.

Wenn wir auf unsere Grundbedürfnisse in Gruppen achten, ist es wichtig unsere Wünsche in dieser Gruppe davon zu unterscheiden, wie diese Wünsche dann im Gruppenalltag tatsächlich erfüllt werden. So kann es sein, daß ich mich in einer bestimmten Gruppe wenig geborgen fühle, aber auch nicht den Wunsch nach Geborgenheit spüre. Dann ist hier kein Anlaß zur Veränderung erkennbar. Ist aber eine Diskrepanz zwischen Wunsch und tatsächlicher Situation spürbar, so deutet das auf fällige Veränderungen hin:

Gruppe mit Wünschen

Erinnern Sie sich wieder an Ihre Gruppe vom vorigen Versuch (oder auch an eine andere). Schreiben Sie jetzt für jedes der drei Grundbedürfnisse auf, wie jeweils der Wunsch aussieht und wie der Wunsch in der Gruppe erfüllt ist (z. B. Geborgenheit: ich wünsche mir in dieser Gruppe sehr viel Wärme und Sicherheit; aber ich fühle mich nicht besonders geborgen). Als eine Arbeitshilfe kann Ihnen dabei das abgebildete Raster dienen.

Grundbedürfnisse (Wunsch: W; Ist-Zustand: I)

Gruppe am ... (Datum)

	W	I	W	I	W	I	W	I	W	I	W	I	W	I
Zugehörigkeit														
Anerkennung														
Einfluß														
andere Faktoren														

Skala:	Wunsch	1: sehr wichtig	5: ganz unwichtig
	Ist	1: voll erfüllt	5: gar nicht erfüllt

Wie geht es Ihnen, wenn Sie zwischen Wunsch und Erfüllung gute Übereinstimmung feststellen? Oder Diskrepanzen? Erkennen Sie ähnliche Muster für andere Gruppen? Möchten Sie darüber in einer der Gruppen sprechen oder etwas verändern?

Gruppen entwickeln sich

Nicht nur wir verändern uns in der Gruppe, sondern die Gruppe verändert sich auch durch uns. Wir können hier allerdings nicht die typischen Phasen und Entwicklungsprobleme von Gruppen darstellen (Literatur in den Ergänzungen),[54] sondern wollen nur in Beispielen zeigen, wie wir durch unsere Achtsamkeit die Funktion von Gruppen unterstützen können:

Gruppentransparenz

Ein erster Schritt ist bereits die Achtsamkeit auf unsere Grundbedürfnisse in der Gruppe, weil das uns und den anderen Gruppenmitgliedern hilft, Probleme und Konflikte in der Gruppe klarer zu erkennen, auszudrücken und damit umzugehen. Es ist dabei hilfreich, auch die anderen zu ermutigen, in ähnlicher Weise ihre Wünsche in der Gruppe und deren Erfüllung für sich selbst festzuhalten. Ein Austausch der individuellen Erkenntnisse ist dabei gar nicht nötig, oft sogar hindernd: Die Achtsamkeit jedes einzelnen bewirkt bereits eine größere Bereitschaft in der Gruppe zu einer angemessenen Offenheit und Klärung von Konflikten.

Um die Erfüllung der Grundbedürfnisse und damit auch die Beziehungsstrukturen in einer Gruppe für alle Gruppenmitglieder deutlich zu machen, empfiehlt sich das folgende:

> ***Gruppenbild mit Ego***
>
> *Alle Gruppenmitglieder verteilen sich so im Raum, daß jedes Gruppenmitglied die Stelle im Raum zwischen den*

anderen sucht, von der es glaubt, daß diese Stelle am besten seiner Stellung in der Gruppe entspricht. Je nach den Bewegungen einzelner wird sich für einige wieder eine neue Konstellation ergeben und so mögliche Korrekturen der eigenen Stelle nötig machen, bis der Prozeß zur Zufriedenheit aller allmählich zum Stillstand kommt. Nun kann jedes Gruppenmitglied sich umsehen und seine eigene Stellung beschreiben und was sich damit an Gefühlen und Einsichten verbindet (»ich stehe ziemlich abseits und nahe bei der Tür; ich merke, daß ich mir immer noch eine Fluchtmöglichkeit aus der Gruppe offenhalten will, fühle mich aber wohl in der Nähe von Biggi und Ralf und daß ich Bernhard gegenüber sehen kann«). Ein solches Gruppenbild bewirkt Wunder und hat eine entlastende und befreiende Wirkung, weil alle Gruppenmitglieder für alle wahrnehmbar ihre eigene Position und die der anderen erfahren. So können irrationale Ängste, Vorurteile, Aggressionen deutlicher werden und damit veränderbar.

Diese Übung sollte im Verlauf einer länger bestehenden Gruppe regelmäßig durchgeführt werden und eignet sich für viele Arten von Gruppen (Familie, Schulklassen, Elterngruppen, Arbeitsgemeinschaften ...). Eine Variante des Gruppenbilds besteht darin, daß sich die Gruppenmitglieder einen Gegenstand suchen (Schuh) oder herstellen, der die eigene Person repräsentiert. Das Gruppenbild wird nun mit Hilfe dieser Gegenstände dargestellt, indem sie wie auf einem Schachbrett ihre Figuren so lange hin und her bewegen, bis alle die richtige Stelle gefunden haben.

Wenn es in einer Gruppe Probleme um Macht und Einfluß gibt, empfehlen sich die folgenden Machtspiele:

> ***Machtspiele***
> *Die Gruppe teilt sich in zwei Untergruppen. In die eine Gruppe gehen alle Mitglieder hinein, die von sich glauben, daß sie mehr Einfluß haben, in die andere diejenigen, die glauben, weniger Einfluß zu haben. Jedes Gruppenmitglied muß in eine der beiden Gruppen gehen, es darf keine »Neutralen« geben. Die beiden Untergruppen besprechen nun miteinander, wie es für sie ist, jeweils in der Gruppe der Mächtigen/Ohnmächtigen zu sein und welche Stärkegefühle ihnen das gibt, und welche Vorwürfe und Ressentiments sie gegen die anderen haben. In einer Gegenüberstellung dürfen dann beide Gruppen mit ihren Stärken prahlen und die Vorwürfe offensiv äußern. Dies hat immer eine reinigende und befreiende Wirkung und führt zu neuem Zusammenhalt.*

Feedback

Ein weiteres wichtiges Mittel, um den Gruppenzusammenhalt zu stärken und den Wunsch der Gruppenmitglieder nach Zugehörigkeit, Anerkennung und Einfluß zu unterstützen, ist das Feedback. Damit wollen wir hier etwas vereinfacht Gesprächsformen bezeichnen, die einem Gruppenmitglied sagen, wie sein Verhalten auf andere wirkt: Ich gebe einem Gruppenmitglied ein Feedback, indem ich ihm mitteile, wie ich sein Verhalten oder seine Äußerung wahrnehme und was ich dabei fühle. Denn nur durch solche Rückmeldungen erfahren wir, wie andere Gruppenmitglieder uns sehen, welchen Einfluß wir ausüben und wie wir akzeptiert werden. Wie im Dialog ist es auch für das Feedback entscheidend, daß wir die Ebenen des Wahrnehmens, Fühlens und Interpretierens auseinanderhalten und uns auf persönliche Aussagen beschränken, damit das Feedback beim anderen ankommt und nicht als verletzend oder vorwurfsvoll abgewehrt wird. Also statt »Du bist in der Gruppe immer so ...«, besser: »Ich bin gerade ärgerlich, weil Du ...«. Und natürlich ist auch für alle Gruppenmitglieder und die Gruppe insgesamt das positive Feedback besonders wichtig: »Ich freue mich, daß Du ...« oder »Mir gefällt, daß Du ...«

Es ist sinnvoll, folgende Regeln zu beachten:

- Fragen Sie zuerst nach, ob Ihr Feedback gerade erwünscht ist;
- Beschränken Sie sich auf persönliche Aussagen (ich-du);
- Sprechen Sie von Ihren eigenen Wahrnehmungen und Gefühlen hier und jetzt und vermeiden Sie Interpretationen.

Wer ein Feedback erhält, sollte sich keinesfalls rechtfertigen, verteidigen oder gar »kontern«, sondern zuhören und auf die eigenen Gefühle achten. Im achtsamen Umgang miteinander können wir ein Feedback als Geschenk erleben, für das wir uns bedanken, selbst wenn es einmal wehtut.

Für alle Gruppen ist es wichtig, daß sich die einzelnen Mitglieder ab und zu ihre Stellung zu den anderen bewußt machen.

Die anderen um mich

Zeichnen Sie auf einem Blatt Papier einen Kreis von ca. 10 cm Durchmesser. Markieren Sie unten ein Kreuzchen, das Sie selbst bezeichnen soll. Vergegenwärtigen Sie sich jetzt nun wieder eine Gruppe, die für Sie gerade wichtig ist: einen Freundes- oder Kollegenkreis, die Familie oder eine Arbeitsgemeinschaft. Tragen Sie nun auf der Kreislinie die Personen auf, die in Ihre Erinnerung kommen und plazieren Sie diese so in bezug auf Ihre mit dem Kreuz markierte Position, wie es Ihnen im Moment zutreffend scheint, z. B. ist da der Kollege B, mit dem ich zur Zeit einen üblen Konflikt habe. Der kommt mir gegenüber. Versehen Sie ihn dann auch mit der Zahl 1, wenn er Ihnen als erster eingefallen ist. Und so vervollständigen Sie die Gruppe, bis alle Mitglieder auf der Kreislinie mit der entsprechenden Zahl untergebracht sind.

Sie erhalten so ein »subjektives Soziogramm« Ihrer Gruppe, indem Sie Ihre Beziehungen zu den einzelnen Gruppenmitgliedern symbolisch dargestellt haben. Die Stellung der Personen auf der Kreislinie (sind sie nah bei Ihnen oder gegenüber?) und die Reihenfolge, in der sie Ihnen eingefallen sind, ergeben wichtige Merkmale Ihrer Beziehungen zu dieser Person, besonders auch, wenn Sie jemanden vergessen haben.

Um Ihnen die Auswertung Ihres Soziogramms zu erleichtern, stelle ich Ihnen hier mein eigenes subjektives Soziogramm eines Teams vor, in dem ich mehrere Jahre als Trainer gearbeitet habe:

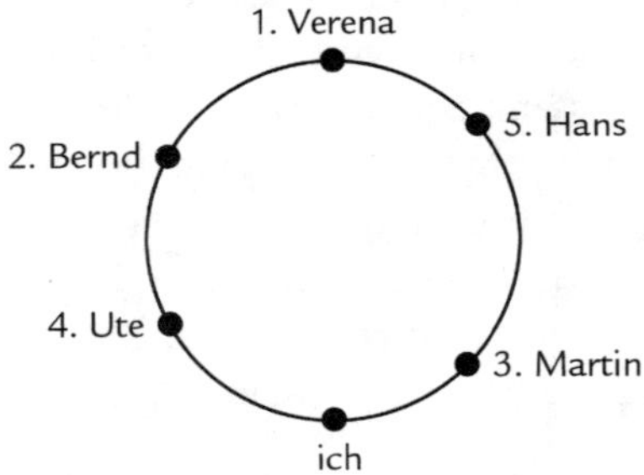

Als erste ist mir Verena eingefallen und ich habe sie mir gegenüber plaziert. Das deutet auf einen ungelösten Konflikt hin, um den ich mich kümmern sollte. Als zweiter fällt mir Bernd ein, in linker Abseitsposition, da warte ich einfach mal ab. Der dritte ist Martin, dicht neben mir, was mein Vertrauen zu ihm anzeigt und daß ich mich auf ihn verlasse. Daß er mir allerdings erst an dritter Stelle einfällt, weist mich darauf hin, daß ich vielleicht zu nachlässig mit diesem Vertrauen umgehe und mich aktiver um ihn kümmern könnte. Morgen rufe ich ihn an und lade ihn zum Kaffee ein. Die vierte, Ute, ist wieder ziemlich nah, selbstverständliche wechselweise Unterstützung, das könnte ruhig so bleiben. Aber Hans als letzter in Rechtsaußen Position verdient einfach mehr Beachtung. Ich muß seinen letzten Artikel endlich einmal lesen.

Dieses Verfahren kann ich immer wieder empfehlen. Es kostet nichts, es ist schnell durchgeführt und bringt eine Fülle von Einsichten. Allen Menschen, die mit Gruppen zu tun haben, sei es bestens empfohlen: Lehrerinnen und Lehrer können es wöchentlich über ihre Schulklassen durchführen (und sich wundern, wen sie diesmal vergessen); oder über ihre Kolleginnen und Kollegen, um sich veränderte Konstellationen zu merken. Für die eigene Familie ergeben sich sonderbare Aufschlüsse. Und die Kolleginnen und Kollegen im Beruf sehen wir mit anderen Augen. Also fangen Sie an und hören Sie nicht so bald wieder damit auf.

Thema

Bei den meisten Gruppen sind auch Aufgaben und Zusammenarbeit wichtig. Für alle Gruppen, denen es im weitesten Sinne auch um ein Thema geht, hat Ruth Cohn eine Methode entwickelt, die sie Themenzentrierte Interaktion (TZI) genannt hat. Sie geht dabei von der Erkenntnis aus, daß Gruppen nur dann sinnvoll themenbezogen arbeiten können, wenn sich für jedes Gruppenmitglied die Achtsamkeit im Gleichgewicht zwischen dem Thema, dem Gruppenprozeß und den eigenen Bedürfnissen befindet. In der Erforschung dieses Gleichgewichtsprinzips hat Cohn eine Reihe von Regeln entwickelt, die hier nur verkürzt als Hilfsregeln wiedergegeben werden sollen (näheres siehe Ergänzung):[55]

Hilfsregeln für TZI

1. Entscheide selbst, wann Du sprechen oder schweigen willst
2. Versuche Deine Anliegen persönlich auszudrücken, indem Du sie in Ich-Aussagen formulierst
3. Vermeide Interpretationen anderer und vermeide Fragen, die andere bedrängen
4. Achte darauf, daß immer nur ein Gruppenmitglied spricht und daß jedes Gruppenmitglied ausreden kann und Du zuhörst
5. Störungen innerhalb der Gruppe haben Vorrang
6. Beobachte Signale aus der eigenen Körpersphäre und denen der anderen Gruppenmitglieder

Sie können sich gruppendynamisch forschend betätigen, indem Sie

- diese Hilfsregeln demnächst in Ihren Gruppen (oder auch zu Hause) anwenden und ihre Wirksamkeit erproben;
- indem Sie diese Hilfsregeln aufgrund Ihrer bisherigen Kenntnisse begründen;
- indem Sie diese Hilfsregeln für spezifische Gruppenkonstellationen ergänzen und spezifizieren.

Die Gruppe ist mehr als die Summe ihrer Mitglieder

In Gruppen kann man immer wieder zwei überraschende Erfahrungen machen:

1. Wir entwickeln in Gruppen Fähigkeiten, die wir allein noch gar nicht bei uns entdeckt haben und die

wir auch erst in Gruppen überhaupt entfalten. Wir wollen diese Wirkung von Gruppen als »Stimulanz-Effekt« bezeichnen.

Mit diesem Stimulanz-Effekt hängt zusammen:

2. Die Gruppe kann mehr bewirken, als alle einzelnen zusammen. Dabei ist nicht nur die quantitative Steigerung gemeint, sondern auch das Hervorbringen neuer Qualitäten, die sich durch bloße Aufsummierung der einzelnen Fähigkeiten nicht ergeben hätten. Diese Wirkung von Gruppen hat als »Synergie-Effekt« in den letzten Jahren zunehmende Beachtung in der Organisationsentwicklung in wirtschaftlichen und kulturellen Bereichen erfahren.

Die Ursachen für den Stimulanz-Effekt hängen damit zusammen, daß

3. in der Gruppe vielfältige Kontaktangebote zusammenkommen. So kann jeder die für sich geeigneten Kontakte finden, die die eigenen Fähigkeiten optimal herausfordern und entfalten können. Im Kontaktprozeß können dann die Fähigkeiten der einzelnen nicht nur gebündelt werden, sondern durch gegenseitige Bestätigung, Rückkopplung und Koordination gefördert, gesteigert und synergetisch zur Vollendung des Gemeinsamen gebracht werden. Diese wichtigen Eigenschaften von Gruppen werden im menschlichen Zusammenleben vielfältig genutzt. Hier sollen nur drei Beispiele erwähnt werden:

Selbsthilfegruppen

Selbsthilfegruppen nutzen die Stimulanz- und Synergie-Effekte, um mit den eigenen Problemen der Gruppenmitglieder umgehen zu können und ihnen Unterstützung und Hilfe zu geben. Die Mitglieder von Selbsthilfegruppen handeln also nicht für die Ziele anderer, sondern in erster Linie für sich selbst. Dadurch sind die Beziehungen zwischen allen Gruppenmitgliedern auf gleicher Ebene ohne Über- oder Unterordnungen. Alle Gruppenmitglieder sind längerfristig im eigenen Interesse aktiv und verantwortlich, so daß die Stimulanz- und Synergie-Effekte für die eigene Sache optimal zur Wirkung kommen. Selbsthilfegruppen gibt es u. a. für folgende Problembereiche: Gesundheit und Therapie, Selbsterfahrung und Bewußtseinserweiterung, Lebensgestaltung, Lernen und Ausbildung. Bürgerinitiativen sind ein Grenzfall der Selbsthilfegruppen, da hier die Verquickung mit den (meist gegenlaufenden) Interessen anderer die Selbstverantwortlichkeit und damit auch die Synergie-Effekte verändert (Adressen und Literatur: siehe Ergänzungen).[56]

Zukunftswerkstätten

In Zukunftswerkstätten steht ein Problem, eine notwendige Veränderung oder ein geplantes Projekt im Mittelpunkt. Dazu finden sich bereits bestehende Gruppen oder auch Interessierte kurzfristig zusammen. Diese von Robert Jungk entwickelte Form der Gruppenarbeit nutzt die Stimulanz- und Synergie-Effekte durch eine vorgegebene Methode, bei der besonders die Kritik- und Utopiefähigkeit der TeilnehmerInnen für realisierbare

Veränderungen und Entwürfe genutzt werden. Zukunftswerkstätten können in vielen sozialen Bereichen und betrieblichen Zusammenhängen sinnvoll genutzt werden (s. Ergänzung und »Von der Micky Maus zur Zukunftswerkstatt« im 8. Kapitel).[57]

Teams

Obwohl sich die Tendenz zur Individualisierung als Lebensform in der modernen Gesellschaft immer mehr durchsetzt, wird gleichzeitig als Konsequenz die Bedeutung von Teams in Wirtschaft und Verwaltung, aber auch in sozialen und kulturellen Bereichen für kreative Aufgaben immer wichtiger. So heißen die neuen Bücher von Olaf-Axel Burow »Die Individualisierungsfalle – Kreativität gibt es nur im Plural« und »Ich bin gut – wir sind besser. Erfolgsmodelle kreativer Gruppen«. Darin beschreibt Burow, wie durch den Zusammenschluß von starken Persönlichkeiten mit ausgeprägten (auch unterschiedlichen) Fähigkeiten auf der Grundlage einer gemeinsamen Vision ein »kreatives Feld« entsteht, in dem im gemeinsamen Lernprozeß die kreativen Potentiale der einzelnen wechselweise gefördert und entfaltet werden. Stimulanz- und Synergie-Effekte werden in diesem kreativen Feld für die Verwirklichung eines von außen oder auch selbst gesetzten Ziels eingesetzt.[58]

Wenn Sie selbst diese Effekte von Gruppen nutzen wollen, können Sie schon mal so anfangen:

Synergetisch stimulieren
Denken Sie über folgende Aspekte Ihrer Persönlichkeit nach:

- *Fähigkeiten, die ich bei mir schon in Gruppen entdeckt oder angewendet habe*
- *Fähigkeiten, die ich gerne in Gruppen nutzen möchte*
- *Bereiche, in denen ich mir Unterstützung und Hilfe wünsche*
- *Ziele, die ich gerne verwirklichen möchte.*

Wenn Sie sich zu diesen Aspekten Bemerkungen in Ihr Entdeckungsbuch geschrieben haben, können Sie vielleicht ab und zu an folgende Konkretisierungen denken:

- Gruppenformen, die mich interessieren (Selbsthilfegruppen, Vereine, Zukunftswerkstätten, Arbeitsgemeinschaften, Teams ...)
- Personen, mit denen ich kooperieren kann
- Widerstände, die mich bis jetzt daran gehindert haben, etwas zu unternehmen
- Einige Schritte, die ich in nächster Zeit unternehmen möchte, um die Chancen von Gruppen zu nutzen

Und so sind wir synergetisch stimuliert schon zum 7. Kapitel gelangt, wo es um die eigenen Lebenswelten geht.

7 Eigene Lebenswelten

Unsere persönliche Entwicklung ist nicht nur geprägt von unseren Beziehungen zu anderen Menschen, sondern auch durch unsere Herkunft und durch unzählige andere Bedingungen, die auf unser Leben Einfluß hatten und haben. Wir leben an einem bestimmten Ort, in einer bestimmten Zeit mit besonderen gesellschaftlichen Bedingungen. Wir wollen die Gesamtheit dieser Bedingungen als Lebenswelt bezeichnen und in dem folgenden Kapitel darauf achten, wie diese Lebenswelt unsere persönliche Entwicklung und unsere Lebensgestaltung beeinflußt.

Dieser Einfluß wird gern verharmlost und als persönliches Versagen oder Verdienst umgedeutet: Jeder ist seines Glückes Schmied. Dieses Sprichwort führt gern im Mund, wer reich, gesund und schön ist und will es zur eigenen Beruhigung auch dem Unglücklichen vorwerfen. Der Self-made-man und der legendäre tellerwaschende Millionär brauchen in bescheidenem Stolz nicht darüber zu sprechen, weil sie den Glücks-Schmied deutlich und für alle sichtbar verkörpern. Andere dagegen sind Opfer: Opfer von Katastrophen, Kriegen, Rassenverfolgung, Holocaust, Ausbeutung und Not. Für Millionen Menschen bedeutet die Vorstellung der Glücks-Schmiede eine Verhöhnung ihrer Leiden. Auch wir können unser Leben nur vor diesem brennenden Hintergrund der Gequälten, Gefolterten und Entrechteten führen, auch wenn unsere Teilnahme und unser Einsatz nicht beständig sein können. Wir vergessen vorübergehend, um einzeln weiterleben zu können. Im Erinnern gehören wir zur Menschheit, um uns gegen Gewalt und Unrecht zu wehren.

Die meisten Menschen in unserer Gesellschaft haben heute die Möglichkeit, ihr Leben selbst zu gestalten. Selbstverwirklichung und Eigenverantwortlichkeit sind nicht nur Schlagworte in Bildungsprogrammen, sondern sie werden heute von vielen Menschen, besonders auch jüngeren, im Alltag umgesetzt oder als Ziel in den eigenen Lebensentwurf integriert. Allerdings geschieht diese Umsetzung nicht in einem luftleeren Freiheitsraum, sondern in der je eigenen Lebenswelt. Unsere soziale Herkunft, unser Bildungsgang, unsere Nationalität und die derzeitigen sozio-ökonomischen Verhältnisse, aber auch meine Körperlichkeit mit spezifischen Begabungen und Behinderungen prägen die Möglichkeiten unserer Selbstverwirklichung. Viele solcher Bedingungen wirken unbewußt in uns und können unsere Handlungsfähigkeit einschränken. Wenn wir lernen, auf unsere Lebenswelt zu achten, können wir sie besser für unsere Lebensgestaltung nutzen. So hat meine Herkunft aus einer Lehrerfamilie mein Verhältnis zu pädagogischen Berufen geprägt, ohne daß ich mir dessen bewußt war. Erst als ich entdeckte, daß ich durch mein Elternhaus von pädagogischen Tätigkeiten teils fasziniert, teils abgestoßen war, konnte ich in der Auseinandersetzung mit dieser Ambivalenz kreativ handeln (und engagierte mich in der Ausbildung von Pädagoginnen und Pädagogen).

Um die Achtsamkeit auf solche Zusammenhänge soll es in diesem Kapitel gehen, um die Möglichkeiten der Selbstverwirklichung und der eigenverantwortlichen Lebensgestaltung besser kennenzulernen.

Die eigene Geschichte

Alles was wir im Laufe unseres Lebens erfahren und erlebt haben, beeinflußt hier und heute unser Leben. Vieles davon ist uns bewußt und ist lebendig in unseren Erzählungen und Anekdoten und abgelagert in Fotoalben. Andere Erfahrungen sind weit weg, kommen nur selten oder durch Zufälle in die Erinnerung. Besonders viele frühe Erfahrungen sind uns zunächst gar nicht zugänglich und sind doch als »Ablagerungen« in unserem Körper auch heute wirksam (s. »Körperbewußtsein statt Madensack« im 2. Kapitel). Indem wir lernen, auf unsere eigene Geschichte zu achten, können wir entdecken, welche Erfahrungen uns heute einengen, hemmen oder lähmen und welche anderen uns vielleicht aus der Verborgenheit helfen, ermutigen und unterstützen können, wenn wir sie nur in unser Bewußtsein dringen lassen. Ein Junge, dessen Vater aus der Familie fortgegangen ist, wird außer Trauer und Angst auch Gefühle der Wut gegen den Vater mit sich herumtragen. Erst wenn er auf die Bedeutung dieses Ereignisses für sein Leben achtet, kann er als Erwachsener die Ambivalenzen seines Verhaltens zu Männern erkennen und lernen, sie in die eigene Lebensgestaltung zu integrieren, kann seine Erfahrungen anderen zugänglich machen. Das Achten auf die eigene Lebensgeschichte bestimmt nicht nur unser Geschichtsbewußtsein, sondern auch unsere Möglichkeiten, handelnd die Welt zu verändern.

Die Auseinandersetzung mit der eigenen Biographie ermöglicht es uns, darauf zu achten, wie frühere Erfahrungen unsere Person geprägt haben und unser heutiges Handeln beeinflussen. Es gibt heute eine Fülle gut ausgearbeiteter Methoden, bei denen durch Erzählen, Schreiben, Malen, Spielen, aber auch durch Achten auf die eigene Körperlichkeit (Haltung, Muskelverspannungen, Bewegungsabläufe) eine »biographische Selbstreflexion« eingeleitet und vertieft werden kann. Hier wollen wir uns auf eine bekannte und bewährte Methode beschränken, die aber immer wieder mit neuem (Ihrem) Leben erfüllt werden kann.

Lebenslauf

Besorgen Sie sich einen Papierstreifen, möglichst 1 m lang und 20 cm breit (z. B. Thermofax-Rolle oder quer aneinander geklebte DIN-A4-Blätter). Ziehen Sie waagerecht in der Mitte eine lange Linie, die Ihnen als Zeitachse Ihres Lebenslaufs dienen soll. Links am Anfang markieren Sie Ihre Geburt, rechts Ihr heutiges Alter und dann entsprechend unterteilt Ihre Lebensjahre. Nun können Sie Ereignisse Ihres Lebens (z. B. Schulabschluß, erste Liebe, Krankheiten ...) und der Zeitgeschichte (z. B. Tschernobyl 1986 ...) eintragen, wie Sie Ihnen gerade einfallen. Dabei soll der Abstand von der Linie nach oben oder unten symbolisieren, wie Sie sich damals gefühlt haben: Weit oben bedeutet: sehr gut; weit unten: sehr schlecht; auf der Linie: weder noch. Die Darstellung der Ereignisse kann auch durch Bilder, Farben oder Symbole lebendiger gestaltet werden. Sie können dann die Ereignisse durch eine Linie verbinden und Ihre Lebenslinie auch in die Zukunft hinein fortsetzen. Sie können dabei auf folgende Aspekte achten:

- Welche Ereignisse habe ich zuerst eingetragen, welche habe ich zunächst vergessen?
- Welche Ereignisse bewirkten einen Knick in meiner Lebenslinie?
- Welche Abschnitte sind entstanden, und wie wirken sich diese heute aus?
- Gibt es einen zeitlichen Rhythmus?
- Wie hängt die Bewertung meines gegenwärtigen Zustandes (zwischen sehr gut und sehr schlecht) mit dem Verlauf meiner Lebenslinie zusammen?
- Wie kann ich meine Lebenslinie nutzen für eine Fortsetzung in die Zukunft?

Bewahren Sie Ihre Lebenslinie an einem guten Ort auf, gehen Sie achtsam mit ihr um, indem Sie sie immer mal wieder entrollen, befragen, ergänzen, herumtragen und anderen zeigen. Wenn Sie Fotos, Briefe oder andere Materialien finden oder bekommen, können Sie sie in Ihre Lebenslinie einfügen oder in ein kleines dazugehöriges Archiv legen. Andere verkürzte, erweiterte und veränderte Formen der Lebenslinie sind möglich. Am Anfang tut es vielleicht auch eine Lebenslinie auf einem quergelegten DIN-A4-Blatt. Entdecken Sie die geeignete Gestaltung für Ihre Bedürfnisse. Diese Form der Darstellung des Lebenslaufs kann ein wichtiges Mittel zum Kennenlernen in Gruppen sein. Für Paare ist diese Methode auch zu empfehlen als eine sinnvolle und kontaktfördernde Beschäftigung in Ferien und Freizeit.

Einen besonders schönen und anregenden Weg zur biographischen Selbstreflexion können Sie sofort begehen, indem Sie gleich heute ein Tagebuch anlegen. Besser als gar nichts sind auch Eintragungen in Ihren Taschenkalender. Wer mehr über biographische Selbstreflexion erfahren möchte, kann in dem ausführlichen und anschaulichen Buch »Auf meinen Spuren« von Herbert Gudjons u. a.[59] viele Übungen und Anregungen finden.

Entscheidend für die Lebensgestaltung ist unsere Herkunftsfamilie. Durch die Familienmitglieder erfahren wir unsere frühesten und wichtigsten Prägungen, die bewußt oder unbewußt unser ganzes Leben hindurch fortwirken und deshalb auch wichtigster Inhalt der meisten Psychotherapien sind. Da es uns hier nicht um Therapie gehen kann, beschränken wir uns auf einen wichtigen Aspekt des Familienlebens, nämlich auf die eigene Stellung innerhalb der Familie. Dazu ist es wichtig darauf zu achten, welchen Platz wir in den Beziehungsstrukturen der Familie eingenommen haben, welche Koalitionen, Altersstrukturen und andere Faktoren uns beeinflußt haben.

Familienfoto

Suchen Sie sich Gegenstände, die die Mitglieder Ihrer Familie symbolisieren können, z. B. Steine, verschiedene

Korken, Münzen oder am besten aus Wachs geformte kleine symbolische Figuren. Erinnern Sie sich jetzt an Ihre Familie, als Sie selbst 6 Jahre alt waren. Stellen Sie sich jetzt vor, daß Sie von dieser Familie ein Foto machen wollen, das die typische Konstellation in Ihrer Familie ausdrückt.
Kontrollieren Sie noch einmal, ob alle wichtigen Personen einschließlich Oma, Opa oder Hund auch wirklich in Ihrer Sammlung von symbolischen Gegenständen vorhanden sind und ergänzen Sie sie.
Stellen Sie dazu alle Figuren (z. B. auf einem Buch als Bühne) so auf, wie Sie als Fotograf sich das für eine typische Konstellation in Ihrer Familie zu dieser Zeit vorstellen. Wenn Sie diese Aufstellung vollendet haben, stellen Sie sich nun selbst an die Stelle in Ihrer Familie, die für Ihre damalige Position in der Familie richtig und typisch ist. Kontrollieren Sie noch einmal, ob alles stimmt und verändern Sie notfalls die Konstellationen der Personen. Wenn alles richtig ist, halten Sie in Ihrem Entdeckungsbuch dieses Familienfoto durch eine symbolische Zeichnung (z. B. mit Strichmännchen) fest.
Sie werden vielleicht bei Betrachtung Ihres Fotos feststellen, daß manches in dieser Konstellation nicht so ist, wie Sie es damals oder auch heute gern gehabt hätten. Sie können nun in einem zweiten Schritt auf Ihrer Bühne das Foto so verändern, wie Sie damals oder heute die Konstellation zu dieser Zeit gern gehabt hätten. Auch diese Konstellation können Sie wieder in Ihrem Entdeckungsbuch eintragen. Dieses Spiel mit dem Familienfoto können Sie für verschiedene Lebensalter wiederholen und

so besser erkennen, wie bestimmte Familienkonstellationen, aber auch nicht erfüllte Wünsche, Ihr heutiges Leben prägen und vielleicht auch Ihr Verhalten in Gruppen mitbestimmen.

Sie können Ihre Familienfotos auswerten, indem Sie auf folgende Aspekte achten:

Was bedeutet für mich (heute und damals)

- meine »Stellung« in der Familie (dazwischen, in der Mitte, am Rand, außerhalb ...)
- meine Stellung zu Mutter und Vater
- meine Stellung zwischen oder zu den Geschwistern
- meine Stellung zwischen männlichen und weiblichen Personen
- meine Stellung zwischen jung und alt
- Nähe und Distanz zu einzelnen Personen
- die Vorstellung von Veränderungen in allen diesen Aspekten.

Diese Methode wird in vielen Varianten auch im familientherapeutischen Kontext verwendet.[60]

Lebensumfeld

Während beim Familienfoto und der Lebenslinie Ihre eigene Vergangenheit im Vordergrund steht, wollen wir jetzt darauf achten, wie die Bedingungen Ihrer Lebenswelt heute die eigene Lebensgestaltung prägen und beeinflussen. Wir bewegen uns in unserem Lebensumfeld, indem wir uns in ihm einrichten, es deuten und verändern und so selbst verändert werden. Wir ziehen in eine neue Wohnung ein, finden sie zu dunkel, verändern die Fenster und werden nun vom Licht verwöhnt.

Die einzige Bedingung unserer Existenz, die wir nicht ändern können, ist die Zeit, in der wir leben. Wir werden an einem Ort geboren, mit einer bestimmten Staatsangehörigkeit und bestimmten gesellschaftlichen Bedingungen. Aus dem Ort können wir wegziehen, unsere Nationalität können wir (auch ohne Stolz) wechseln und die gesellschaftlichen Bedingungen vielleicht verändern.

Nur unser Zeitalter können wir nicht auswechseln. Mit ihm müssen wir auskommen, ob es uns gefällt oder nicht. In der Auseinandersetzung mit dieser »schicksalhaften Geworfenheit« in unsere Zeit haben wir nun eine Chance: Wir können unser Zeitalter selbst deuten. In meiner eigenen Deutung kann ich das äußere Schicksal, in einer bestimmten Zeit leben zu müssen, zu meinem eigenen Geschick machen. Wir alle nehmen – mehr oder weniger bewußt – solche Deutungen unseres Zeitalters vor, die sich mit dem Lebensalter ändern können. Sie können Ihrer jetzigen Deutung näherkommen:

Das eigene Zeitalter finden

Ergänzen Sie evtl. die Liste durch Ihre eigenen Deutungen und kreuzen Sie drei Deutungen an, die für Sie zutreffen, wobei Sie die Rangfolge durch drei, zwei bzw. ein Kreuz andeuten können:

- *drittes Jahrtausend*
- *21. Jahrhundert*
- *Neuzeit*
- *Zwischeneiszeit*

- *Endzeit*
- *Wendezeit*
- *Postmoderne*
- *Wassermannzeitalter*
- *NewAge*

Weil aber unsere Vorstellungen des Zeitalters untrennbar verbunden sind mit einer Wirtschafts- und Gesellschaftsordnung, können wir unsere Deutungen hier noch erweitern, indem Sie nach obigem Muster ankreuzen:

- *Industriegesellschaft*
- *Leistungsgesellschaft*
- *Demokratie*
- *Sozialstaat*
- *Wohlstandsgesellschaft*
- *Konsumgesellschaft*
- *Zweidrittelgesellschaft*
- *Informationsgesellschaft*
- *Mediengesellschaft*
- *Turbokapitalismus*
- *Globalisierungsgesellschaft*
- *Patriarchat*

Jetzt können Sie sich folgende Fragen stellen:

- Wie beeinflussen meine Deutungen meine Sicht der Gegenwart?
- Wie beeinflussen meine Deutungen meine Zukunftserwartungen?
- Wie beeinflussen meine Deutungen meine Ziele und meine Handlungsfähigkeiten?

- Welche Deutungen und Aspekte klammere ich aus und welche Einschränkungen ergeben sich daraus für meine Sicht der Gegenwart, meine Zukunftserwartungen, meine Ziele und Handlungen?[61]

Andere Faktoren unseres Lebensumfelds beeinflussen uns direkter und sind auch zugleich durch uns änderbar:

> ***Einfluß und Veränderung***
> *Sie können die in der Tabelle aufgeführten Bereiche ergänzen (ähnlich wie beim Zeitalter) und jeweils durch eine Bewertung von minus 3 bis plus 3 den Einfluß auf Ihre Lebensgestaltung kennzeichnen.*
>
> *Lebensweltdimensionen*
> *Sozial*
> *Herkunft*
> *Jetzige Lebensform*
> *Freunde / Bekannte*
>
> *Lokal*
> *Wohnung*
> *Nachbarschaft*
> *Landschaft*
> *»Ambiente«*
> *Infrastruktur*
>
> *Tätig*
> *Arbeitsplatz ...*
> *Tätigkeit ...*

Perspektive ...
Kolleginnen / Kollegen ...

Wenn Sie in einer Zeile zwischen plus und minus schwanken, lohnt es sich, diesen Punkt weiter aufzuspalten (z. B. »Wohnung« in »Lage« und »Innenräume«), bis Sie zu eindeutigen Wertungen kommen.

Besonders wichtig ist, hier auf die von Ihnen als negativ bezeichneten Bedingungen der Lebenswelt zu achten, weil diese eine besondere Bedeutung haben. Die negative Bewertung enthält eine Aufforderung, sich mit diesem Punkt auseinanderzusetzen und sich zu fragen, wie Sie durch Veränderungen zu einer besseren Wertung kommen, um damit das Potential Ihrer Selbstverwirklichung zu vergrößern.

Zum wichtigsten Bereich unserer Lebenswelt gehören die gegenwärtigen Beziehungen zu unseren Freunden, Bekannten, Verwandten, Kolleginnen und Kollegen. Indem wir auf diese Beziehungen achten, können wir uns selbst im Kräftefeld unserer wichtigsten Bezugspersonen verstehen und können so Kraft gewinnen für unser eigenes Leben und zur Unterstützung der anderen.

Sternenhimmel

Nehmen Sie ein großes Blatt Papier und viele farbige Stifte. Malen Sie in die Mitte des Blattes ein Kreuz und markieren Sie es mit »Ich« oder mit Ihrem Namen. Ordnen Sie nun die Personen, die Sie kennen, so wie Sie Ihnen einfallen, um sich herum, wobei der Abstand Ihre

Nähe/Distanz zu den Personen symbolisieren kann und Sie mit einer kleinen Zahl markieren, wer Ihnen zuerst, als zweiter usw. einfällt. Betrachten Sie sich nun als Zentralgestirn im Kraftfeld der anderen Gestirne, und finden Sie mit farbigen Pfeilen, Linien und Wellen zwischen Ihnen und den anderen Symbole für Ihre Gefühle, Einflüsse, Wünsche und Ängste. Wenn Sie Lust haben, stellen Sie sich Ihr »Horoskop« aus den gefundenen Konstellationen.

Lebensthemen

Nicht nur äußere Bedingungen und Ereignisse gehören zu unserer Lebenswelt, sondern auch Normen, Werte und Einstellungen, die von der gesellschaftlichen Wirklichkeit geprägt werden und unser Leben beeinflussen. Ganz am Anfang unseres Lebens sind es offene und versteckte Botschaften aus dem Familienleben, die als Verhaltensmuster, Sprichwörter, Mottos und Sätze in uns fortleben und oft unerkannt unser Denken und Handeln beeinflussen. Das geht von banalen Äußerlichkeiten (der Scheitel muß immer links sein) über persönliche (Du mußt Dich rar machen) zu komplexen Lebensregeln (jeder ist sich selbst der Nächste). Zu erkennen sind solche Botschaften oft an Formulierungen, die »man ...«, »... muß ...« oder »... immer ...« enthalten.

Botschaften aufdecken

Schreiben Sie Sprichwörter, Vorschriften, Mottos und Verhaltensregeln auf, die Ihnen von Ihrer Familie und aus der

Gegenwart einfallen. Lesen Sie sie immer wieder durch und achten Sie auf folgende Aspekte:

- *Welche Personen, Stimmlagen und Situationen fallen mir dazu ein?*
- *Wie geht es mir heute damit?*
- *Wie lasse ich mich davon beeinflussen?*
- *Welche möchte ich los werden?*
- *Welche kann ich sinnvoll für mich verändern?*

Ich habe erst als 40jähriger herausgefunden, wie ein Spruch meiner Mutter mein Leben geprägt hat: »Wir sind nicht auf der Welt um glücklich zu sein, sondern um unsere Pflicht zu erfüllen«. Noch heute bedrückt es mich, wenn ich daran denke, wie viele Jahre meines Lebens diese Botschaft auf mir gelastet hat. Erst nachdem ich sie als Motiv meines Lebens entdeckt und mich mit ihr auseinandergesetzt hatte, konnte ich sie für mich sinnvoll verwandeln.

Aber wir empfangen aus dem familiären Umkreis nicht nur Regeln und Lebensweisheiten, sondern auch konkrete Lebensaufträge, die manchmal offen formuliert, meist aber aus dem Verborgenen wirken. Oft hängen diese Aufträge zusammen mit Lebenszielen der Eltern, die diese nicht erreicht haben. (»Du sollst es einmal besser haben.«) Oder mit Familientraditionen (»Bei uns spielt jeder ein Instrument.«). Viele Menschen entdecken nie, daß sie in ihrer Lebensgestaltung nur die Aufträge der Eltern (oder anderer einflußreicher Bezugspersonen) ausgeführt haben oder aber dagegen nur rebelliert haben.

In geheimer Mission

Versuchen Sie als Spion Ihres Selbst herauszufinden, welche Bereiche Ihrer Lebensgestaltung Ihren Eltern gefallen würden, welche nicht. Denken Sie dabei besonders an: Beruf, Lebensform (Familie, Single ...), Wohnen. Sehen Sie sich nun die Bereiche an, die den Eltern (oder anderen Bezugspersonen) gefallen (hätten), und finden Sie heraus, ob Sie offene oder versteckte Aufträge darin entdecken können. Bei den anderen können Sie nach Ihren eigenen Protesthaltungen gegen einen Auftrag fahnden. Achten Sie dann auf folgende Aspekte:

- *Was gefällt Ihnen bei der Erfüllung des Auftrags (oder beim Protest)?*
- *Was stört Sie daran?*
- *Was möchten Sie für Ihre eigene Selbstverwirklichung ändern?*

Bei mir ging der Erfüllung der Aufträge fast immer eine Protestphase voraus. Dem (verborgenen) Auftrag meiner Mutter, Professor zu werden, setzte ich eine Feinmechaniker-Lehre entgegen, um dann doch noch spät ihren Auftrag zu erfüllen, den ich nach seiner Aufdeckung auch sinnvoll für mich gestalten konnte. Sogar in Details war ich gehorsam: Ihrem Lieblingsschlager »Das ist der Frühling, das ist der Frühling von Berlin, und wer kein Mädchen hat, dem hilft nur eine Stadt: das ist Berlin, Berlin, Berlin«, entsprach ich (nach vielen Protestjahren in Freiburg, Paris, der Türkei), indem ich schließlich eine Berlinerin heiratete und noch heute mit ihr in Berlin lebe: Das ist der Frühling von Berlin!

Wieder andere Entdeckungen ergeben sich, wenn wir darauf achten, wie bestimmte Themen unsere Lebensgestaltung prägen. Jeder Mensch findet in seinem Leben bestimmte Themen, die wie ein roter Faden oder ein Leitmotiv oder ein Motto den Lebenslauf durchziehen. Am deutlichsten lassen sich solche Themen bei Schriftstellern, Malern und Philosophen erkennen, weil die Themen da zum veröffentlichten Ausdruck werden: Bei Picasso der Zirkus, bei Proust die Vergänglichkeit, bei Novalis die Blaue Blume oder bei Kant die Vernunft. Aber unsere Lebensthemen sind meist viel handfester: ein Häuschen im Grünen, reich werden, die Karibik, Karriere machen, eine Familie gründen, Werte schaffen. Manche Lebensthemen sind sozial und politisch: eine Alternativschule gründen, eine bessere Gesellschaft vorbereiten, Weißwangengänse auswildern. Manche Themen existieren als Ideen: Konflikte schlichten, Freiheit, Gleichberechtigung, Aussteigen, Erkenntnis, Achtsamkeit, Gott.

Auch wenn viele unserer Lebensthemen mit den Aufträgen und Botschaften der Kindheit zusammenhängen, haben sie doch als eigene Leitmotive in unserem Leben eine besondere Bedeutung. Sie wirken als geheime Kräfte in uns, die unseren Lebensgang bald beschleunigen, bald verlangsamen, die uns auf Umwege bringen oder von Abwegen wegziehen. Bald sind sie uns als roter Faden deutlich, bald verblassen sie und wirken unterirdisch fort. Sie vereinen sich mit anderen Lebensthemen und sind dann wieder allein im Vordergrund. Bald treiben sie uns an zur Realisierung, bald sind sie die Folie unserer Träume.

Bunte Fäden

Schreiben Sie in Ihr Entdeckungsbuch untereinander alle Lebensthemen, die Ihnen einfallen. Markieren Sie jedes Thema mit einer besonderen Farbe.

Zeichnen Sie jetzt auf einer Zeitachse (mit Ihrem Alter von der Kindheit bis heute) eine farbige Linie für jedes Thema, wobei der Abstand von der Achse die Wichtigkeit des Themas bei entsprechendem Alter darstellt. Sie erhalten so ein buntes Band Ihrer Themenfäden. Sie können darauf achten,

- *wann die Themen einsetzen, wann sie schwinden;*
- *wann verschiedene Themen sich überlagern (gleich wichtig werden);*
- *welche Zusammenhänge sich mit Ihrer Lebenslinie erkennen lassen;*
- *welche Themen sich bis heute durchhalten;*
- *welche Themen Sie in die Zukunft fortsetzen möchten.*

Bei den für die Zukunft wichtigen Lebensthemen geht es meist auch um die Lebensplanung, um Vorhaben und Ziele, die Sie realisieren möchten. Für die Konkretisierung Ihrer Vorhaben können Sie die folgende Anregung nutzen.

Lebenspläne

Schreiben Sie auf ein großes Blatt untereinander alle Vorhaben, Veränderungen und Ziele, die Ihnen in Ihrem Leben wichtig sind, so wie Sie Ihnen gerade einfallen, ohne eine bestimmte Ordnung oder Reihenfolge (z. B. für Beruf, Freizeit, Hobby, Beziehungen, Persönlichkeit ...).

Nehmen Sie sich jetzt einen schwarzen, einen roten und einen grünen Stift und kreuzen Sie damit Ihre Ziele an:

Rot: *erreichbar und realistisch*

Grün: *realistisch aber zweifelhaft*

Schwarz: *hoffnungslos und nicht real*

Schreiben Sie jetzt auf ein zweites Blatt die rot angekreuzten Vorhaben und Ziele mit genügend Abstand untereinander. Überlegen Sie sich dann für jedes dieser Ziele drei konkrete Schritte, die Sie in den nächsten sechs Monaten zur Erreichung des Ziels unternehmen können. Suchen Sie sich von diesen Schritten einen oder zwei aus, die Sie in den nächsten 14 Tagen umsetzen wollen. Schreiben Sie diese mit dem Satzanfang »Ich werde ...« mit Filzstift groß auf ein Blatt, das Sie sich dann an eine für Sie gute Stelle hängen.

Günstig ist es auch hier, sich eine Freundin oder einen Freund als »Paten« zu suchen, mit denen Sie Ihre Ziele und die Schritte besprechen können und die Ihre Handlungen mitverfolgen, gegebenenfalls anmahnen und Ihre Planung vergleichen. Mehr Möglichkeiten dazu finden Sie in den Ergänzungen.

Lebens-Werte

Besonders intensiv durchdringen die von der Gesellschaft vermittelten Werte, Normen, Einstellungen und Überzeugungen unser Leben. Mit ihnen deuten wir unsere Lebenswelt, so daß sie auch in unsere Lebensgeschichte, im Lebensumfeld und in Lebensthemen enthalten sind. Gleichzeitig bestimmen sie als Orientierungsmuster unser Handeln: Wenn die Gleichberechtigung für mich ein wichtiger Wert ist, dann betrachte ich ein Entscheidungsgremium von Männern skeptisch (Deutung) und beantrage eine Quotierung (Handeln).

Obwohl also dieser Wertbereich entscheidend für unsere Lebensgestaltung ist, haben wir ihn doch bis jetzt verschoben wegen der komplexen Verflechtungen der Werte mit der gesellschaftlichen Wirklichkeit in unserem eigenen Leben. Um es uns etwas leichter zu machen, werden wir Normen, Einstellungen, Verhaltensweisen und Überzeugungen hin und wieder zu den Werten zählen (was berufliche Moralisten mit Verachtung strafen, für uns aber gerechtfertigt ist, weil wir besonders auf das Werten und Bewerten achten wollen).

Wenn wir jetzt den Einfluß der Werte auf unser Leben beachten, merken wir schnell, daß es da zwei Ebenen gibt: einmal die Ebene der verkündeten und propagierten Werte, und zum anderen die in der Wirklichkeit umgesetzten Werte, die meist nicht benannt oder sogar verschleiert werden. Wenn in der Schule offiziell Solidarität und Kooperation angestrebt werden und dann die besten Einzelkämpfer durch das Selektionssystem der Schule belohnt werden, ergibt sich eine Werte-Diffusion mit vielen Verwirrungen und Verlogenheiten, die auch den einzelnen zu einer Spaltung zwischen verkündeten und verwirklichten Werten bringen. Die Gründe für diese Spaltungen sind vielfältig und haben ihre Wurzeln in der christlich-jüdischen (aber auch der islamischen) Tradition.

In diesen Traditionen ist die Entstehung und Durchsetzung der Werte nicht in die Achtsamkeit der einzelnen Menschen gestellt, sondern als Gesetz, Gebot, Offenbarung von außen gesetzt und kontrolliert worden. Diese von außen bestimmten (und dann oft auch durch Zwang und Anpassung verinnerlichten) Werte sollten allgemeingültig die Verhaltensweisen möglichst vieler Menschen bestimmen und all die Menschen ausschließen, die sich nicht daran halten. Da diese Werte aber zum großen Teil nicht aus der Lebenswirklichkeit der einzelnen Menschen und dem achtsamen Umgang untereinander entstanden waren, mußten viele dieser Werte entweder mit Zwang und Strafe oder mit innerlicher Anpassung durchgesetzt werden. Alle Bedürfnisse und Wünsche, die diesen Werten nicht entsprachen, wurden als unmoralisch, böse und Verderben bringend verfolgt. Der einzelne mußte solche nicht-konformen Bedürfnisse unterdrücken, verdrängen oder ihnen heimlich mit schlechtem Gewissen und in Angst nachgehen.

So wurde nicht nur die Gesellschaft gespalten in Gute und Böse, Heilige und Sünder, Moral und Unmoral, sondern auch jeder Mensch war innerlich gespalten in das nach außen präsentierte Gute und das vor sich selbst und anderen verheimlichte Schlechte. Je weniger die einzelnen sich dieser Spaltung bewußt waren und je weniger sie auf ihre dunklen Seiten achteten und je lauter sie die offiziellen Werte verkündeten, um so mehr mußten Heuchelei, Fanatismus, scheinheilige Verurteilungen und Lügen ihr Leben bestimmen (siehe Law and order Politiker und ihre schwarzen Kassen oder Bertolt Brecht, der diejenigen anprangerte, die Wasser predigen und heimlich Wein trinken, während er selbst luxuriös in Buckow residierte).

Diese Spaltung hat in der modernen globalisierten Gesellschaft gefährliche Folgen:

- Die Ausgrenzung derjenigen, die nicht die offiziellen Werte befolgen, kann zu Kriminalisierung, Fundamentalismus, Ausrottung und Krieg führen.
- Die Schwierigkeit der Anpassung an die vorgegebenen Werte kann bei einzelnen dazu führen, alle Werte pauschal über Bord zu werfen und sich bewußtlos einer Zerstörungs- und Vernichtungswut hinzugeben oder aber »wertfrei« zu konsumieren.
- Die totale Unterdrückung des »Bösen« kann bei einzelnen zu illusionistischen Zuständen einer Vollkommenheit oder Gottgleichheit führen, wie sie in vielen Sekten propagiert und ausgenutzt werden.

Es ist deshalb sowohl für den Fortbestand der Gesellschaft wie auch für die persönliche Entwicklung der einzelnen entscheidend, nicht Werte oder Normen einfach zu akzeptieren, sondern darauf zu achten, welche Werte und Normen für mich und für andere in bestimmten Situationen wichtig sind. Dabei kann ich mir bewußt machen, wie ich diese Werte und Normen befolge, verändere oder aber entgegengesetzt handele und wie es mir geht mit den Werten und Normen anderer. Es geht also nicht so sehr um Gut und Böse, um möglichst große Vollkommenheit und Ausschluß des Unvollkommenen, sondern um Achtsamkeit auf meine eigenen Werte und Normen und auch die der anderen.[62]

Diese Abkehr von den lauthals verkündeten großartigen Werten meint Nietzsche mit seiner oft mißverstandenen Forderung, die Werte zu zerschlagen. Und so wollen wir auch hier jetzt ganz unmoralisch statt verordneter Nächstenliebe, ewiger Treue und Wahrhaftigkeit kleinere Brötchen backen und die bescheideneren eigenen Werte ernstnehmen, weil sie vielleicht für ein menschliches Leben entscheidend sind. Dabei soll hier nicht unterschieden werden zwischen Werten, Normen und Einstellungen.

Erlebte Werte
Hier sehen Sie als Anregung eine alphabetische Aufstellung einiger Werte, die Sie am besten zuerst ergänzen durch Werte, die Ihnen einfallen (jetzt und auch später).

Achtsamkeit
Achtung
Anerkennung
Ausgeglichenheit
Bescheidenheit
Bildung
Demokratie
Disziplin
Durchsetzungsvermögen
Dynamik
Ehre
Ehrlichkeit
Einfühlsamkeit
Einsamkeit
Engagement
Erfolg
Familiensinn
Freiheit
Freude
Freundschaft
Frieden
Gastfreundschaft
Geborgenheit
Gefühlsstärke
Genialität
Gerechtigkeit
Gesundheit
Gleichheit
Glück
Harmonie
Heiterkeit
Höflichkeit
Humor
Individualismus

Intelligenz
Klugheit
Kollegialität
Kompetenz
Kreativität
Liebe
Luxus
Macht
Männlichkeit
Menschlichkeit
Mitgefühl
Mut
Nachkommen
Nähe
Naturliebe
Objektivität
Offenheit
Ordnung
Pflichtbewußtsein
Phantasie
Pünktlichkeit
Reichtum
Religiosität
Ruhe
Ruhm
Sauberkeit
Selbstverwirklichung
Sexuelle Erfüllung
Sicherheit
Sparsamkeit
Stärke
Stil
Tapferkeit
Tatkraft
Toleranz
Treue
Überzeugungskraft
Umweltschutz
Unabhängigkeit
Unparteilichkeit
Unsterblichkeit
Verantwortung
Vergnügen
Vernünftigkeit
Vertrauen
Wahrheitsliebe
Weiblichkeit
Weisheit
Weitblick
Zärtlichkeit
Zielstrebigkeit

Nachdem Sie die Ergänzungen vorgenommen haben, markieren Sie mit einem roten Punkt drei bis fünf Werte, die für Sie von besonderer Bedeutung sind und mit einem schwarzen Punkt ebenso viele, die für Sie bedeutungslos und unwichtig sind.
Schreiben Sie sich nun einen der rot bepunkteten Werte in Ihr Entdeckungsbuch und denken Sie über folgende Fragen nach:

- *Seit wann ist mir dieser Wert wichtig?*
- *Von welchen Personen könnte ich diesen Wert angenommen haben (Eltern, FreundInnen, LehrerInnen, SchriftstellerInnen, Gruppen ...)?*
- *Wer unterstützt mich heute bei der Erfüllung dieses Wertes?*
- *In welchen Situationen halte ich mich an diesen Wert, wann offen, wann heimlich, wann gar nicht?*
- *Wie gut ist dieser Wert für meine persönliche Entwicklung, und möchte ich ihn manchmal verändern oder loswerden?*
- *Versuchen Sie einmal für Ihren Wert aufzuschreiben »Ich muß immer ...«. Nun achten Sie darauf, ob es Ihnen mit einer Veränderung dieses Wertes besser geht, wenn Sie dann schreiben »Ich möchte gerne ...« (Beispiel: »Ich muß immer freundlich sein« wird zu »Ich möchte gerne freundlich sein, wenn die anderen mir wichtig sind«) (siehe »Müssen und Wollen«).*
- *Wie schätze ich diesen Wert als Richtschnur für andere Menschen ein?*
- *Wie geht es mir mit Menschen, die diesen Wert ablehnen oder mißachten?*
- *Wie gehe ich mit solchen Menschen um?*

Diese Reflexionen können Sie dann auch gelegentlich für andere Ihrer rot bepunkteten Werte vornehmen und in Ihr Entdeckungsbuch schreiben. Für Ihre schwarz bepunkteten Werte können Sie sich entsprechend umgekehrten Fragestellungen zuwenden.

Auch im beruflichen Alltag und im Umgang mit unseren FreundInnen und PartnerInnen ist es sinnvoll, darauf zu achten, wie wir bestimmte Verhaltensweisen bewerten:

Verhaltensweisen bewerten

Bei dieser Anregung geht es darum, sich an einige Situationen im Leben zu erinnern, um herauszufinden, welche Verhaltensweisen der anderen für Ihr Handeln wichtig waren und sicher immer noch wichtig sind.

Erinnern Sie sich nun zuerst an eine Situation im Alltag oder im Beruf, aus der Sie weggelaufen sind, z. B. ein Streit, eine bedrohliche Situation, ein unangenehmer Auftrag. Die Situation, die Ihnen einfällt, halten Sie in Gedanken fest und tragen nun in die unten stehende Tabelle mit einem Stichwort ein, was Ihnen in dieser Situation gefehlt hat (z. B. »nicht ausreden können«), welchen Bereich der Achtsamkeit Sie vermißt haben (z. B. »meine Gefühle wurden mißachtet«) und was Sie veranlaßt hat zu gehen (z. B. daß der andere »papperlapapp« gesagt hat oder »wollte nach Hause«). Danach lassen Sie sich eine andere Situation bezüglich Freundschaft oder Partnerschaft einfallen, aus der Sie weggelaufen sind und tragen Sie wieder Ihre Bemerkungen in die Tabelle ein. Danach folgt – wieder getrennt für Alltag/Beruf und Freundschaft/Partnerschaft – eine Situation, in der Sie gerne geblieben sind und zuletzt eine Situation, in der Sie sich allein besonders wohl gefühlt haben.

	Alltag/Beruf	Partnerschaft/ Freundschaft
Situation, aus der ich weggegangen bin: Was hat mir gefehlt? Welche Achtsamkeit habe ich vermißt? Was hat mich veranlaßt zu gehen?		
Situation, in der ich gern geblieben bin: Was ließ mich bleiben? Welche Achtsamkeit war mir wichtig? Welche Aspekte möchte ich öfter und intensiver erleben?		
Situation, in der ich mich allein besonders gut gefühlt habe: Was war für mich das Besondere? Welche Achtsamkeit war mir wichtig? Welche Aspekte möchte ich öfter und intensiver erleben?		

Wenn Sie diese Anregungen für sich achtsam genutzt haben, werden Sie in den Gemeinsamkeiten und Unterschieden Ihrer Bemerkungen entdecken, welche Verhaltensweisen für Sie in den vorgegebenen Bereichen wichtig sind. Für mich gab es dabei Überraschungen, weil mir vorher gar nicht bewußt war, wie gerade die so entdeckten Verhaltensweisen die Auswahl meiner Freunde und den beruflichen Alltag bestimmen. Solche Wertungen sind nicht nur anregend und bestimmend für unsere Handlungen, sondern sie sind zugleich auch einschränkende Filter für unsere Wahrnehmung und unsere Kontaktmöglichkeiten. Wer z. B. feststellt, daß er/sie aus einer Situation herausgegangen ist, weil es »zu langweilig« oder »zu spannungslos« war, wird ein Wahrnehmungsproblem in spannungslosen Situationen und Kontaktprobleme mit spannungslosen Menschen haben. Diese meine eigenen Wertungen und damit auch meine Einschränkungen zu kennen und darauf im Umgang mit anderen zu achten, kann zur wichtigen Voraussetzung meiner neuen praktischen Ethik werden.

Sicher haben Sie jetzt schon gemerkt, daß eine so mit der Achtsamkeit auf die eigene Persönlichkeit zusammenhängende ethische Haltung keineswegs einfacher zu leben ist als die alte Gut-Böse-Spaltung. Aber vielleicht spüren Sie auch, daß es den einzelnen Menschen und der Gesellschaft insgesamt damit besser gehen kann. Denn Achtsamkeit auf den persönlichen Bezug zu den Werten bedeutet nicht, daß die großen Menschheitsideale und Utopien unwichtig geworden sind, oder daß uns die Ungerechtigkeiten und Probleme unserer Gesellschaft nichts mehr angehen, sondern im Gegenteil: Indem wir den persönlichen Bezug ernst nehmen, sind wir besser vorbereitet, unsere Verantwortung für eine menschliche Gesellschaft als eine persönliche Aufgabe in allen Dimensionen des Achtsamseins zu realisieren. In der Verbindung vernünftiger Analysen unserer Lebensbedingungen mit unseren eigenen Gefühlen, Wünschen, Ängsten und Hoffnungen kann unser Handeln wirkungsvoll werden ohne unheilvollen Dogmatismus und Fanatismus.

Stein des Anstoßes

Wenn Sie Ihre Gedanken, Wünsche und Gefühle mit politischem Handeln verbinden wollen, fangen Sie am besten mit dem Negativen an:

Denken Sie an all das, was Ihnen an unserer Gesellschaft im Alltag, in Politik, Wirtschaft und Kultur nicht gefällt, was Sie ärgert, was Ihnen Angst oder Wut macht. Lassen Sie ohne Kontrolle alles raus, was Ihnen dabei spontan einfällt und schreiben Sie das als Ihre Steine des Anstoßes auf.

Suchen Sie sich aus Ihrer Liste einen Stein des Anstoßes, der Ihnen jetzt gerade besonders wichtig ist.

Formulieren Sie Ihren Stein des Anstoßes für eine konkrete Situation, die Sie jetzt gerade betrifft oder bewegt (z. B. bei Rassismus: »Mich läßt nicht los, wie gestern in der U-Bahn eine Gruppe Jugendlicher einen Farbigen anpöbelte und ich hilflos und wie gelähmt daneben saß.«).

Versuchen Sie, sich Ihre Gefühle bei diesem Stein des Anstoßes möglichst klar bewußt zu machen.

Versuchen Sie, die gesellschaftlichen Ursachen für Ihren Stein des Anstoßes herauszubringen und zu begründen, warum Sie diesen Punkt wichtig finden.

Finden Sie jetzt heraus, welcher Wunsch, welche Utopie oder welcher Wert Ihren Stein des Anstoßes aufheben könnte.

Überlegen Sie sich einen konkreten Schritt, mit dem Sie in der oben gefundenen konkreten Situation Ihrer Utopie näher kommen können und planen Sie seine Durchführung.
Suchen Sie sich für die Durchführung Ihres geplanten Schrittes Unterstützung.
Stellen Sie sich vor, was Sie alles in Ihrem täglichen Leben ändern müssen, um Ihrer Utopie näher zu kommen.

Sie werden vielleicht bemerkt haben, daß solche Veränderungen auch unsere eigenen Privilegien betreffen. Denn ich kann dies jetzt nur schreiben, und Sie können es jetzt nur lesen, weil wir nicht Hunger leiden müssen, weil wir nicht tagtäglich in schwerer körperlicher Arbeit jede Phantasie verlieren, weil wir nicht verfolgt oder bombardiert werden, weil wir die Privilegien unserer Kultur genießen. Wenn wir aber diese Privilegien nicht einfach als selbstverständlich hinnehmen, sondern im Denken und Fühlen auf die Bedingungen und Wirkungen dieser Privilegien achten, können wir auch eine Verantwortung und Aufforderung zum Handeln entdecken. Aus der umfassenden Achtsamkeit kann so unser individuelles Handeln gesellschaftlich wirksam werden.[63]

Dabei können Sie erfahren, wie die große Frage nach allgemeingültigen universellen Werten jenseits von allem postmodernen Werte-Relativismus im Achtsamsein auf die eigenen Werte aufgehoben ist. Sie können so auch herausfinden, inwieweit Sie sich mit Ihren Werten auf Kants »kategorischen Imperativ« einlassen, nach welchem die Maxime Ihres Handelns zur Richtschnur einer allgemeinen Gesetzgebung werden sollte (siehe Ergänzungen). Entscheidend ist heute für mich allerdings, daß unser Andenken an Holocaust und Völkermord zum persönlichen und gesellschaftlichen Maß aller Wertorientierungen wird. Nur so können wir im Achtsamsein die Hoffnung auf ein sinnvolles Leben nach Auschwitz täglich neu begründen.

8 Achtsam tätig in der Welt

»Spüle das Geschirr entspannt ab, als sei jede Schale Gegenstand deiner Betrachtung. Betrachte jeden Teller als heilig. Folge deinem Atem, damit dein Geist nicht abschweift. Versuche nicht, dich zu beeilen, um die Arbeit hinter dich zu bringen. Betrachte den Abwasch als das Wichtigste auf der Welt. Abwaschen ist Meditation.« (Thich Nhat Hanh: Das Wunder der Achtsamkeit, a. a. O., S. 74)

In dieser beeindruckenden Anweisung des engagierten Buddhisten und Zen-Meisters Thich Nhat Hanh ist in vollkommener Weise enthalten, wie viele Aspekte des Tätigseins der Achtsamkeit bedürfen: Da geht es um Körperlichkeit (Entspannung, Atem), um Wahrnehmung (Betrachtung), den Geist (der nicht abschweift), um den Prozeß (nicht beeilen, um die Arbeit hinter sich zu bringen). All diese Aspekte des Tätigseins sind wie selbstverständlich bezogen auf das Ganze der Welt und deren transzendenter Dimension. Diese umfassende Achtsamkeit kann eine Art von schwebendem Hochgefühl bewirken, das der »Glücksforscher« Mihaly Csikszentmihalyi als »flow«-Zustand zu charakterisieren versucht. [64] Im flow-Erlebnis befinden wir uns nach Mihaly Csikszentmihalyi in einem Zustand ungeteilten inneren Beteiligtseins, das uns Momente intensiven Lebens ermöglicht und »zu einem exzellenten Leben führt«. Solche flow-Erlebnisse sind dann möglich, wenn ich hohe selbstgesetzte Anforderungen optimal erfülle und die Erfüllung auch unmittelbar erlebe. Mihaly Csikszentmihalyi führt als Beispiel Bergsteiger, Musiker, Weber und Chirurgen an: »Nach jedem Schritt weiß der Bergsteiger, daß er ein paar Zentimeter höher gestiegen ist. Nach jedem Takt eines Liedes hört man, ob die Noten, die man angeschlagen hat, der Partitur entsprechen. Der Weber sieht, ob die letzte Reihe der Stiche zum Muster des Gobelins paßt. Die Chirurgin erkennt, und zwar schon während sie den Schnitt vornimmt, ob sie es vermieden hat, mit dem Skalpell ein Blutgefäß zu durchtrennen, oder ob es zu einer plötzlichen Blutung kommt. Im Büro oder zu Hause wissen wir dagegen manchmal lange Zeit nicht, was wir »geschafft« haben, während wir im flow-Zustand normalerweise genau darüber Auskunft geben können.«[65] So könnte bei Thich Nhat Hanh das ganze Leben zum »flow« werden, wenn als selbstgestellte Anforderung die umfassende Achtsamkeit optimal erfüllt wird. Und damit könnten wir hier mit ein paar Anregungen für möglichst viel flow und dem damit verbundenen »exzellenten Leben« das Kapitel schnell beenden, wenn es da nicht ein paar kleine Probleme gäbe:

- Auch der Mörder kann sich beim »perfekten Mord« im flow-Zustand befinden und der Diktator sowieso und immerzu.
- Wie kommt die Hausfrau (oder der seltenere Hausmann) zwischen Kindergeschrei und überkochender Milch zum flow und zur Achtsamkeit?

- Wie kommt die Postbeamtin hinter ihrem Schalter nach dem 24sten mürrischen Kunden oder der Arbeitslose nach 500 Stunden ohne Anforderung zum flow-Erlebnis?
- Wie erreicht der Schüler in der Mathearbeit ganz flow-los sein Ziel, seine Note zu verbessern?
- Warum sind Achtsamsein und flow in der Freizeit so selten?
- Und überhaupt: Warum sind nicht viel mehr Leute achtsam und im flow, wenn es doch so wichtig ist?

Also wollen wir Tätigsein für unseren Hausgebrauch doch lieber differenzieren und unser Achtsamsein richten

- auf allerlei Arten und Inhaltsbereiche unseres Tuns
- auf verschiedene Bedingungen und Voraussetzungen unseres Tuns
- auf unterschiedliche Wirkungen.

Dabei geht es wieder um Beispiele und Anregungen und nicht um eine allumfassende Theorie des Handelns, nach deren Durcharbeitung der Tausendfüßler keinen Fuß mehr vor den anderen setzen kann. Wie im alltäglichen Handeln so gibt es bei uns Umwege und Rundwege einschließlich Wiederholungen. Fangen wir mit der Zeit an, in der all unser Tun stattfindet.

Die eigene Zeit finden

Wie immer wir auch unser Zeitalter deuten: Unser Leben ist in dieser Welt und in dieser Zeit. Aber allzu oft blättern wir in Prospekten und Plänen. Dann haben wir keine Zeit mehr, weil wir nicht in der eigenen Zeit leben. Und wir haben keine Zeit mehr zu verlieren, weil wir unsere Zeit schon verloren haben. Der Gang der Sonne und des Mondes bestimmen den Rhythmus der Erde, des Wassers und alles Lebendigem. Mit immer besseren Uhren haben die Menschen schon lange vor der Industrialisierung ihre Tätigkeiten und ihre Lebensgewohnheiten von diesem Rhythmus abgekoppelt. Die eingeteilte und gemessene Zeit wird über die Arbeitskraft zum Maßstab des kapitalistischen Wirtschaftens, und diese Zeit wird in Geld verwandelt. Die verdinglichte Zeit, die man »hat« oder »verschwendet« oder »spart«, wird zur knappen Ressource, die im Wettlauf mit dem Geld die Beschleunigung antreibt. Vor 100 Jahren arbeitete ein Fabrikarbeiter 65 Stunden an sechs bzw. sieben Tagen in der Woche. Heute sind es 35 Stunden an fünf Tagen, und wir hetzen uns mehr denn je. Was ist also mit der gewonnenen Zeit?

Wir haben sie stolz zur Freizeit erklärt, damit wir nicht merken, wie wir auch in unserer Freizeit den gleichen Zwängen folgen wie in der Arbeitszeit. Schlimmer noch: Da wir uns so an diesen Takt und die Zwänge der Arbeitszeit gewöhnt haben, wissen viele mit der mühsam in Streiks und Tarifrunden erkämpften Freizeit wenig anzufangen. Plötzlich ist sie da am Freitagabend, wie eine große Leere für die Wochenend-Neurosen und dann die Rentner-Depressionen. Also schnell wieder hinein in den Beschleunigungswettlauf – und in die vertraute Hetze. Wir gehen schon wieder fort, obwohl wir noch gar nicht angekommen sind. So bleibt auch die mühsam verlängerte Freizeit im Wettlauf mit dem Geld auf der Strecke und wir hetzen hinterher. In Deutschland kosten die durch Streßerkrankungen bedingten Ausfallzeiten jährlich 4,8 Mrd DM. Was treibt uns zur Hetze?

Hier ein paar nette Antreiber, die alle zur selben Firma gehören:

- Geld, Wohlstand, Luxus, Sicherheit ...
- Karriere (Fortbildung, Bewerbungen ...)
- Konsum (Events, Reisen, Shopping, TV ...)
- Kommunikation (Telefon, E-mail ...)
- Information (Printmedien, Internet ...)
- In-sein (Partys, Lifestyle ...)
- Sozialverträglich (Oma, Opa, Nachbarn, Freunde, KollegInnen ...)
- Zukunftsfähig (Planung, Innovation ...).

Diese Antreiber sind jeweils noch mit hübschen individuell verzierten Peitschen versehen:

Ich muß immer:

- spontan sein, perfekt sein, für andere sorgen, alles richtig machen, cool bleiben, ...

So tun wir uns schwer, in Achtsamkeit Zeit für das Eigene zu finden, die Freizeit zur Eigenzeit werden zu lassen, in der wir achtsam unseren eigenen Rhythmus spüren. Bei der Eigenzeit geht es um den uns angemessenen Wechsel von Ruhe und Bewegung, von Spannung und Entspannung, Planung und Spontaneität, Vorpreschen und Rückzug, Alleinsein und Geselligkeit. Vielleicht kann Ihnen diese Anregung helfen:

Eigenzeit – Auszeit

Schreiben Sie in Ihr Entdeckungsbuch am Abend eines stressigen Tages möglichst detailliert alle Tätigkeiten vom Aufwachen bis zum Protokollzeitpunkt untereinander auf. Versehen Sie dann mit einem, zwei oder drei »Plus-Zeichen« die Tätigkeiten, die Sie als Eigenzeit achtsam erleben, mit einem, zwei oder drei »Minus-Zeichen« diejenigen, in denen Sie sich von außen angetrieben fühlen (wobei Plus- und Minus-Zeichen zugleich auftreten können). Versuchen Sie dann in einem zweiten Schritt für die Minus-Zeichen die konkreten »Antreiber« (evtl. unter Verwendung der obigen Beispiele) zu finden. Falls Sie in Ihrem Protokoll zu viel Minus-Zeichen finden, können Sie in einem dritten Schritt versuchen herauszufinden, wie Sie Ihren Tagesablauf an ganz konkreten Stellen ändern können, um achtsam mit Ihrer Zeit umzugehen und mehr Eigenzeit zu erleben.

Weitere Anregungen zum Umgang mit Streß finden Sie in den Ergänzungen.[66]

Tätiges Umfeld

Aber es geht nicht nur um die Eigenzeit. Bevor wir mit irgendeiner Tätigkeit anfangen, beeinflussen schon der Ort, die Tages- und Jahreszeit und andere äußere Bedingungen unser Tun. Ich setze mich an meinen Schreibtisch, es ist noch früh. Am Morgen bin ich allein zu Haus und ich fühle mich frisch, aber sicher werden gleich Anrufe kommen. Der Schreibtisch quillt über von Briefen, unerledigten Anfragen und Formularen. Vielleicht sollte ich das Telefon abstellen? Vielleicht sollte ich den Schreibtisch aufräumen oder an einem anderen Tisch weiterschreiben? Ach was, ich fange einfach an. Da klingelt schon das Telefon.

So schränken wir oft das Gelingen unseres Tuns ein, indem wir nicht auf die zeitlichen, räumlichen und anderen Bedingungen achten. Die Hausfrau (oder der seltenere Hausmann) hat sich angewöhnt, sofort nach dem letzten Bissen abzuräumen und zu spülen. Da kauen alle schon hastiger, und das lieblose Geklapper aus der Küche verhindert angenehme Gespräche und Gefühle. Eine kleine Mittagsruhe wäre vielleicht für alle schöner und durchaus machbar. Es geht darum, auch auf die Gunst der Stunde zu achten. Den Schreibtisch muß ich vielleicht gar nicht aufräumen: Ich stelle mir eine schöne Rose in das Durcheinander für den ästhetischen Blick und fühle mich dann gut. Das Telefon habe ich jetzt abgestellt. Durch solche kleinen Veränderungen kann unser Tun sehr viel entspannter, kreativer und befriedigender werden. Das gilt nicht nur zu Hause, sondern erst recht am Arbeitsplatz.

Günstige Bedingungen

Schreiben Sie als ersten Schritt einige Ihrer täglichen Tätigkeiten auf, die Ihnen jetzt einfallen, und notieren Sie zu jeder Tätigkeit kurz a) den zeitlichen Rahmen, b) die räumliche Umgebung, c) andere Bedingungen (Personen, Gegenstände, Störungen, usw.).

Versuchen Sie nun in einem zweiten Schritt herauszufinden, was Sie an unangenehmen oder störenden Einflüssen

bemerken. Versuchen Sie dann, sich eine ideale Situation in der Phantasie vorzustellen im Sinne von a) die Gunst der Stunde nutzen, b) mit ästhetischem Blick, c) das optimale Umfeld. In einem dritten Schritt können Sie dann kleine demnächst realisierbare Veränderungen herausfinden, um Ihren Idealen näherzukommen.
Wer genauer herausfinden will, unter welchen Bedingungen die eigene Kreativität gefördert und entfaltet werden kann, sollte sich mit den Büchern von Olaf-Axel Burow und Mihaly Csikszentmihalyi befassen (siehe Ergänzungen). Hier sei nur noch ein kleines Beispiel angefügt.

Das Ziel ist der Weg

Verflucht! Der Wecker. Abgestellt. Beinahe das Glas umgeworfen. Wo sind wieder die verdammten Hausschuhe. Aua, das war das Schienbein. Licht an. Scheußlich grell. Schnell unter die Dusche ...

So oder ähnlich fangen Tag für Tag unzählige Lebensläufe an – oder besser: So brechen angefangene Nächte ab, ohne Aufwachen, ohne Besinnung, ohne Achtsamkeit auf den eigenen Körper, die Gefühle, Träume.

Erwachen

Richten Sie Ihren Tag-Nachtrhythmus so ein, daß Sie wenigstens zweimal in der Woche von allein aufwachen können. Spüren Sie dann die wunderbaren Veränderungen vom Schlafen ins allmähliche Wachwerden, das durch alle Körperzellen verschieden hindurchgeht. Folgen Sie behutsam den Zonen des Erwachens und überlassen Sie die unerweckten Bereiche sich selbst. Lustgefühle? Etwas hören?

Die Augen öffnen oder nicht? Verbinden Sie sich mit dem Vergehen des Schlafes, dämmernd, erinnernd, träumend. Spüren Sie erste drängende Bewegungsimpulse. Dehnen, strecken, räkeln. Immer noch liegend aufgehoben. Aufstehen? Noch nicht. Die Schwere spüren. Und wenn es Zeit ist: sich er-heben. Das eine Bein nur ein bißchen oder gleich hochschnellen wie ein Pfeil. Und dann zum Stehen kommen. Im Stand hat sich die Welt mit mir verändert.

Solch schönen Erwachens kann sich nur selten erfreuen, wen die Kinder noch vor dem ersten Hahnenschrei rufen oder wen Schmerz und Krankheit plagen. Diesen und anderen sei zum Einschlafen statt Krimi oder Fernsehen empfohlen:

Rückspulen

Lassen Sie vor dem Einschlafen Stationen des Tages in Ihr Erinnern ein, rückwärts vom gegenwärtigen Moment an, ohne besondere Ansprüche auf Vollständigkeit oder Genauigkeit. Und vielleicht ergibt sich dann vom Morgen zum Abend so etwas wie eine Gestalt, in der Sie sich bewegen wie ein Fisch, ein Vogel oder ein Blütenblatt.

Und damit sind wir auch schon in die verschlungenen Zusammenhänge von Achtsamkeit und Handlung hineingekommen. In all unserem Tun sind viele Dimensionen des Achtsamseins zugleich angesprochen: Wahrnehmung, Gefühle, Gedanken, Leibliches und Seelisches, zwischen denen die Achtsamkeit hin und her schwingen kann.

Kann: Denn allzu oft schwingt sie gar nicht, ist völlig absorbiert von einer einzigen Dimension des Handelns: dem Ziel. In der Jagd nach dem Ziel verlieren wir das Was und Wie unseres Handelns und opfern die gelebte lebendige Gegenwart einer abstrakten geplanten Zukunft. So von Ziel zu Ziel jagend werden wir schließlich selbst die ziellos Gejagten.

> ***Jetzt und Dann***
> *Achten Sie ab und zu darauf, wie oft Sie in Ihrem inneren Monolog (oder auch zu anderen Menschen) sagen: Nachher muß ich das noch tun ... Heute abend muß ich noch das erledigen ... Morgen muß ich ... Bald werde ich ... Nächstes Jahr kann ich ...*
> *Versuchen Sie dann jedesmal hinzuzufügen: Und jetzt bin ich ...*
> *Nachher muß ich noch einkaufen, und jetzt bin ich im warmen Zimmer und genieße den letzten Schluck Tee in der Tasse.*

Daß Ziele im Leben des einzelnen und in der Gesellschaft große Bedeutung haben, erfahren wir täglich, wenn es uns um wichtige Ziele geht. Aber das, was uns einmal wichtig gewesen ist, scheint uns später oft bedeutungslos oder unerheblich. Die Opfer, die wir für das Erreichen der Ziele gebracht haben, kommen uns dann unangemessen oder sinnlos vor. Der buddhistische Ausweg des »Handelns ohne Hang zum Tun« ist für Menschen, die in der an Zielen und Leistungskriterien orientierten Industriegesellschaft mitwirken wollen, vielleicht eher ein Abweg. Aber indem wir im Handeln nicht nur das Ziel vor uns haben, sondern zugleich handelnd achtsam sind, kann man auch sagen: Das Ziel kommt auf uns zu.

Fingernägel achtsam

Probieren Sie es doch gleich mit dem Naheliegenden: Fingernägel schneiden. Wie ist es diesmal? Lästige Korrektur von zuviel Wachstum, schnell in Ordnung gebracht? Oder kultivierte Körperpflege als Ritual? Ist da noch ein Zusammenhang zum letzten, vorletzten Nägelschneiden oder nur ein »schon wieder«, Einbruch, Abbruch: Vergangene Körperzeit als lästige Pflicht, endlose Wiederholung oder als Freude am Lebendigen, an der Wiederkehr. Fangen Sie doch einmal mit der anderen Hand an. Sherlock Holmes erkennt am Schnitt der Fingernägel Rechts- und Linkshänder, Reiche und Arme, Opfer und Täter. Erkennen Sie sich auch? Und wie ist alles anders mit den Fußnägeln? Schneiden Sie doch einfach weiter.

»Wir nehmen selten unser Leben wahr, sondern lassen in der Dämmerung der Sommerabende oder der frühen Winternächte die Stunden unerfüllt, in denen wir doch meinen, ein wenig Frieden und Freude finden zu können« (Marcel Proust, Auf der Suche nach der verlorenen Zeit). Aber kann der Dichter der Achtsamkeit uns auch am Fließband weiterhelfen? Charlie Chaplin hat in Moderne Zeiten das Achten auf die Achtlosigkeit als absurden Ausweg vorgeschlagen. Als Feinmechaniker mußte ich große Stückzahlen eines Werkstücks in Massenanfertigung an der nichtautomatischen Drehbank herstellen. Im Achten auf die Schwingungen, die der schneidende Drehstahl über die Handkurbel auf Finger und Handfläche überträgt und die ich heute noch 50 Jahre danach spüren kann, bin ich lebendig und wach geblieben.

Viel habe ich davon gelernt, wie im Zen-Buddhismus alltägliches Tun mit Achtsamsein zusammenhängt: Der Empfehlung von Thich Nhat Hanh, einen Tag der Woche ganz der Achtsamkeit zu widmen, bin ich allerdings noch nicht gefolgt. Für mich ist es besser, jeden Tag Zeiten des Achtsamseins zu finden, die dann wie von selbst zunehmen. Zugleich ist es mir wichtig, meine eigene Unachtsamkeit zu bemerken, ohne Wertung oder Bereuen, einfach: Aha, jetzt bin ich unachtsam. Falls Sie das auch versuchen wollen (ich empfehle es natürlich), werden Sie erleben, wie wundersam paradox die Feststellung Ihrer Unachtsamkeit sich auf Ihr Leben auswirkt.

Achtsamsein kommt von selbst ins Handeln, wenn wir – paradox – nicht all unsere Aufmerksamkeit auf die Handlung und das Ziel richten, sondern frei und wie schwebend in unserem Tun bleiben. Das gelingt am einfachsten, indem wir dazu summen, pfeifen oder singen oder tänzerische Bewegungen einbeziehen. Wer hat nicht schon Pizzabäcker bewundert, die wie Artisten zu einer gepfiffenen neapolitanischen Weise ihren Pizzateig durch die Luft wirbeln und auf einen Finger drehen lassen. Nicht nur ergeht es ihnen besser in der täglichen Fron als ihren mißmutig werkelnden Kollegen, sondern bestimmt schmeckt ihre Pizza auch besser.

Also bescheiden wir uns, und setzen wir möglichst dem Weltlauf
Auch in drangvoller Zeit jene Ruhe der Seele entgegen,
Welche die Alten gerühmt und erstrebt, und tun wir das Gute,
Ohne an Änderung der Welt gleich zu denken, auch so wird sich's lohnen.
(Hermann Hesse)

Surfen zwischen virtueller und realer Welt

Weltlauf heißt heute statt Weltumsegelung und Entdekkung neuer Erdteile für uns vor allem: vor dem Bildschirm hocken, erst als Arbeit und dann als Freizeit. Heute ist in unserem Land Fernsehen die zweithäufigste Freizeitbeschäftigung schon der 6- bis 13jährigen mit ca. 90 Minuten durchschnittlichem Fernsehkonsum pro Tag, gefolgt von PC-Nutzung, Radio und Musik. Tendenz: steigend. Es gibt zur Zeit weltweit 100 Millionen Internet-Abonnenten, im Jahr 2002 soll sich die Zahl bereits verdoppeln. Für unser Achtsamkeitsthema haben wir also schlechte Karten.

Ist der Bildschirm ein Graus und Ende aller Achtsamkeit? Der Körper erstarrt und das Auge vertrocknet in dem splittrigen Mix des Bunt-Digitalen, piep piep, hier bin ich auf Mausklick und aus bist du, www. Mattscheibe. Die Sinne werden reduziert auf das nicht räumliche Sehen und ein bißchen Tastatur. Leibliche Begegnungen zwischen wirklichen Menschen in einer persönlich gestimmten Umgebung finden nicht statt, aber Bulletin-Boardsysteme, E-mail, Lotus-Notes und Hypertext, falls Ihnen das hilft zu Sinnlichkeit und Kontakt. Die Möglichkeiten der neuen Medien für die Entfaltung unserer Achtsamkeit sind bis jetzt beschränkt auf die Aufmerksamkeit in visuellen, auditiven und kognitiven Bereichen. Die Öffnung für umfassendere Achtsamkeit ist möglich und notwendig. Aber sei es drum, es nützt nichts: wir müssen uns abfinden, einfinden, Altes verwerfen, Neues ergreifen, so wie mit den Buchstaben die homerischen Sänger sich wandeln mußten und nach Gutenberg all das auswendig Gelernte zum Gespött der Belesenen wurde. Allerdings: die Bücher bleiben, aber die heutigen PCs werden zu Müll, wenn der Pegel unserer Zivilisation um einen Hauch nur sinkt – oder steigt.

Aber natürlich sind auch die elektronischen Medien mit alten Menschheitsträumen verbunden. Da ist einmal die Vision, daß wir im Internet eine Datenbank haben, die das Wissen der gesamten Menschheit umfaßt, und daß wir mit diesem Wissen durch unendliche Verknüpfungen und Spiele in virtuelle Realitäten eintauchen können. Und da ist weiter die Vision, daß die globale Vernetzung aller Menschen zu neuen Beziehungsformen und Kommunikationsmöglichkeiten führt, die das alte Bedürfnis nach Zugehörigkeit, Anerkennung, Einflußnahme wieder neu befriedigen können. Und obendrein bietet sich eine Weltbühne für das phantastischste Selbstdarstellungstheater, das aus dem alten knöchernen Ego nun ein schillerndes Phantom macht. Aber kommen wir mit solchen schönen Möglichkeiten auch zurecht? Die Lesenden wurden schnell zu Kennern, Literaten, Bibliophilen. Wir aber glauben die elektronischen

Medien zu beherrschen, wenn wir an der richtigen Stelle auf die richtige Taste drücken. In Wirklichkeit aber sind wir Analphabeten der Medienkompetenz und werden noch lange das perfekte Funktionieren für unsere Kompetenz halten, wobei sich zugleich die wachsende digitale Kluft zwischen angeschlossenen Usern und ausgeschlossenen Losern lokal und global immer bedrohlicher auswirkt.

Hier wollen wir elektronische Medienkompetenz nicht üben, aber am Beispiel Fernsehen können wir unseren Umgang mit dem Medium zum Thema des Achtsamseins machen:

Glotzen – Zappen – Dösen
Bevor Sie das nächste Mal Ihren Fernseher anstellen, schreiben Sie so genau wie möglich auf, woran Sie sich von Ihrem letzten Fernsehabend erinnnern: alle Sendungen, die Inhalte, Ihre Eindrücke, Gefühle, Gedanken ... Meistens erleben wir da eine böse Überraschung über die Dürftigkeit der Ernte. Oft ist es wie mit der Zuckerwatte: sieht lustig und nach viel aus, schmeckt nicht, nährt nicht, leere Luft und nichts bleibt. Damit es nicht so weitergeht, achten Sie bei Ihrem nächsten Fernsehabend auf folgende Aspekte:
Meine Motive, den Fernseher anzustellen (Gewohnheit, Ablenkung, Entspannung, Langeweile, Interesse, Neugier ...)
Meine Motive für eine bestimmte Sendung (Zufall, Gewohnheit, Fernsehzeitschrift ...)
Mein Befinden während der Fernseher läuft (Gefühle, Gedanken, Körperhaltung, Essen, Trinken ...)

Meine Motive, abzustellen (Zufriedenheit, Müdigkeit, etwas anderes anfangen, Langeweile, Schlaf ...).

Sie werden entdecken, daß Sie so Schritte zur Erweiterung Ihrer Medienkompetenz tun können. Indem Sie auf Ihre Motive beim Einschalten und bei der Auswahl achten und alle Motive gelten lassen, ohne sie abzuwerten, werden Sie paradoxerweise freier in Ihren Entscheidungen. An einem tristen Nebeltag im November schalte ich ein, weil es so hübsch bunt wird und bleibe dann bei einer schwarz-weißen Miss Marple hängen. Indem Sie auf Ihr Befinden achten, werden Sie zu Ihrem besten Programmgestalter: zappend durch 3 Krimis oder im Sog einer fremden Sprache oder planend mit einer TV-Zeitung, mal ohne Ton, mal ohne Farbe. Die meisten stellen ihren Fernseher zu hell und zu grell ein. Zur Schonung der Augen sollten Helligkeit, Kontrast, Farbe im unteren Drittel sein bei leichter Hintergrundbeleuchtung.

Und ab und zu ist es gut, sich zu fragen: Wie hindere ich mich daran, *jetzt* abzuschalten?

So können Sie die Reise zwischen virtueller und nichtvirtueller Realität für sich gestalten: daß Sie mehr über sich und Ihre Realitäten erfahren, insbesondere auch, wie mit und ohne Medien jede Realität virtuell ist und alles Virtuelle real.

Virtuelle Realität

Falls Sie eine Videokamera besitzen, die sich an Ihr Fernsehgerät ankoppeln läßt, können Sie Folgendes ausprobieren: Schließen Sie Ihre Kamera an das Fernsehgerät und richten

Sie die Kamera auf einen Gegenstand, so daß Sie gleichzeitig den Gegenstand und das Fernsehbild des Gegenstands sehen können. Sie können sich so in einen Schwebezustand zwischen verschiedenen Realitätsebenen bringen. Probieren Sie als Gegenstände auch Pflanzen, Tiere und Menschen, sich selbst. Achten Sie darauf, wenn es Ihnen zu viel wird. Für Kinder kann diese Erfahrung erheiternd, aber auch unheimlich, verwirrend und bedrohlich sein.

Müssen und wollen

Aber viel öfter geht es im Leben nicht um das freiwillige Abschalten virtueller Realitäten, sondern um die handfesten Zwänge einer recht realen Wirklichkeit. Oft müssen wir dahin und dorthin und müssen dieses und jenes machen. Viele unserer Tätigkeiten sind fremdbestimmt und unvermeidlich. Die Fremdbestimmtheit fängt an beim Beruf und strahlt dann aus in den häuslichen Bereich, in die Beziehungen, in die Freizeit: Ich muß um 6. 15 Uhr aufstehen, ich muß den Bus um 7. 05 Uhr erreichen, ich muß diese Akten abarbeiten, ich muß schnell nach Hause, ich muß pünktlich zum Abendbrot dasein, ich muß noch eine Gutenachtgeschichte vorlesen, ich muß noch schnell die Tagesschau sehen, ich muß früh ins Bett ...

Aus diesen vielen »Muß« steigt die Fremdbestimmtheit wie ein lastender, alles bedeckender Flaschengeist auf uns nieder, und wir murmeln nur noch widerwillig: ich kann's nicht ändern, ich kann nichts dafür, ich muß, ich muß ... Und so nimmt uns der Flaschengeist nicht nur unsere Eigeninitiative, sondern er entlastet uns auch von aller Verantwortung.

Das beste Mittel gegen diesen Flaschengeist ist der eigene Geist, der darauf achtet, daß zwar viele fremdbestimmte Bereiche unseres Handelns da sind, daß es aber immer Bereiche oder mindestens Nischen für das eigene Handeln gibt und wir somit immer verantwortlich für unsere Handlungen sind. Wir können diese Verantwortlichkeit leugnen, verdrängen, vergessen, anderen zuschieben nach dem Motto: »Ich war's nicht, Adolf Hitler ist's gewesen.« Das macht uns dann mürrisch, träge, passiv, unzufrieden, abhängig und keineswegs unschuldig.

Wir haben aber auch die Wahl, unsere Verantwortlichkeit bewußt zu übernehmen. Das hat viele Vorteile:

- Wir können in unseren Handlungen und ihren Wirkungen auf unsere rationale Planung, Gestaltung und Auswertung achten.
- Wir können bei unseren Handlungen auf unsere Bedürfnisse, Wünsche und Gefühle achten.
- Wir sind die Regisseure unseres Handelns und können auf unsere Selbstverwirklichung achten.

Daß die Verantwortungsübernahme auch schon im alltäglichen Bereich möglich ist, soll diese kleine Anregung zeigen.

Den Flaschengeist bannen

Gehen Sie Ihren Tag oder Ihre Woche in Gedanken durch und schreiben Sie in Ihr Entdeckungsbuch die »Ich-muß-Tätigkeiten«, die Ihnen einfallen. Sehen Sie nun nach, ob Sie einige Ihrer »Ich-muß« differenzieren können in Richtung »Ich will ...« (z. B. »Ich muß meinem Sohn zum Einschlafen etwas vorlesen« wird zu »Wenn ich Lust habe, lese ich ihm etwas vor, sonst erzähle ich ihm eine kleine Geschichte oder singe ihm ein Schlaflied«).

Auf diese Art können Sie in vielen scheinbaren Zwängen eigene Gestaltungsspielräume entdecken und mehr Freude, Befriedigung und Sinn in Ihrem Tun finden.

Der Weg ist das Ziel

Unser neues »Ich will« ist stets auch mit Zielen verbunden. Oft sind die Ziele allerdings schneller ausgesprochen als erreicht. In unserer Leistungsgesellschaft ist es in vielen Situationen wichtig, unter den gegebenen gesellschaftlichen Bedingungen das eigene Ziel zu erreichen. Wir müssen ein Examen bestehen, um einen ersehnten Beruf oder ein Studium zu beginnen. Wir wollen in einer Verhandlung unsere Vorstellungen durchsetzen. Wir haben politische Ziele, die wir erreichen möchten. Ein Projekt soll nach unseren Plänen laufen. In solchen Situationen, in denen es um das Erreichen eines Zieles geht, kann das folgende Vorgehen hilfreich sein, das aus der Praxis des Neurolinguistischen Programmierens (NLP) stammt.[67]

Ein Ziel in einer schwierigen Situation erreichen

1. Schritt

Formulieren Sie Ihr Ziel schriftlich möglichst genau so,

a) daß es positiv ausgedrückt ist (also statt »ich will mich in der Verhandlung nicht aufregen« jetzt: »Ich will in der Verhandlung ruhig bleiben«);

b) daß das Erreichen des Ziels von Ihnen abhängt (also statt »meine Freundin soll mehr Verständnis für mich haben« jetzt: »Ich will mich so ausdrücken, daß meine Freundin mich besser versteht«.);

c) daß das Erreichen des Ziels in einer bestimmten Frist überprüfbar wird (also statt »Ich will mehr Geld verdienen« jetzt: »Ich will bis Ende des Jahres in die nächst höhere Gehaltsstufe aufsteigen«);

d) daß negative Konsequenzen beim Erreichen des Ziels möglichst verhindert werden (»ich muß meine Kollegin von meiner Absicht informieren, daß sie sich nicht übergangen fühlt«).

2. Schritt

Stellen Sie sich jetzt die schwierige Situation vor, als ob ein Film abläuft, in dem Sie in der schwierigen Situation handeln. Was sehen Sie? Was hören Sie? Wie ist Ihre Körperhaltung in dem Film? Wie reagieren die anderen? An welchen Punkten könnte es schwierig für Sie werden? Schreiben Sie diese Punkte auf. Lesen Sie nun noch einmal Ihre Zielformulierung durch.

3. Schritt

Überlegen Sie jetzt, welche Fähigkeiten und Erfahrungen Sie nutzen können, um beim ersten schwierigen Punkt Ihrem Ziel näher zu kommen. Stellen Sie sich diese Ihre Fähigkeiten oder Erfahrungen genau vor, auch Situationen, in denen Sie sie erfolgreich angewendet haben.

4. Schritt
Stellen Sie sich jetzt vor, wie Sie mit dieser Fähigkeit oder Erfahrung in die schwierige Situation hineingehen. Prüfen Sie, ob Sie sich in Ihrer Vorstellung so verhalten, wie Sie es sich für das Erreichen des Zieles wünschen. Achten Sie in Ihrer Vorstellung auch auf die Reaktionen der anderen und darauf, daß es Ihnen gut geht.

Wiederholen Sie Schritt 3 und Schritt 4 für alle schwierigen Punkte von Schritt 2.

5. Schritt
Stellen Sie sich nun die schwierige Situation in ihrem gesamten Ablauf vor. Nehmen Sie jetzt in Ihrer Vorstellung alle in 3. und 4. gefundenen Fähigkeiten und Erfahrungen für die schwierigen Punkte mit, so daß Sie nun zu Ihrem Ziel gelangen.

Viele Menschen, die wir als »Erfolgsmenschen« bezeichnen, wenden diese Strategie zum Erreichen ihrer Ziele ganz spontan an. Der Vorteil einer solchen Strategie besteht darin, daß wir unsere Fähigkeiten und Erfahrungen nicht nur kognitiv einsetzen, sondern durch das Vorstellen der Situation auch unbewußt wirken lassen. Von der Effektivität dieser Strategie können Sie sich überzeugen, wenn Sie sie immer mal wieder durchführen. Auch wenn das Verfahren zunächst äußerlich manipulativ erscheint, werden Sie allmählich lernen, die einzelnen Schritte auch achtsam vorzunehmen und so vielleicht entdecken, wie auch hier der Weg das Ziel sein kann.

An einer eigenen Situation möchte ich Ihnen die dargestellte Strategie noch einmal verdeutlichen:

Situationsbeschreibung: Ich bin von den Eltern des Kindergartens beauftragt worden, bei einem gemeinsamen Frühstück am Ende der Kindergartenzeit eine Dankesrede für die beiden Erzieherinnen unserer Kinder zu halten. Ich habe die Rede auch bereits fertig im Kopf, weiß aber noch nicht, wie ich meine Rede in dem allgemeinen Durcheinander von 15 frühstückenden Kindern und etwa 30 Erwachsenen zur Geltung bringe.

1. Zielbestimmung

Ich möchte bei meiner Rede im Kindergarten erreichen, daß alle mir zuhören. Da ein solches Ziel nach 1d zu rigoros ist und zu Verstimmungen führen könnte, formuliere ich lieber um: Ich möchte erreichen, daß möglichst viele Erwachsene mir zuhören.

2. Schwierigkeiten in der Situation.

a) Ich fürchte, daß die Kinder unruhig sind, herumlaufen, mit dem Geschirr klappern und sich gegenseitig necken.
b) Ich fürchte, daß auch die Erwachsenen miteinander reden, Sachen herumreichen, zu spät kommen.
c) Ich fürchte, daß die Erzieherinnen beschäftigt sind mit Organisation und erzieherischen Aufgaben. Dadurch wird es sicherlich schwierig, möglichst viele Erwachsene zu erreichen.

3. Besinnung auf Fähigkeiten und Erfahrungen

zu a) Mir fällt ein, daß ich die Kinder faszinieren kann, wie ich es einmal als Nikolaus getan habe. Ich könnte sie wieder durch einen Trick faszinieren und so beruhigen.

zu b) Ich habe es in ähnlichen Situationen schon geschafft, den richtigen Zeitpunkt abzuwarten.

zu c) Ich muß durch eine deutliche Ankündigung die Erzieherinnen einbeziehen.

4. Prüfen des Ablaufs

zu a) Ich stelle mir vor, wie ich durch eine Anrede die Kinder fasziniere. Ich merke, daß das nur für einen kurzen Moment geht und ich nicht gleichzeitig meine Rede halten kann. Also kann ich diese Fähigkeit an dieser Stelle gar nicht nutzen, ich muß also etwas organisieren, vielleicht im Zusammenhang mit b.

zu b) Den richtigen Zeitpunkt zu finden, ist sicher nicht so schwer. Aber in meiner Vorstellung klappert es immer noch und sind immer noch Gespräche. Jetzt ändere ich meine Vorstellung dahingehend ab, daß die Mütter oder Väter sich um ihre Kinder kümmern, so daß sie zugleich die Verantwortung dafür übernehmen. Da muß ich vorher mit ihnen sprechen.

zu c) Ich sage einfach: Und nun geht es besonders um Euch und ich möchte Euch deswegen an einer besonderen Stelle hier haben. Das heißt auch, daß ich für sie zwei Extrastühle bereit haben muß.

5. Die zukünftige Situation
Ich werde zuerst mit allen Eltern einzeln oder in kleinen Gruppen sprechen, wie der Ablauf während meiner Rede sein könnte und sie bitten, auf die Kinder zu achten. Ich sehe dann, wie allmählich die Kinder zu ihren Eltern gehen und allmählich Beruhigung eintritt. Ich sehe, wie ich die beiden Stühle für die Erzieherinnen bereitstelle und sie vielleicht auch von den Kindern besonders schmücken lasse. Dabei wird mir deutlich, daß die Kinder das schon vorher tun müssen.

Nun sehe ich Eltern und Kinder zusammensitzen in einer ruhigen und konzentrierten Atmosphäre, die beiden Erzieherinnen sitzen auf ihren geschmückten Stühlen, und ich halte meine Rede.

Erfolg: Das Abschiedsfrühstück ist nun vorbei, und ich konnte meine Dankesrede in einer Atmosphäre von Konzentration und Aufmerksamkeit halten. Obwohl meine Planung dadurch gestört wurde, daß wir wegen des schönen Wetters das Frühstück im Freien durchführten, konnte ich meine ausgearbeitete Strategie schnell auf die neue Situation übertragen, indem wir die Stühle der Erzieherinnen an eine günstige Stelle geschmückt im Hof hinstellten. Der Abschied fand so einen guten und bewegenden Ausdruck.

Von der Micky Maus zur Zukunftswerkstatt

Eine andere Strategie, die Sie sowohl allein wie auch mit mehreren nutzen können, wird Walt Disney zugeschrieben als Grundlage seiner Sitzungen mit den Mitarbeitern zur kreativen Erfindung neuer Bücher und Filme.[68] Hierbei geht es um ein einfaches Dreiphasen-Modell. Nehmen Sie als Beispiel an, daß Sie sich am Sonntagmorgen mit Ihrer Familie gemeinsam etwas vornehmen wollen. Meist gibt es dann ein großes Durcheinander verschiedener Wünsche und Vorstellungen und leicht endet der Vorsatz, gemeinsam etwas zu unternehmen, im gemeinsamen Streit. Hier kann Micky Maus Abhilfe schaffen:

Micky-Maus-Strategie

1. Utopiephase

Alle Familienmitglieder dürfen ihre Wünsche ohne Rücksicht auf die Durchführbarkeit oder auf die Wünsche der anderen äußern und so phantasievoll wie möglich darstellen und ausschmücken. Die anderen Familienmitglieder hören ohne Kommentar bei der Vorstellung der Utopien zu.

2. Realitätsphase

Die einzelnen utopischen Vorschläge werden nun auf Ihre Realisierbarkeit hin besprochen. Dabei können die Wetterlage, die Verkehrsmittel und andere äußere Bedingungen berücksichtigt werden. Auch die Konsensfindung wird in dieser Phase angegangen, bis am Ende ein gemeinsamer Vorschlag entsteht.

3. Kritikphase

Hier können alle Mitglieder den nun entwickelten Plan noch einmal aus ihrer eigenen Sicht kritisieren. Möglicherweise ergibt sich die Notwendigkeit eines erneuten Durchgangs vom Anfang veränderter Utopien an bis zur Kritikphase.

Die Micky Maus-Strategie ist besonders geeignet, wenn es um Kreativität für neue Planungen und Entscheidungen geht. Ein vorher festgelegtes Ziel gibt es dabei nicht. Wenn die sozialen Kontakte der TeilnehmerInnen für die Problemlösung besonders wichtig sind, empfiehlt sich ein von Robert Jungk und Norbert Millert entwickeltes Verfahren:

Zukunftswerkstatt

Bei der Zukunftswerkstatt geht es besonders um die Achtsamkeit auf die sozialen Beziehungen, um die in der Gruppe vorhandenen ungenutzten Ressourcen problemorientiert zu aktivieren. Jungk kennzeichnete sie als »Ort des demokratischen Diskurses« zur »Mobilisierung von Bürgerphantasien«. Ähnlich wie die Micky-Maus-Strategie weist auch die Zukunftswerkstatt drei Phasen auf.

Nehmen wir als Beispiel, daß in einer Wohngemeinschaft sich die meisten im Gemeinschaftsraum nicht mehr wohlfühlen und etwas verändert wollen:

1. Kritikphase: Katharsis und Bestandsaufnahme

Alle Mitglieder der Wohngemeinschaft äußern, was ihnen am Gemeinschaftsraum nicht gefällt. Jemand schreibt diese Mißfallensäußerungen auf ein großes Blatt Papier, das alle sehen können. Es ist wichtig, in dieser Phase unkontrolliert allen Unmut und Ärger ohne Einschränkungen herauszulassen. Danach wird versucht, die negativen Äußerungen umzuformulieren in positive Wünsche, also z. B. hinter »zu dunkel« steht dann mit einem anderen Stift geschrieben: »heller« oder hinter »zu vollgestopft« steht dann mit einem anderen Stift: »mehr Platz«.

2. Utopiephase: Phantasie und Vision

Diese Phase muß deutlich von der 1. Phase abgegrenzt sein. Bei wichtigen oder schwierigen Gruppenkonflikten ist es gut, diese Phase sogar an einem anderen Tag zu beginnen. Die Utopiephase kann eingeleitet werden durch eine Entspannungsübung oder eine meditative Atmosphäre, in der die TeilnehmerInnen eingeladen werden, sich die neue erwünschte Situation als Utopie vorzustellen ohne jegliche Realitätsbeschränkungen. Manchmal kann auch eine geeignete Musik hilfreich sein. Anschließend können die TeilnehmerInnen ihre vorgestellte Utopie entweder zeichnerisch darstellen oder aber in irgendeiner kreativen Form schriftlich beschreiben. Diese Utopien werden dann gegenseitig ohne Kommentar ausgetauscht.

3. Realisierungsphase: Umsetzung und Planung

In dieser Phase ist es wichtig, daß jede der beteiligten Personen sich mindestens einen konkreten Schritt überlegt, wie in absehbarer Zeit der Kritik entsprochen werden kann und wie Aspekte der Utopie umgesetzt werden können. Es ist dabei günstig, wenn sich jede Person einen

Paten sucht, der dann die wirkliche Durchführung dieses Schrittes anmahnt und überprüft.

Obwohl diese Methode insbesondere für Teams, Bürgerinitiativen, Arbeitsgruppen und Institutionen entwikkelt und methodisch vervollkommnet wurde, ist sie auch abgewandelt für Familien und sogar für Einzelpersonen anwendbar. (Genaueres s. Ergänzungen.[57])

Wirksamkeit: die Ohnmachtsfalle

Viele unserer alltäglichen Ziele und entsprechenden Handlungen scheinen auf unseren individuellen Lebenszusammenhang beschränkt, und es kommt uns oft vor, als ob wir in unserem privaten und beruflichen Handeln wenig oder nichts in unserem gesellschaftlichen Umfeld bewirken. Aber auch wenn wir nicht gleich an die Änderung der Welt denken, haben unsere Handlungen immer Wirkungen in der Gesellschaft. Das erfahren wir täglich am deutlichsten im Umgang mit unseren Kindern und anderen uns nahestehenden Menschen. Aber schon im Berufsleben werden uns und anderen die Wirkungen unseres Tuns häufig wenig erfahrbar. Das Gefühl, nur ein kleines Rädchen in einer komplizierten Maschinerie zu sein, wird um so stärker und verbreiteter, je entfremdeter und »virtueller« unsere Arbeit wird. Die Vorstellung, nichts zu bewirken, wird noch verbreiteter, wenn es um politisch-gesellschaftliche Belange geht. Allgemeine Ohnmachtsgefühle, Bilder von »denen da oben« und »den Machern« bestimmen weitgehend die politische Einstellung in unserer parlamentarischen Demokratie.

Die unübersichtlichen und komplizierten gesellschaftlichen Strukturen, das Schwinden stabiler sozialer Rahmenbedingungen und der Zwang zu individuellen Selbstorganisationen und individuellen Überlebensstrategien verstärken dieses Gefühl subjektiver Ohnmacht.[69]

Aber auch hier geht es uns ähnlich wie bei der Fremdbestimmtheit unserer Ziele: Auch wenn die Wirkungen unseres Handelns die Welt nicht spektakulär verändern, kann ich selbst entscheiden, ob ich meine Wirkung in der Welt akzeptiere oder verleugne. Wenn ich meine Wirkung verleugne, werde ich zum Schmarotzer, zum Außenseiter, zum Rädchen, oder bestenfalls zum Einsiedler. Wenn ich mir aber bewußt bin, daß ich durch meine Existenz und durch jede meine Handlungen notwendigerweise die Welt merklich oder unmerklich verändere, kann ich in diesem Bewußtsein wirksamer Teil eines wirkungsvollen Ganzen werden. Hier ist dann eine weitere Quelle unserer Verantwortlichkeit und unserer Selbstverwirklichung. »Handle so, als hinge die Zukunft der Welt von Deinem Tun ab« ist die buddhistische Fassung dieser Quelle, die dann durch den Nachsatz »Handle ohne Hang zum Tun« im leichten Fluß gehalten wird:

Wellenringe
Verfolgen Sie ab und zu eine Ihrer ganz unspektakulären Handlungen bis in alle Verästelungen. Sie haben einer alten Frau beim Einsteigen in den Bus geholfen. Die Erfahrung der Unterstützung verändert den Tagesablauf dieser Frau, der Busfahrer fühlt sich in seinem Beruf ein bißchen wohler, andere werden angeregt ... So breiten sich wie im

Wasser die Ringe ohne Ende aus. Aber vielleicht haben Sie der alten Frau auch nicht geholfen *und bereuen es nun und verfolgen die Anti-Ringe des Nicht-Tuns. Oder Sie haben jemanden im Bus in schlechter Laune angeschrien und können nun verfolgen, wie die Negativ-Ringe sich ausbreiten.*

Allerdings erscheinen uns solche Handlungen lächerlich unbedeutend. Täglich wird uns vorgeführt, wie die Veränderungen in unserem Leben und auf der Erde immer mehr von der rücksichtslosen Machtaufteilung zwischen globalen Großkonzernen und staatlichen Institutionen bestimmt werden. Wir erleben auch täglich, wie die globale Allianz von Unternehmen und Staaten unfähig ist, mit den von ihnen verursachten Schäden umzugehen.

Aber der Trend zur Globalisierung läßt sich nicht umkehren. Es kommt darauf an, die durch Vernetzung, Austausch und Synergie-Effekte entstehenden Entwicklungsmöglichkeiten lokal zu nutzen. Damit sie nicht nur von den global players in den Industrienationen ausgebeutet werden, brauchen wir mehr Selbstbestimmung und Eigenverantwortlichkeit für die von der Globalisierung Betroffenen.

Deshalb sind soziale Bewegungen wichtiger denn je, weil sie eine glaubwürdige und überzeugende Kraft gegen Resignation und Ohnmacht bilden können. Achtsamkeit gehört vielfältig dazu, angefangen von den Findungsprozessen und der Organisations-Entwicklung bis hin zu den Zielen und Aktionen.[70]

Zum Glück haben viele jüngere Menschen nach Phasen der Desorientierung, Desillusionierung und des starken Bezogenseins auf Eigennutz wieder verstärkt Zutrauen in die Wichtigkeit und Wirksamkeit ihres sozialen Engagements gewonnen. Dieses Engagement sehen sie allerdings nicht im Zusammenhang mit offizieller Politik, sondern als Teil einer »Gegenwelt«, in der Offenheit, Ehrlichkeit, Toleranz, Gewaltfreiheit und Kompromißfähigkeit als Grundlagen einer Alltagssolidarität angestrebt werden. Das jedenfalls ergibt sich aus der sogenannten Shell-Studie 97, in der eine Repräsentativbefragung von Jugendlichen in Deutschland ausgewertet wird.[71]

Da können wir Älteren uns anstecken lassen und brauchen nicht beim Verfolgen der Ringe aufzuhören. Es gibt viele Möglichkeiten bürgerschaftlichen Engagements, in denen auch Sie eine Chance haben, unabhängig von der Tagespolitik oder auch zusätzlich aus der scheinbaren Ohnmacht zum Subjekt des eigenen Handelns in Ihrem näheren oder weiteren sozialen Umfeld zu werden. Dabei geht es nicht mehr um einen moralischen Pflichtenkatalog oder um asketische Selbstverleugnung »im Dienste der Menschheit«, sondern auch um den eigenen Lebensentwurf, der durch gesellschaftliches Engagement zu sozialer Zugehörigkeit und Anerkennung führt. Sie können Ihre Bereitschaft auf dem Papier schon vorklären:

Tätig im sozialen Umfeld

Vielleicht finden Sie hier Anregungen für eigene Aktivitäten:

Was erwarte ich für mich von meinem sozialen Engagement?
Welche Kompetenzen möchte ich einbringen?
Welche Bereiche interessieren mich (Kinder, Jugendliche, Erwachsene, Alte, Kranke, Behinderte, Kommune, Asylbewerber, ImmigrantInnen, Menschenrechte, Straftäter, Opfer ...)?
Welche Form finde ich gut (Verein, Selbsthilfegruppen, Arbeitsgemeinschaften, Bürgerinitiativen ...)?
Möchte ich mich bestimmten Gruppen anschließen oder selbst eine Aktivität gründen?
Welche Art der Arbeit gefällt mir (Streetwork, Telefon, Internet, Partnerarbeit, Expertenarbeit, Mediation, Listener, Betreuung, Hausbesuch ...)?
Welche Verpflichtung könnte ich auf mich nehmen (Zeitaufwand, Verbindlichkeit, aussteigen, wieder einsteigen ...)?
Welche Veränderungen könnte ich auf mich nehmen (Tagesrhythmus, Kleidungsstil, öffentliche Präsenz ...)?

Wenn Sie einsteigen, werden Sie bald entdecken, daß es beim sozialen Engagement heute nicht um geruhsames Strümpfestricken und harmonisches Suppeverteilen geht, sondern um die aktive Mitgestaltung unserer Lebensbedingungen, um die Auseinandersetzungen mit staatlichen und öffentlichen Instanzen und um die Konfliktbewältigung bei widersprüchlichen Interessen. Im Sinne einer sozialverträglichen Wirtschaftspolitik können wir uns dafür einsetzen, daß solches soziales Engagement durch ökonomische Vorteile aufgewertet und anerkannt wird (z. B. Anrechnung auf Rentenansprüche, Fortbildungsmöglichkeiten, Kinderbetreuungsmöglichkeiten etc.). So könnten nicht nur die sozialen Kompetenzen von Arbeitslosen und Hausfrauen besser wirksam werden, sondern durch eine zeitlich befristete Unterbrechung der Erwerbsarbeit zu Gunsten von sozialen Aktivitäten könnten auch Erwerbstätige ihr Wirkungsfeld erweitern und dem beruflichen burn-out entgegenwirken. Die individualisierte Arbeits- und Freizeitgesellschaft könnte so Aspekte einer gemeinschaftsorientierten Demokratie hinzugewinnen als gute Basis für lokale Initiativen und als Einübung in eine vorstellbare subsidiäre und föderale Weltrepublik.[72]

Wirksamkeit: Die Umweltlüge

Noch extremer wird unser Ohnmachtsgefühl und die Einstellung nichts bewirken zu können in bezug auf unsere Welt als ganze. In anderen Kulturen ist die Vorstellung lebendig, daß nicht nur die Welt vom fernen Gestirn bis zum kleinsten Staubkorn auf uns einwirkt, sondern daß ebenso wir auf unsere Welt einwirken durch unser Tun und unser Nichttun. Das naturwissenschaftlich technische Weltbild hat diesen Wirkungszusammenhang verkürzt auf meßbare Kausalitäten (wenn ich die Kraft verdoppele, verdoppelt sich auch die Beschleunigung) und auf machbare Manipulationen (wenn das Gen entdeckt ist, wird das Schaf geklont). Dem entspricht dann eine täglich erneuerte Spaltung zwischen dem Menschen einerseits und einer sogenannten Umwelt andererseits: Das Gegenüber von Mensch und Umwelt wird als unvermeidliches Schicksal hingestellt und gelebt. In dieser Mensch-Umwelt-Spaltung symbolisiert sich dann die infantile Polarisierung des modernen Menschen zwischen Allmachtsgedröhn und Ohnmachtsgewimmer. Der stolze Konstrukteur der Mars-Sonde oder der nobelpreisverdächtige Gen-Kloner jammert dann über seine vom Ozon geröteten Augen und schimpft über den Schaum auf seinem geliebten Badesee.

Wir alle haben umgekippte Seen und Schaum auf den Gewässern gesehen. Und wir haben im Fernsehen die immer häufigeren Umweltkatastrophen gesehen mit Dürren und Überschwemmungen, und da ist eine unbestimmte angstvolle Ahnung, daß noch schlimmere Veränderungen und Katastrophen kommen werden. Wir haben Angst, und wir fühlen uns als ohnmächtige unschuldige Opfer einer von anderen verursachten Umweltzerstörung. Diese Angst vor der immer weiter um sich greifenden Umweltzerstörung und den kommenden Katastrophen wird durch niedliche Öko-Siegel besänftigt oder durch moralische Appelle zum Schicksal erhoben. Aber gerade weil die Kluft zwischen unseren winzigen Handlungsmöglichkeiten und den weltweit drohenden Umweltkatastrophen so unüberbrückbar scheint, sind alle gut gemeinten ökologisch-moralischen Aufforderungen fast wirkungslos. Denn sie werden nur von ein paar Wohlmeinenden in einem günstigen Augenblick befolgt. Wenn aber viele Menschen achtsam in unserer Welt leben, kann sich das Mensch-Umwelt-System ohne moralische Gebote auf der Grundlage gemeinsamen Achtsamseins so weiterentwickeln, daß die

Polarisierung von zerstörerischer Ausbeutung und zivilisatorischem Fortschritt abgelöst wird durch Austausch und Kontakt, der Wachstum für Menschen und Umwelt ermöglicht.[73]

Der im deutschen gebräuchliche Begriff »Umwelt« suggeriert, daß es auf der einen Seite uns Menschen gibt und andererseits um uns herum eine Umwelt, die wir genießen, erobern, zähmen, beherrschen und ausbeuten müssen, um immer besser leben zu können. Ab und zu müssen wir dann die Umwelt wieder ein bißchen aufforsten, regenerieren und konservieren, damit sie uns nicht vorzeitig kollabiert und entschwindet. So lassen sich mit Hilfe des Umwelt-Gedankens kostengünstig alle Probleme der Industrialisierung »entsorgen«: Wenn wir nur brav unsere Zeitungen, Pappen, Dosen und Flaschen sauber getrennt in die vorgeschriebenen und schön beschrifteten Behälter werfen, haben wir die Umwelt geschützt und hadern nicht mehr mit Wirtschaft und Politik, die doch alles so umweltfreundlich regeln.

Wenn wir aber achtsam in der Welt sind, werden wir immer wieder spüren, daß die Welt nicht um uns herum ist wie das Meer um eine Insel, sondern daß die Welt ein Teil von uns ist, so wie wir ein Teil dieser Welt sind:

Mitwelt

Finden Sie bei einem Spaziergang oder einer Wanderung einen Baum, der Sie beeindruckt. Nähern Sie sich und nehmen Sie den Baum allmählich mit allen Sinnen wahr: sehen, hören, tasten, riechen, schmecken. Entfernen Sie sich dann ein paar Schritte und lassen Sie mit geschlossenen Augen Ihren Baum in sich entstehen: sein Aussehen, seine Geräusche, seine Oberflächen, sein Geruch und Geschmack ... Versuchen Sie, Ihr Baum zu werden mit Wurzeln, Stamm und Krone. Probieren Sie Standfestigkeit und Bewegungen im Wind aus ... Nähern Sie sich wieder Ihrem Baum und lehnen Sie sich sitzend oder stehend an ihn an. Sie können versuchen, ob Sie durch Rücken und Stamm Energien austauschen und Botschaften senden und empfangen können ... Ist Ihr Baum männlich oder weiblich (wie in den meisten Sprachen)? Was können Sie über das Leben Ihres Baumes erfahren, was kann Ihr Baum über Ihr Leben erfahren? Wie können Sie sich gegenseitig unterstützen? Fragen Sie Ihren Baum um Erlaubnis, ob Sie etwas von ihm nach Hause mitnehmen dürfen oder ob er Ihnen etwas von sich schenkt. Schenken auch Sie Ihrem Baum etwas von sich und verabschieden Sie sich.

In ähnlicher Weise können Sie auch mit Tieren, mit Steinen, Kristallen, Felsen, mit Wasser und Feuer zusammensein.

Alle Dinge, die mit uns auf der Welt sind, gehören ursprünglich zur Natur und sind dann doch fast immer auch von Menschen behandelt. Selbst der Stein, den wir am Wegesrand auflesen, ist durch den Straßenbau oder den Pflug hierher gekommen, und die Muscheln am Strand finden wir nur, weil andere vorher den Schlick entfernt haben. So verdienen alle Dinge doppelte Achtsamkeit, weil sie zu uns gehören als Teil der Welt und als

Teil von uns selbst, die wir auch wieder zur Welt gehören. Heute haben wir allerdings Mühe, diese Teilhabe zu begreifen, weil die meisten Dinge vordergründig zu Waren geworden sind. Einen Apfel aus dem Supermarkt können wir kaum noch als ein Naturding erleben. Vielmehr begegnet er uns als ein genormtes Konsumprodukt, das wir lustlos als Vitaminspender verzehren. An einem Hemd, das ich anziehe, kann ich seinen menschengemachten Anteil nicht mehr spüren, riechen, sehen. Das Hemd ist zu einem Produkt geworden im Gezerre um Marktanteile, die sich über Kosten, Werbung, Preis in den alles bestimmenden Gewinn verwandeln sollen.

Unsere Dinge
Holen Sie sich fünf Gegenstände aus Ihrer Reichweite.
Schreiben Sie in Ihr Entdeckungsbuch:
Was fällt mir bei meinem Ding zur Natur ein?
Was fällt mir bei meinem Ding zu menschlichen Tätigkeiten ein?
Was fällt mir bei meinem Ding zu Waren und Konsum ein?

Vielleicht können Sie mehr über Ihr Verhältnis zu den Dingen Ihrer Mitwelt herausfinden, wie es geprägt ist durch Ihre Achtsamkeit auf natürliche und gesellschaftliche Bedingungen und woher Ihre Schönheitsideale, Ihre ästhetischen Vorlieben und Ihr Verhältnis zu Besitz kommen.

Der Umweltbegriff vernebelt aber nicht nur unsere

Teilhabe an der Welt, sondern er dient auch als Alibi und Ausrede für das, was wir Menschen mit unserer Welt anstellen. In dieser Minute, da Sie das hier lesen, geht durch menschliche Eingriffe auf unserer Erde etwas unwiederbringlich verloren: eine Pflanzenart, eine uralte menschliche Kultur, Tier-Rassen, Landschaftsformen und Urwälder. Auch wenn Vergehen und Entstehen das Leben unseres Planeten bestimmen, ist doch dieses durch unsere Zivilisation bewirkte Schwinden von anderer Art, indem es die Vielfalt des Lebendigen und die Bedingungen unseres Lebens überhaupt bedroht. Obwohl die Verluste für unsere Erde vorhersehbar sind und täglich in Zeitungen und Fernsehen benannt werden, gehen sie dennoch unaufhörlich weiter.

Die Erde, die unser Vertrautestes ist, unsere Heimat und einziger Aufenthalt, aber auch das Fremde, das Bedrohliche, uns Überwältigende in ihrer scheinbaren Unendlichkeit und unnennbaren Vielfalt, ist im Schwinden begriffen. Das, was wir uns im Wandern und Reisen, beim Lesen und in Filmen von unserer Erde angeeignet haben: der Regenwald, die Tiere unserer Kindheit, die Massai, Lebensräume von Pflanzen, Tieren, Menschen und Kulturen gehen unwiederbringlich dahin. Wir versuchen sie festzuhalten in kunstvoll ausgearbeiteten Tier- und Kulturfilmen mit Naturschutzappellen am Ende, in noch exotischeren und ferneren Reisen, die dem »Urwüchsigen« nachjagen und es so zugleich für den Untergang vorbereiten. Denn mit all diesen Tätigkeiten löschen wir das, was wir eigentlich erhalten wollen, um so umfassender aus. Jede Safari stört ein Gleichgewicht, jeder noch so behutsame Naturfilm zerstört Lebensbedingungen, jeder Artenschutz bringt andere Arten in Gefahr. Wir müssen uns endlich eingestehen, daß unsere auf Ausbeutung und Unterdrückung der Natur und des Lebendigen ausgerichtete Lebensweise die Vielfalt des Lebendigen auf unserer Erde zum Schwinden bringt (oder gar genmanipuliert verzerrt). Nur im Achtsamsein auf dieses Schwinden können wir einen angemessenen Umgang mit den von uns verursachten Verletzungen und Vernichtungen finden.

Es gibt eine treffliche Karikatur, auf der vor einem völlig kahlen Wald von Baumstümpfen der Vater zu seinem Kind sagt: Ja meinst Du, wenn wir das damals gewußt hätten, wäre auch nur ein einziger mit seinem Auto gefahren! Aber wir wissen es seit langem und fahren täglich weiter, einfach weil noch so viele schöne Bäume da sind und weil es so angenehm ist, ganz schnell und bequem überall hinzukommen, und weil unser schönes klitzekleines Auto bei den Millionen anderer sowieso keine Rolle für die Umwelt zu spielen scheint. Es fällt uns schwer, aus diesem tödlichen Mix von Verdrängung, Verleugnung und Weiterwursteln auszusteigen. Sie können ausprobieren, wie schwer es Ihnen fällt:

Autolust

Hier ist eine Tabelle von Eigenschaften, die uns das Auto so lieb machen. Kreuzen Sie unter A drei Eigenschaften an, die Ihnen besonders wichtig sind und unter B drei, auf die Sie verzichten könnten:

Eigenschaften	A	B	X
Bewegungsfreiheit			
Bequemlichkeit			
Perfektion			
Design			
Unabhängigkeit			
Prestige			
Fahrlust			
Geschwindigkeit			
Wohnlichkeit			
Zeitersparnis			

Sie werden vermutlich bei B in anderen Zeilen angekreuzt haben als bei A. Stellen Sie sich nun vor, daß durch die nächsten 1000 Kilometer, die Sie autofahren, durchschnittlich 1 Mensch aufgrund der durch Kohlendioxydausstöße und Klimaveränderungen verursachten Dürren und Überschwemmungen in seinem Überleben bedroht ist (realistische Einschätzung). Welche der unter A genannten Eigenschaften ist Ihnen dann immer noch wichtig? Kreuzen Sie diese unter X an. Wenn Ihnen unbehaglich zumute ist, versuchen Sie neue Strategien:

- *Wie könnte ich mir die in A angekreuzten Annehmlichkeiten mit weniger Auto schaffen?*
- *Welche Schritte kann ich noch in dieser Woche unternehmen, um meine Kilometerzahl zu reduzieren?*
- *Mit welchen Menschen kann ich mich dabei zusammentun (Kommunikation, Fahrgemeinschaft, politische Initiativen zur Verbesserung des Nahverkehrs ...)?*

Daß es nicht unbedingt das Auto sein muß, sehen Sie in den Ergänzungen.[74]

Viele leben in der Erwartung einer großen Katastrophe, des Weltuntergangs und laufen herum mit erhobenem Zeigefinger: Ihr werdet schon sehen! Na wartet nur! Das habt ihr davon! Aber solche an niemanden gerichtete Drohungen und Appelle und Katastrophenphantasien führen in Resignation und hindern uns nur, auf das allmähliche und unaufhaltsame Schwinden um uns herum zu achten, von dem wir selbst ein Teil sind. Denn wir selbst wirken tagtäglich am Schwinden mit, und wir sind selbst tagtäglich von dem Schwinden betroffen.

Im Achtsamsein auf das, was verschwindet, können wir anfangen, bewußt Abschied zu nehmen. Wir trauern, ohne billige Tröstungen und ohne billige Schuldzuweisungen. Wenn Sie im Trauern nicht resignieren, sondern verändern und eingreifen wollen, können Sie es mit folgender Anregung versuchen:

Adieu

- *Wenn etwas, das von unserer Welt durch menschliche Eingriffe schwindet, Sie besonders schmerzt und bewegt, ist es wichtig, einen Weg zu finden, wie Sie sich persönlich verabschieden können (z. B. durch ein Foto oder einige Zeilen).*
- *Es ist gut, andere Menschen zu finden, die ähnlich fühlen und denken und Ihren Schmerz und Trauer und Empörung teilen und sich auf Abschied einlassen.*
- *Es ist wichtig, gemeinsam eine Aktion anzufangen, die Ihren Abschied (ohne Appelle und ohne Schuldzu-*

weisung) öffentlich werden läßt (z. B. Zettelaktionen, Zeitungsanzeigen).

Sie werden entdecken, daß auch bei konkreten Protestaktionen (z. B. gegen Baumfällen oder Abrißmaßnahmen) Ihre Widerstandskraft neue Dimensionen erlangt, wenn es Ihnen nicht nur um Festmeter, grüne Lunge und gute Ideale geht, sondern wenn der zu schützende Baum als Mitwesen begriffen und geachtet wird und der mögliche Abschied nicht verdrängt wird. Im Achtsamsein kann so das Persönliche politisch und das Politische persönlich werden.

Tätig für die Achtsamkeit in der Welt

Wenn Sie mir bis hierhin gefolgt sind und hoffentlich viel für sich achtsam entdeckt haben, Achtsamkeit also für Sie wichtig ist, werden Sie sich bald Gedanken darüber machen, wie auch andere mehr über die Achtsamkeit entdecken können und wie Achtsamkeit bei den einzelnen und in der Gesellschaft eine größere Rolle spielen kann. Sie werden sich dann vielleicht überlegen, wie Sie Achtsamsein weiter unter den Menschen verbreiten können, weil Achtsamkeit nicht einfach von »allein« kommt. Als Anregung dazu möchte ich Ihnen drei Thesen zur Diskussion stellen:

- Achtsamsein ist ansteckend. Das wichtigste, was ich für die Ausbreitung der Achtsamkeit tun kann, ist die Entdeckung meiner eigenen Achtsamkeit. Achtsamsein ist wie ein Licht, das sich anderen ohne ein

Zwischenmedium mitteilt. Ich hatte das Glück, einem tibetanischen Lama zu begegnen und zu merken, wie sich sein Achtsamsein auf mich und die anderen übertrug, unabhängig davon, ob er etwas Wichtiges sagte oder einfach nur lachte oder einen Witz erzählte. Wir alle kennen die ansteckende Wirkung des Achtsamseins in der Kunst. Aber natürlich muß es nicht ein Erleuchteter oder ein charismatischer Mensch sein, von dem aus Achtsamsein sich ausbreitet. Jede noch so kleine Bewegung der Achtsamkeit kann ansteckend sein und sich ausbreiten wie ein Lächeln.

- Ich kann allerdings Bedingungen schaffen, die die Entdeckung der Achtsamkeit ermöglichen und anregen. Indem wir solche Entdeckungen reflektieren und austauschen, können wir zu einer »Bildung der Achtsamkeit« kommen. Bildung soll hier allerdings etwas anderes bedeuten, als der seit dem 19. Jahrhundert viel mißbrauchte, vieldeutige und daher heruntergekommene Begriff, der in der Karikatur des Bildungsbürgers abgedankt hat. Hier meine ich Bildung in ihrem starken ursprünglichen Sinn, wie er in Bild, Gebilde, Körperbildung zum Ausdruck kommt.

Bildung der Achtsamkeit umfaßt dann ein Doppeltes:

- Wie wir uns als körperliche, geistig-seelische, soziale Wesen durch Achtsamsein bilden.
- Wie wir als körperliche, geistig-seelische und soziale Wesen in uns Achtsamsein bilden.

In dem Doppelaspekt kommt der unauflösbare Zusammenhang von Bildung und Achtsamkeit deutlich zum Ausdruck. Die so verstandene Bildung der Achtsamkeit umfaßt alle Bereiche des menschlichen Lebens, in denen die Kompetenz durch Achtsamsein erweitert werden kann. Obwohl diese Bereiche alle miteinander verbunden sind, werden sie hier nacheinander aufgeführt:

- Körper- und Bewegungskompetenz
- Wahrnehmungskompetenz
- Ästhetische und kreative Kompetenz
- Emotionale Kompetenz
- Rationale Kompetenz
- Handlungskompetenz
- Soziale und politische Kompetenz
- Spirituelle Kompetenz

Weil Achtsamkeit keine Eigenschaft ist, die ich habe oder auch nicht, und auch kein Zustand ist, in dem ich mich befinde oder auch nicht, sondern ein Prozeß des wahren lebendigen Spürens, kann ich Achtsamkeit weder von mir noch von anderen fordern. Die Aufforderung »Sei achtsam!« hebt das, was sie fordert, wieder auf. Achtsamsein läßt sich am ehesten erleben, einüben und vermitteln in Gesprächen und in Netzwerken.

Achtsamkeit kann also kein kontrollierbares Lernziel sein. Bildung der Achtsamkeit kann sich am besten in einer Gemeinschaft der Lernenden vollziehen. In einer solchen Gemeinschaft der Lernenden wird die alte Hierarchie zwischen Zögling und Erzieher aufgehoben. Das

Schwanken der Pädagogik zwischen Wachsenlassen und Formen der zu Erziehenden wird gegenstandslos, weil das alte »Ich weiß, was für Dich gut ist« abgelöst wird vom Achtsamsein auf mich und die anderen. Für die Bildung der Achtsamkeit werden im Laufe des Lebens alle Menschen immer wieder an anderen Gemeinschaften der Lernenden teilnehmen, die sich je nach Lebensphase durch die Bildungsbereiche und die Gruppenstrukturen unterscheiden und sowohl Alltag wie Beruf umfassen. Hier wollen wir nicht weiter auf das Konzept einer Bildung der Achtsamkeit eingehen, für das ein anderes Buch in Vorbereitung ist. In Stichworten soll nur noch einmal kurz angedeutet werden, worin sich die Bildung der Achtsamkeit von alten Bildungskonzepten unterscheidet:

Es geht nicht mehr um die Ausarbeitung und Vermittlung eines »gültigen« Wissenskanons, weil durch die Informationstechnologien und die beschleunigten Veränderungen des relevanten Wissens jede Festlegung eines Wissensbestandes sinnlos wird. Statt dessen ist es wichtig, die Fähigkeit zu bilden, sich Wissen anzueignen und die Zugänge zu der unendlichen Informationsfülle sinnvoll für sich selbst nutzen zu können. (Unter dem Stichwort E-learning werden heute bereits nachfrageorientierte und interaktive Lernsysteme bereitgestellt, bei denen es nicht um »Kontentmanagement« geht.)

Es geht nicht mehr um Orientierungsangebote, weil in einer immer komplexer werdenden Welt mit immer unübersichtlicheren und sich schnell verändernden Strukturen jedes Orientierungsangebot immer schon zu kurz und zu spät kommt. Wichtig ist aber, Orientierungsfähigkeit zu lernen und die Unsicherheiten in einem ständig sich verändernden unübersichtlichen Organisationsgefüge auszuhalten und für sich produktiv zu nutzen.

Es geht nicht mehr um die Vermittlung eines festgelegten Wertekanons, weil in unserer pluralen Gesellschaft viele Werte gleichberechtigt nebeneinander und auch konkurrierend bestehen. Wichtig ist die Fähigkeit, die eigenen Werte zu erkennen, zu begründen, sie in Handlungen einzubeziehen und anderen mitzuteilen. Wichtig ist auch die Fähigkeit, die eigenen Werte in der Kommunikation mit anderen zu überprüfen und mögliche Neuorientierungen einzubeziehen.

Es geht nicht mehr um die Bildung der klassischen »unverwechselbaren« Identität als Charakteristikum einer Persönlichkeit, weil eine solche Identität an die Vorstellung einer statischen und geschlossenen Gesellschaft gebunden ist. Heute geht es darum, durch wechselnde Identifikationen die Kontinuität der eigenen Persönlichkeit »als Vielheit« (Nietzsche) zu erfahren.

Durch die Bildung der Achtsamkeit kann der Zusammenhang zwischen Lernen und Kommunikation als lebenslanger Prozeß so gestaltet werden, daß persönliches Wachstum sowohl die verantwortliche Achtsamkeit für die Gesellschaft und ihre Kultur wie auch für die Natur und den Kosmos umfaßt.[75]

Wundern über die Unachtsamkeit: Das Böse ist immer und überall

Da sind wir nun schon viele Seiten lang mit vielen Anregungen bei der Achtsamkeit und wundern uns vielleicht gar nicht mehr, warum die meisten Menschen meistens unachtsam sind. Was läßt uns unachtsam werden, wenn Achtsamkeit für die menschliche Entwicklung doch so wichtig sein soll? Der Säugling und das Kleinkind sind noch in einem Zustand allumfassender Achtsamkeit, den wir an ihren Blicken, ihren Bewegungen und Reaktionen spüren. Vielleicht erinnern auch Sie sich aus Ihrer Kindheit an Momente vollkommenen Glücks, wenn Sie einfach nur auf einer Wiese saßen und die Wolken vorüberziehen sahen oder wild herumtanzten im Gewitterregen.

Bald kommt aber etwas Neues hinzu: Das Kind will etwas Bestimmtes greifen, das Funktionieren einer Sache begreifen, etwas Neues erreichen, selbst etwas herstellen. Seine Achtsamkeit richtet sich dabei aus: auf das genaue Hinsehen, auf den wiederholten Ablauf einer Bewegung, auf das Selbermachen. Das Achtsamsein zentriert sich zur Aufmerksamkeit. Maria Montessori, berühmte Reformpädagogin der Jahrhundertwende, war von diesem Phänomen, das sie »Polarisation der Aufmerksamkeit« nannte, so fasziniert, daß sie ihre pädagogischen Konzepte darauf aufbaute. Sie organisierte Lernmaterial und Lernbedingungen so, daß entsprechend den Entwicklungsphasen des Kindes die Lernbereitschaft durch die Polarisation der Aufmerksamkeit optimal genützt werden kann.

So zentrieren auch Menschen bei künstlerischen oder entdeckenden Aktivitäten ihr Achtsamsein ganz auf den kreativen Prozeß. Die sprichwörtliche Selbstvergessenheit oder Werkbesessenheit sind Ausdruck für diese Zentrierung, die oft mit Unachtsamkeit für Zeit, Raum, eigene Bedürfnisse, Gefühle, soziale Beziehungen einhergeht. Aber es sind nur die wenigsten, bei denen Unachtsamkeit etwas mit ihrem Werk oder ihren Visionen zu tun hat. Manchmal sind es noch Sinnkrisen und die Suche nach neuen Identifikationen wie in der Pubertät oder in anderen Lebenskrisen, wenn das Aufgehen in der Leere der Achtlosigkeit Raum für neue Orientierungen vorbereiten kann.

Aber für das Abnehmen des Achtsamseins im menschlichen Leben sind andere Prozesse von Bedeutung. Schon bald merkt das heranwachsende Kind, daß seine zielgerichtete und leistungsbezogene Aufmerksamkeit besonders gefördert und honoriert wird. Seine Anpassung an die Normen und Wertvorstellung der Erwachsenen geschieht meist ohne Achtsamkeit auf diesen Prozeß. Dabei steht die in der Industriegesellschaft geforderte Ausrichtung auf eine zielgerichtete und leistungsbezogene Aufmerksamkeit im Widerspruch zu der durch diese Industrie produzierten Reizüberflutungen und Konsumorientierungen. Die jüngsten Notstandsmeldungen der Pädagogik vom Aufmerksamkeitsdefizitsyndrom (ADS), das in den USA und zunehmend auch in Deutschland medikamentös (Ritalin) behandelt wird, zeigen auch, daß es in dieser pädagogischen Diskussion vor allem um eine ängstliche Fixierung auf eine eng festgelegte und durch Tests meßbare Aufmerksamkeit und Leistung geht, die für den Anpassungsprozeß der Kinder an Schule und Gesellschaft notwendig sein soll. Über Achtsamkeit wird dabei allerdings nicht gesprochen.

Unsere Frage nach dem Verlust der Achtsamkeit ist vielleicht nicht so sehr eine entwicklungspsychologische oder pädagogische Frage, sondern sie hängt mit unseren gesellschaftlichen und kulturellen Veränderungen zusammen. In einer Welt, in der das Zusammenleben der Menschen vorwiegend durch rational festgelegte Ziele in ökonomischen, politischen und kulturellen Bereichen bestimmt und global elektronisch medial vermittelt wird, wirkt Achtsamkeit wie eine Störung des Betriebs und seines vermeintlichen Fortschritts. Wir haben also unsere Frage nach der Unachtsamkeit nun an einen Anfang verschoben, an dem zu fragen ist, wie es zu einer solchen gesellschaftlichen Entwicklung gekommen ist, bei der Achtsamsein nicht mehr vorkommt oder sogar stören muß.

»Was siehst Du hier, mein Freund? Nur einen gewöhnlichen alten Kochtopf, verbeult und schwarz vom Ruß. Er steht auf dem Feuer, auf diesem alten Holzofen da, das Wasser darin brodelt, und der aufsteigende Dampf bewegt den Deckel. Im Topf ist kochendes Wasser, Fleisch mit Knochen und Fett und eine Menge Kartoffeln.

Es scheint, als hätte er keine Botschaft für uns, dieser alte Topf, und Du verschwendest bestimmt keinen Gedanken an ihn. Außer, daß die Suppe gut riecht und Dir bewußt macht, daß Du hungrig bist.

Aber ich bin ein Indianer. Ich denke über einfache, alltägliche Dinge – wie diesen Topf hier – nach. Das brodelnde Wasser kommt aus der Regenwolke. Es ist ein Sinnbild für den Himmel. Das Feuer kommt von der Sonne, die uns alle wärmt, Menschen, Tiere, Bäume. Das Fleisch erinnert mich an die vierbeinigen Geschöpfe, unsere Brüder, die Tiere, die uns Nahrung geben, damit wir leben können. Der Dampf ist Sinnbild für den Lebensatem. Er war Wasser; jetzt steigt er zum Himmel auf, wird wieder zur Wolke. All das ist heilig. Wenn ich diesen Topf voll guter Suppe betrachte, denke ich daran, wie Wakan Tanka, das Große Geheimnis, auf diese einfache Art und Weise für mich sorgt.« (Lame Deer)[76]

Wie hier bei den Sioux ist in vielen indianischen Kulturen Achtsamkeit ein selbstverständliches Element des Lebens in der Gemeinschaft. Die Entwicklung in unserer Geschichte ist anders verlaufen. Die Gründe dafür sind vielfältig und werden von Ethnologen, Philosophen, Historikern und Gender-Forscherinnen in jüngster Zeit immer wieder neu herausgearbeitet. Hier möchte ich als Anregung zu Widerspruch und Weiterdenken nur einige Aspekte benennen.

Ein beliebter Ausgangspunkt ist die griechische Antike als Ursprung der abendländischen Philosophie. Insbesondere Aristoteles wird mit seinen Entdeckungen auf dem Gebiet der Logik und der Annahme einer durchgängigen Zweckbestimmtheit des Naturgeschehens und unseres Handelns als Initiator der technisch-instrumentellen Rationalität gedeutet. Allerdings hat schon viele Generationen vorher Parmenides gemahnt, daß es »nötig ist, daran zu denken und darüber zu sprechen, daß das Seiende ist.« Diese Mahnung des Parmenides könnte man als Warnung deuten vor einer unheilvollen Tendenz in unserer Geschichte, die zusammenhängt mit der gewaltsamen Herrschaft einer männlichen Elite über Unfreie, Sklaven und Frauen. Die Durchsetzung und Sicherung dieser Herrschaft machte Organisationsformen nötig, die auf Effektivität, Zielstrebigkeit, Unterdrückung und Ausbeutung ausgerichtet sind. Diesen Organisationsformen entsprechen analytische Denkformen, die sich vor allem auf logische Strukturprinzipien, Kausalzusammenhänge und ihre technisch-industrielle Anwendbarkeit beziehen und die das Umfassende des Kosmos und des Menschseins immer weniger beachten.

Diese von den Philosophen auch als »Seinsvergessenheit« bezeichnete Unachtsamkeit ist der Preis für die Effektivität des analytischen Denkens und seiner technischen Anwendung.[77] Der Effektivität verdanken wir unsere Zivilisation mit all ihrem Wohlstand, vielen Absicherungen und mancherlei Fortschritten. All das durch die Technik Hergestellte drängt sich mit schönem Design und gutem Funktionieren wie eine zweite perfektere Schöpfung aus Menschenhand auf, und keiner kann sich leicht der Faszination eines ICE-Zuges, eines bestimmten Autos, einer Uhr oder dem Internet entziehen. Die Kehrseite dieser zweiten Schöpfung zeigt sich als Seinsvergessenheit dann aber in der zerstörerischen Dynamik der technisch-wissenschaftlichen Zivilisation, in ökologischen, sozialen und individuellen Krisen.

In dieser zerstörerischen Dynamik manifestiert sich

dann auch das, was wir als das »Böse« bezeichnen.[78] Zerstörung, Vernichtung, Mord und Grausamkeiten sind als das Böse im Menschen und in der Welt Ausdrucksformen dieser Krisen. Wir wollen hier versuchen, dieses Böse ohne metaphysischen und moralischen Anspruch als Erscheinungsformen der Seinsvergessenheit und bestimmter Dimensionen des Unachtsamseins zu beachten.

Die Seinsvergessenheit und das damit zusammenhängende Böse können in drei Dimensionen festgestellt werden, in denen Menschen statt des Achtsamseins und Gewahrseins auf ihrer Verstocktheit beharren:

1. Kosmische Verstocktheit

Die kosmisch Verstockten können nicht mehr staunen über das Wunder der Existenz unserer Welt und unserer eigenen Existenz.[79] Im trüben Fluß der schleichenden grauen Gewöhnung lassen sie sich mitführen als Mitläufer des Nichts, die immer stärkere Reize und Sensationen brauchen, um sich überhaupt noch zu spüren. Die kosmische Verstocktheit schließt eine lebenszerstörende Gleichgültigkeit zur Welt und damit auch eine Selbstzerstörung ein, die dann als Umweltkrise wahrgenommen wird (siehe Kapitel »Umweltlüge«).

Die Therapie gegen die kosmische Verstocktheit kann bei Parmenides anfangen, indem wir seiner ersten und letzten Frage in uns Raum geben:

»Warum ist überhaupt etwas und nicht viel mehr nichts«.

Das Staunen über dieses Ungeheure, das Kinder immer wieder ergreift, ist die eigentliche Quelle allen Achtsamseins. Die Frage und das Staunen sind durch Menschen immer wieder neu geformt worden, in Mythen, Religionen, Märchen und der Erforschung der Welt in ihren materiellen und geistigen Zusammenhängen. Und das Staunen ist auch immer wieder zugeschüttet worden durch eben diese Religionen und Wissenschaften: in dogmatischen Glaubenssystemen und durch allerlei wissenschaftliche Erklärungsversuche vom Urknall bis zur Chaostheorie. Im Grübeln und im Frömmeln entfernen wir uns nicht nur vom Staunen, sondern wir berauben uns auch des Zugangs zu den Kräften des Kosmischen, die diese Welt und uns in ihr erschaffen haben und uns immerzu auch jetzt in diesem Moment durchdringen.

Kosmisch

Finden Sie für sich ein Ding, das Ihnen besonders die Kräfte und Wunder des Kosmischen und das Staunen darüber verdeutlicht (z. B. ein Tannenzapfen, ein Apfelkern, eine Frucht, ein Blatt, ein Stein, ein Kristall ...). Versuchen Sie nun, sich zu entspannen und im Anschauen oder Berühren Ihres kosmischen Gegenstandes einen Zugang zu den Kräften zu finden, die diesen Gegenstand gebildet haben und ebenso die ganze Welt und Sie selbst. Finden Sie für sich eine günstige Tageszeit, in der Ihnen dieser Zugang besonders gelingt und gut tut. Vielleicht finden Sie sogar für sich in der Regelmäßigkeit und der Wiederholung so etwas wie eine kleine rituelle Handlung: Jeden Morgen, wenn ich aufwache ..., abends vor dem Einschlafen ... und vielleicht gelingt es Ihnen dann, diesen Ritus als Kraftquelle zu aktivieren, wenn es Ihnen mal schlecht geht. Wenn Ihnen aus religiösen oder spirituellen Übungen schon Zugänge zum Kosmischen vertraut sind, wird Ihnen diese Übung vielleicht noch leichter fallen.

Bei solchen Übungen werden Sie möglicherweise entdecken, daß das sogenannte Böse nichts ist, was sich entweder dämonisch in uns oder teuflisch außerhalb von uns befindet, sondern daß es mit dem Auf- und Abgeben des Achtsamseins und mit der »unerschöpflichen Trägheit unseres Herzens« zu tun hat. »Die schönste List des Teufels ist, daß er uns überzeugt, er existiere nicht.« (Baudelaire)

Bei diesen Erfahrungen geht es also nicht um das Heil und die Erlösung vom Übel durch Gnade und Fernhalten von Bösem, sondern unser »Kampf gegen das Böse« besteht in der Beständigkeit des Achtsamseins und im Widerstehen der bequemen Gewöhnung. Und es geht auch nicht um die Wiederherstellung einer angeblich heilen Welt der ursprünglichen Schöpfung, sondern es geht darum, in der menschlichen Schöpfung auf die ursprüngliche Schöpfung zu achten: beim Surfen im Internet zugleich die ziehenden Wolken zu sehen und im Flugzeug die Leere des Raumes zu erfahren. Umgekehrt können wir darauf achten, wie sich in der Ursprungs-Schöpfung die Technizierbarkeit schon verbirgt, wie Kohle und Öl die Flammenenergie enthalten und wie das Gen sich dechiffrierbar macht. So können die Söhne und die (selteneren) Töchter in ihrem Schöpfungsrausch erfahren, daß sie ein zweifelhaftes Secondhand-Geschäft betreiben, das hübsch und nützlich sein kann, aber auf die Gutmütigkeit der Kunden und des Lieferanten angewiesen ist. Wenn ihr Geschäft pleite geht, wird es die Welt vermutlich nicht anhalten.

2. Gesellschaftliche Verstocktheit

In der gesellschaftlichen Verstocktheit wenden wir die Achtsamkeit weg von den gesellschaftlichen Bedingungen, die unsere Existenz als Menschen bestimmen. In der Achtlosigkeit sind wir dann unfähig, Wünsche, Ziele und Utopien für die Entwicklung und Veränderung der gesellschaftlichen Bedingungen zu finden. Wir achten nicht auf Armut, Ungerechtigkeit, Ausbeutung, Not und Elend und sehen diese dann als gottgewollt oder schicksalhaft an. Wir verschließen die Augen davor, daß Gewalt und Destruktivität, »das Böse« sich immer im Rahmen bestimmter gesellschaftlicher Verhältnisse durchsetzt und sich in sozialen Handlungen zwischen Menschen abspielt.

Die gesellschaftliche Verstocktheit schließt eine asoziale Gleichgültigkeit ein, die das Gemeinwohl und die demokratischen Lebensformen bedroht und schließlich in die Ohnmachtsfalle mündet oder aber umgekehrt in der Achtlosigkeit für andere zu Fundamentalismus, Fanatismus und Diktatur führt. Der beliebte Spruch des augenzwinkernden Misanthropen Wilhelm Busch

> »Das Gute – dieser Satz steht fest –
> ist stets das Böse, was man läßt ...«

gilt genau umgekehrt, weil das Böse sich aus dem unterlassenen Guten herleitet.

Der »Kampf gegen das Böse« umfaßt hier die Achtsamkeit auf unsere gesellschaftlichen Bedingungen und die Möglichkeiten ihrer Veränderung, indem wir Wege finden, uns gegenseitig zu verstehen, auseinanderzusetzen und gemeinsam zu handeln.

3. Persönliche Verstocktheit

Das Böse ist immer und überall. Denn wir sind keine Engel und die Unachtsamkeit ist in jedem Menschen und kann sich ausbreiten wie eine Wüste. Habgier, Machthunger, Gewalt sind nur die spektakulären Dünen dieser Wüste, denen in unendlichen Abflachungen andere folgen. Der »Kampf gegen das Böse« in uns vollzieht sich für die Achtsamen nicht in der krampfhaften Unterdrükkung oder Verdrängung des Bösen (das Gute als das Böse, was man läßt) und auch nicht im zwanghaften Gut-sein-wollen, sondern im Achtsamsein auf das, was ich an mir ablehne oder nicht zulasse.[80] Hierbei wird die alte sokratische Formel »Erkenne dich selbst« erweitert und präzisiert durch psychoanalytische und gestalttherapeutische Einsichten, die in die Formel münden: »Akzeptiere dich, wie du bist, und du wirst dich verändern.«

Durch das Achtsamsein auf unsere »Schattenseiten«, auf unsere ungeliebten, verdrängten und unterdrückten Anteile erlangen wir überhaupt erst die Möglichkeit, diese Anteile als einen Teil von uns wahrzunehmen und uns so mit ihnen auseinanderzusetzen als Voraussetzung für Neuorientierungen, Wandlung und Veränderung.[81]

Vielleicht ist die Auseinandersetzung mit dem Bösen ein neuer Anlaß zu spüren, wie wichtig Achtsamsein nicht nur für das Leben des einzelnen, sondern für das Überleben der Menschheit und für unsere Welt insgesamt ist. Und wir merken an unseren eigenen »Verstocktheiten«, daß Achtsamkeit keineswegs ein Geschenk ist oder unser Leben gemütlich und behaglich macht. Vielmehr brauchen wir in der Auseinandersetzung mit unserer eigenen Trägheit und Bequemlichkeit, mit unseren Gewohnheiten und Sicherungen viel Kraft und Mut und Beständigkeit, auch wenn wir Unangenehmes und Schmerzliches entdecken und aushalten. Nur so kann es uns gelingen, alte Sinnlosigkeiten loszulassen und eigenen Sinn und Zuversicht neu zu finden.

Zwar haben in den letzten Jahrhunderten die Prinzipien der Effektivität, der Ausbeutung, Unterdrückung und Unachtsamkeit immer wieder über Kulturen des Achtsamseins gesiegt. Die Achtsamen wurden verdrängt von den Helden und Kriegern, vom Fortschritts- und Siegesgeschrei, von Terror und Rache. Aber die Zeit der Siege ist vorüber. Für den Fortbestand der Welt und der Menschheit kommt es nun auf die Achtsamen an.

Zum Aufhören und Weitergehen

Wenn Sie bis hierher gekommen sind und in manchen Bereichen jetzt Ihr Achtsamsein beim Lesen und Üben verändert und erweitert haben (wie auch ich beim Schreiben), wird Ihnen vielleicht ebenso wie mir die Frage immer wichtiger, ob wir mit unserem Achtsamsein in einer Zeit rücksichtsloser Durchsetzung des scheinbar Eigenen und zunehmender Gewaltbereitschaft gegen das scheinbar Fremde überhaupt unsere Kraft des Widerstehens und des kreativen Gestaltens entfalten können, oder ob Achtsamkeit uns nicht vielmehr nur verletzlicher und weniger anpassungsfähig an die Zwänge und Notwendigkeiten der computerisierten Leistungsgesellschaft werden läßt. Dieser Frage können wir nur gerecht werden in der Hoffnung, daß wir durch unser Achtsamsein lernen, inmitten der Katastrophen und Gefahren nicht aufzugeben, sondern lebendig zu bleiben, indem wir achtsam umgehen mit uns und den anderen und mit dieser Welt, zu der wir mit unserer Unvollkommenheit, unseren Zweifeln und Unsicherheiten dazugehören und in der wir mit unseren Hoffnungen, unserer Liebe und Dankbarkeit und unserer Verantwortung dasein können.

Danken möchte ich meinem Sohn Julian und meiner Frau Gabriele Hofmann, die mich mit lebendiger Nähe und Phantasie zum produktiven Innehalten und Weitermachen gebracht haben. Petra Dittrich, Wolf Beuthe, Renate Krohm, Familie Albrecht und vielen hilfsbereiten Menschen danke ich für verständnisvolle nachbarschaftliche Unterstützung. Birgit Alles, Achim Hellmich und Henryk Berler bin ich dankbar für wunderbar anregende Gastfreundschaft. Meinen Freunden Martin Rubeau, Harmut W. Frech, Olaf-A. Burow und Christine Holzkamp danke ich für ermutigende Zuwendung und intensive Augenblicke der Besinnung. Für viele kreative Anregungen zu den Übungen bin ich Ulrike Langer und Britt Burger dankbar. Ulrike Strate-Scheider, Renate Sommereisen, Brigitte Schmidt, Anja Hofmann und ganz besonders Bärbel Kirschner und Petra Seibert danke ich dafür, daß sie das Manuskript lesend, schreibend und verbessernd mitgestaltet haben. Dem Verlag Klett-Cotta und insbesondere Johannes Czaja danke ich für verständnisvolle und kompetente Unterstützung.

Und schließlich möchte ich auch Ihnen danken für Ihr Dabeisein beim Lesen und Mitmachen und wünsche Ihnen gute Zeiten der Achtsamkeit.

Ergänzungen für Achtsame

Die hier folgenden Ergänzungen enthalten Auswertungen von Übungen, Anregungen und Versuchen, aber auch Daten, Adressen und Anmerkungen, die mir als wichtig, kurios oder nützlich eingefallen sind. Die ebenfalls hier zitierten Bücher stellen eine subjektive Auswahl dar, bei der mir Lesbarkeit, Themenbezug und die Anregung zur Selbsttätigkeit wichtig sind.

So möchte ich gleich hier für die am Anfang erwähnten psychologischen, therapeutischen und spirituellen Bezüge drei Bücher empfehlen, denen ich viele Anregungen verdanke und auf die ich mich immer mal wieder beziehen werde:

- Herbert Gudjons: Spielbuch Interaktions-Erziehung. 180 Spiele und Übungen zum Gruppentraining in Schule, Jugendarbeit und Erwachsenenbildung. Bad-Heilbrunn, 2. Aufl. 1983.

  In diesem Klassiker finden Sie trotz des etwas irreführenden Titels viele Anregungen für die Entfaltung des Achtsamseins im sinnlichen und kommunikativen Bereich, wobei die Übungen sehr klar und übersichtlich aufgebaut sind.
- Hans-Peter Dreitzel: Reflexive Sinnlichkeit. Mensch-Umwelt-Gestalt-Therapie. Köln 1992 (auch als Taschenbuch unter dem Titel »Emotionales Gewahrsein« bei dtv erhältlich).

  In diesem Buch hat Hans-Peter Dreitzel die seltene Kunst vollbracht, neueste Forschungsergebnisse mit den komplexen Bezügen unseres Menschseins klar und deutlich zu verbinden und zugleich ein bewegendes Buch der Menschlichkeit aus den Problemzusammenhängen unserer Zeit zu schaffen. Was wir hier mit Achtsamsein umschreiben, ist bei Dreitzel aus gestalttherapeutischer Sicht begrifflich genau mit reflexiver Sinnlichkeit gefaßt: »Reflexive Sinnlichkeit ist also die Weise, wie sich das

Selbst selbst erlebt; sie ist die Erfahrung, in einer Situation ganz präsent, ›voll da‹ zu sein.« (S. 62)

- Thich Nhat Hanh: Das Wunder der Achtsamkeit. Zürich, München, Bern, 7. Aufl. 1997.
  Der Zen-Meister und Meditationslehrer Thich Nhat Hanh, der als engagierter Buddhist gewaltlosen Widerstand gegen den Vietnam-Krieg mit der Hilfe für Kriegsopfer verbunden hat, macht in diesem Buch Achtsamsein als eine meditative Praxis durch Übungen im Alltag zugänglich.

Diese Bücher stehen zugleich als Hinweis darauf, wie wir uns im Achtsamsein auf viele Traditionen beziehen wollen: auf indianische, taoistische, auf Sufis und Mystiker, Zen-Meister und Lamas, aber auch auf westliche moderne Richtungen in der Humanistischen Psychologie und Pädagogik, auf Konzepte der Persönlichkeitsentwicklung und auf viele Therapiearten.

Es folgen jetzt wie im Text gekennzeichnet die Ergänzungen.

1 Falls Sie als Coach oder in anderer Leitungsfunktion oder in Selbsthilfegruppen die Anregungen dieses Buches für Übungen mit Teams und Gruppen nützen wollen und noch wenig Erfahrung mit Gruppen haben, können folgende Hinweise hilfreich sein:

- Leiten Sie nur Übungen an, die Sie schon selbst mitgemacht haben.
- Leiten Sie nur Übungen an, die Ihnen gut getan oder gefallen haben.
- Achten Sie darauf, wie es Ihnen vor, während und nach der Übung geht.
- Betonen Sie am Anfang jeder Übung (und eventuell im Verlauf) die Freiwilligkeit der Durchführung und die Möglichkeit, jederzeit ohne Begründung »auszusteigen«.
- Achten Sie auf den geregelten Phasenablauf: 1. eigene Vorbereitung (Zeitbudget, Materialbereitstellung, Atempause), 2.

Ankündigung (Dauer, Inhaltsbereich, Risikoebene), 3. Einstimmung (Entspannung, Ausatmen), 4. Durchführung, 5. Austausch in der Gruppe ohne Wertung (»sharing, symbolische Geste«), 6. Auswertung (Aufschreiben, Malen, Paarinterview, Kleingruppen), 7. Ausklang und Pause.

Für Gruppen, die eher selbsterfahrungsbezogen arbeiten, ist besonders geeignet:

Herbert Gudjons u. a.: Auf meinen Spuren. Das Entdecken der eigenen Lebensgeschichte; Vorschläge und Übungen für pädagogische Arbeit und Selbsterfahrung. Hamburg, 4. Aufl. 1996.

2 Mit dem Widerstand

Falls Sie bei der vorigen Anregung »Blühen und Welken« eher abwehrend reagiert haben, können Sie jetzt die Art Ihrer Widerstände herausfinden, indem Sie ankreuzen, welche Gründe für Ihre Abwehr zutreffend sind:

- ■ Zu uninteressant
- ■ Kommt nichts dabei raus
- ■ Kenn ich schon
- ■ Kann ich mir auch so vorstellen
- ■ Turnt mich nicht an
- ■ Kindereien
- ■ Keine Zeit
- ■ Zu viel Aufwand

Bei den ersten Spiegelstrichen haben die Widerstände eher mit dem Festhalten an rationalen und leistungsorientierten Einstellungen zu tun, die das Unsichere, bei dem kein konkretes Ereignis herauskommt, abwehren. Bei den letzten Spiegelstrichen haben die Widerstände zu tun mit dem Festhalten am Gewohnten und der Angst, sich auf Neues einzulassen (die Übergänge sind fließend).

Falls Sie aber bei der Anregung »Blühen und Welken« mit Zustimmung reagiert haben und sich vorgenommen haben, bald eine Blume zu suchen, können Sie sich fragen, ob Sie vielleicht innere Widerstände nicht beachtet oder übergangen haben.

Das können Sie herausfinden, indem Sie ankreuzen, welche Gründe für Ihre Zustimmung zutreffen:

- Bin ich mal gespannt
- Klingt gut
- Wird schon was bringen
- Muß sein
- Sonst kriege ich das Weitere nicht mit
- Gehört zum Programm des Buches

Bei den letzten Spiegelstrichen ist eher Anpassung an geforderte Leistungen und Normen der Antrieb des Tuns, und mögliche Widerstände werden leicht übergangen. Nur bei den ersten Spiegelstrichen ist der eigene Wunsch entscheidend und beflügelt die Entdeckungsfreude. Spannend ist nun, ob Sie sich Ihre Blume suchen und die Anregung mitmachen, vielleicht auch variieren und für sich umgestalten. Oder ob Sie es lassen. In jedem Fall können Sie sich jetzt und später mit Ihren Widerständen besser vertraut machen.

3 Zum Begriff »Achtsamkeit«: Das Wort »achtsam« lässt sich auf zwei komplementäre Wurzeln zurückführen: einmal auf das mittelhochdeutsche *āhte*, was (öffentliche) Verfolgung bedeutet und im Zusammenhang steht mit Ausschluß aus der Gemeinschaft. Diese Bedeutung klingt heute noch in »ächten« und ähnlichen Bedeutungen an. – Die andere Wurzel ist fast gleichlautend, das althochdeutsche *ahta*, das Aufmerksamkeit, Beachtung und Fürsorge bedeutet und verwandt ist mit dem gotischen *aha* (Sinn, Verstand). Dem entsprechen heute die Bedeutungen in achten, Achtung, achtsam, worauf sich auch unser Achtsamsein in diesem Buch bezieht (ohne die andere außer Acht zu lassen).– In den letzten Jahrzehnten kommt Achtsamkeit durch buddhistische und andere spirituelle Lehren in unser Bewußtsein. Hier ist besonders das Wirken des schon erwähnten Thisch Nhat Hanh wichtig mit seinem zentralen Anliegen der »mindfulness« (Achtsamkeit). Auch in der Humanistischen Psychologie ist Achtsamkeit von Bedeutung. In der Gestalttherapie ging es dem Begründer Frederick S. Perls dar-

um, durch »awareness« (Gewahrsein, Achtsamkeit) das Leibliche und Sinnliche wieder in die Psychotherapie einzubeziehen. – In diesem Buch soll Achtsamkeit allgemeiner verstanden werden als eine Grundhaltung, in der wir das Besondere unserer Zugehörigkeit zu anderen Menschen, zur Natur und zum Kosmos erfahren, indem wir mit unserer Körperlichkeit, mit unseren Wahrnehmungen, Gefühlen und Gedanken bewußt da sind im gegenwärtigen Augenblick. Deshalb stelle ich hier ein neues Konzept der Achtsamkeit vor, bei dem Achtsamkeit in ihren verschiedenen Dimensionen entfaltet wird, um so erst die übende Reflexion zu ermöglichen. Dem entspricht auch die Gliederung des Buches. – Da wir mit unterschiedlicher Intensität und Orientierung nach außen in der Gegenwart da sein können, ist es außerdem sinnvoll, unterschiedliche »Modi« des Achtsamseins zu unterscheiden: 1. Aufmerksamkeit (zielorientiert) 2. Achtsamkeit (orientiert an Wahrnehmungen, Gefühlen, Gedanken) 3. Gewahrsein (orientiert an Zusammenhängen und Strukturen des Erfahrenen) 4. Meditatives Achtsamsein (orientiert am Sich-öffnen für unser In-der-Welt-Sein). Wir wollen hier all diese Möglichkeiten einschließen, wenn es um Achtsamkeit oder Achtsamsein geht. Achtsamsein ist dabei umfassend gemeint als eine grundlegende Weise des In-der-Welt-Seins. Sie ist die Voraussetzung dafür, daß wir die Wirklichkeit umfassend erfahren und die Fülle unserer existentiellen Möglichkeiten entfalten können, im Bewußtsein um die Verantwortung für die menschliche Gesellschaft und für unsere Erde.

4 Wer sich für Wahrnehmungsübungen interessiert, dem sei der immer noch aktuelle Klassiker empfohlen, der die Sensory Awareness-Tradition in den 70er Jahren einleitete:
John O. Stevens: Die Kunst der Wahrnehmung. München 1976. L. Lidell: Die neue Schule der Sinnlichkeit. München 1988. Wie alle sinnlichen Wahrnehmungen zusammengehören und sich nur im Zusammenhang von Lebenstätigkeiten entfalten können, wird (aus pädagogischer Sicht) dargestellt in: Johannes

Beck, Heide Wellershoff: SinnesWandel. Die Sinne und die Dinge im Unterricht. Frankfurt/M. 1989. Als reflexive Ergänzung dazu: Dieter Hoffmann-Axthelm: Sinnesarbeit. Nachdenken über Wahrnehmungen. Frankfurt/M. 1984. – Hier ist zu betonen, daß jede sinnliche Wahrnehmung immer auch mit dem Erinnern der eigenen Lebensgeschichte zusammenhängt und daß wir mit jeder sinnlichen Wahrnehmung zugleich Sinn für uns im Hier und Jetzt schaffen. Hierzu auch: Charles V. W. Brooks: Erleben durch die Sinne. Paderborn 1984. – Diesen Zusammenhang von sinnlicher Wahrnehmung und Erinnern der eigenen Lebensgeschichte hat am eindringlichsten Marcel Proust dargestellt, den mit dem berühmten Biß in eine Madeleine die Erinnerung so mächtig anfiel, daß er sich in 14 Bänden auf die Suche nach der verlorenen Zeit aufmachte und mit dem Schaffen dieses Werkes zugleich seinen gegenwärtigen Sinn bis in den Tod gefunden hatte. So kann er als der Dichter der Wahrnehmung und Erinnerung zum innigsten Begleiter des Achtsamen werden: Marcel Proust: Auf der Suche nach der verlorenen Zeit. Frankfurt/M. 1957. – Wie eng Bewegung und Wahrnehmung zusammenhängen wird ebenfalls in einem Klassiker dargestellt: Viktor von Weizsäcker: Der Gestaltkreis. Theorie der Einheit von Wahrnehmen und Bewegen. Stuttgart, 3. Aufl. 1947. – Der Zusammenhang von Wahrnehmung, Bewegung und Gefühlen wird heute vielfältig in der Kinesiologie und verwandten Richtungen (Psychomotorik) für therapeutische und pädagogische Zwecke genützt., z. B.: D. Eggert, B. Lütje-Klose: Theorie und Praxis der psychomotorischen Förderung. Dortmund 1994.

5 Wenn Sie von themenspezifischen Prädikatoren (wie z. B. »wahrnehmen«) absehen, fallen am Anfang des Abschnitts folgende Prädikatoren auf: machen, geben, abhängen, auswählen, Ausschnitte, entdecken usw. Damit können Sie mich hier als kinästhetischen Wahrnehmungs-Typ entlarven, was auch sonst im Text und mit dem Zahnputz-Test und anderen Merkmalen bei mir übereinstimmt.

6 Lisette Scholl: Das Augenübungsbuch. Besser sehen ohne Brille – eine ganzheitliche Therapie. Hamburg 1998. In diesem Buch wird der ganzheitliche Ansatz auf die Verbesserung des Sehvermögens bezogen.

7 Joachim-Ernst Berendt: Nada Brahma – Die Welt ist Klang. Frankfurt/M. 1983.

Derselbe: Das Leben – Ein Klang. München 1996.

8 Alfred A. Tomatis: Der Klang des Lebens. Vorgeburtliche Kommunikation – die Anfänge der seelischen Entwicklung. Hamburg 1987.

9 Daß uns hörend auch Heilung zukommt, ist in allen Kulturen von Anfang an wichtig. Für die heutigen Bedingungen können wir es versuchen mit Hinrich van Deest: Heilen mit Musik. München 1986.

10 Meist wird die Wirkung der Öle so angegeben:

Bergamotte-Öl	wirkt	ausgleichend, aufmunternd
Eukalyptus-Öl	wirkt	stärkend, anregend
Gewürznelke	wirkt	sinnlich, stärkend
Lavendel	wirkt	erfrischend, ausgleichend
Rosen-Öl	wirkt	sinnlich, antidepressiv
Thymian	wirkt	aufbauend, stärkend
Zimt	wirkt	wärmend, anregend
Zitrone	wirkt	klärend, konzentrierend

(s. Jörg Zittlau u. a.: Die große Hausapotheke. München 1995.)

11 Daß auch der Geruchssinn nicht nur besonders eng an das Erinnern gebunden ist, sondern wie alle Sinne sich in den letzten Jahrhunderten wesentlich verändert hat, können Sie nachlesen bei: Alain Corbin: Pesthauch und Blütenduft. Berlin 1984. Anregende Vorschläge dazu finden Sie bei: M. Minssen: Der sinnliche Stoff. Stuttgart 1986.

12 Jean Liedloff: Auf der Suche nach dem verlorenen Glück. Gegen die Zerstörung unserer Glücksfähigkeit in der frühen Kindheit. München 1999.

13 Wenn Sie darauf achten, wie warmes und kaltes Wasser bei Ihnen wirkt, können Sie viel für Ihr körperliches Wohlfühlen und Ge-

sundsein tun. Sie können Kneipp-Güsse als Orientierung erproben und dann für sich selbst abändern: Fuß-Knie-Güsse mit kaltem Wasserstrahl am rechten Fuß außen bis zum Knie, dann innen zurück bis zum Fuß, zweimal. Dann dasselbe links. Möglichst zweimal am Tag (bei Wetterfühligkeit, Durchblutungsstörung, Venenentzündung, Kopfschmerzen, ähnliche Wirkung auch beim Wassertreten). – Wechselgüsse (wie eben), nur abwechselnd warm und kalt. Am Morgen mit kaltem Wasser beenden, abends mit warmem (bei vegetativer Dystonie, Reizbarkeit, Schlafstörungen, kalten Füßen). Kalte Armbäder (die Arme abwechselnd oder gleichzeitig für ca. 20 Sekunden in ein Becken mit kaltem Wasser tauchen: bei Müdigkeit, Erschöpfung, Unlustgefühlen. Nicht am Abend und nicht gleichzeitig mit Fuß-Knie-Güssen oder Wassertreten.) – Und vielleicht können Sie entdecken, wie Sie im Berühren berührt werden und wie Sie im Berührtwerden berühren. Wie wichtig dabei unsere Haut ist, können Sie nachlesen bei Ashley Montagu: Körperkontakt. Die Bedeutung der Haut für die Entwicklung der Menschen. Stuttgart 1980. Und beim »Vater der Greiflinge«
Hugo Kükelhaus: Fassen Fühlen Bilden. Köln 1978.

14 *Auswertung zu »Körpersalat«:*
Wenn Ihnen Arme und Beine eingefallen sind, dann geht es Ihnen wie ca. 80 % der Versuchspersonen, die einen solchen Test durchgeführt haben. Wenn Ihnen dann noch Bauch, Brust, Rücken und Po eingefallen sind, dann bewegen Sie sich immer noch bei der Mehrheit. Wenn der Kopf, die Sexualorgane, das Innere bei Ihnen gar nicht oder spät vorkommen, dann befinden Sie sich noch in guter Gesellschaft.

15 Allgemeine Einführungen über Körperlichkeit finden Sie bei Helmuth Milz: Der wiederentdeckte Körper. – Vom schöpferischen Umgang mit sich selbst. München (dtv). Elisabeth Moltman-Wendel: Neue Wege zur Leiblichkeit. Gütersloh 1994. – Aus therapeutischer Sicht Werner Eberwein: Biodynamik. Zen in der Kunst der Körperpsychotherapie. Paderborn 1996. Hilarion Petzold: Integrative Bewegungs- und Leibtherapie. Ein

ganzheitlicher Weg leibbezogener Psychotherapie. Paderborn, 3. Aufl. 1996. Hilarion Petzold (Hrsg.): Leiblichkeit, philosophische, gesellschaftliche und therapeutische Perspektiven. Paderborn 1985.

16 Während viele Angebote als therapeutische Verfahren nur mit fachkundiger Anleitung für längere Zeiten anzuwenden sind, kann ich aus eigener Erfahrung drei ganzheitliche Verfahren empfehlen, die anhand der Bücher allein bei mäßigem Zeitaufwand durchgeführt werden können: Cai Pfannstiel: Der Sonnengruß. München (dtv). Peter Legen, Thomas Zerlaut: Die Acht Edlen Übungen: Bewußte Körpererfahrung in Trance. Paderborn 1997. Dann noch das mit Tonbandkassetten bestückte und leider sehr teure Buch: Peter Kelder: Die fünf Tibeter. München 1991. – Umgekehrt geben wir mit unserem Körper bewußt und unbewußt auch Signale, die als Körpersprache funktionieren: sich mit dem Oberkörper nach vorn beugen (Interesse), den Kopf zurückwerfen (Ungläubig, Trotz), den Zeigefinger heben (Belehrung) usw.

17 Die Bedeutung unserer Hände ist umfassend dargestellt in: Frank R. Wilson: Die Hand – Geniestreich der Evolution. Ihr Einfluß auf das Gehirn, Sprache und Kultur der Menschen. Stuttgart 2000.

18 Der Einfluß von Bewegungen auf unser Denken wird heute besonders in der Kinesiologie untersucht und praktisch angewendet: Paul E. Dennison, Gail E. Dennison: BRAIN-GYM. Freiburg, 8. Aufl. 1996. In diesem Buch werden einfache Bewegungen vorgeschlagen, durch die man spielerisch die eigene Lernfähigkeit steigern kann. Für Lernstörungen konzipiert ist: Paul E. Dennison: Befreite Bahnen. Freiburg, 11. Aufl. 1996. – Wer sich für Kurse in diesen Bereichen (Touch For Health, Edu-Kinestetik, Entwicklungskinesiologie) interessiert, kann sich an das Institut für Angewandte Kinesiologie (IAK, Zasiusstraße 67, 79102 Freiburg) wenden.

19 Ilse Middendorf: Der erfahrbare Atem: Eine Atemlehre. Paderborn 1984.

20 Für Anregungen und Reflexionen eigener Erfahrungen finde ich immer noch empfehlenswert Bernard Zilbergeld: Männliche Sexualität. Tübingen 1983. Lonnie G. Barbach: For yourself. Die Erfüllung weiblicher Sexualität. Berlin 1982.

21 Gesundheitsladen Berlin e. V., Medizinisches Informations- und Kommunikationszentrum, Gneisenaustraße 2a, 10961 Berlin. Im Gesundheitsladen können Gruppen und Personen Projekte anbieten und umsetzen. Zur Zeit gibt es z. B. eine Patienteninitiative, eine psychosoziale Infostelle, eine Seh-Selbsthilfegruppe, das »Weglaufhaus des Vereins zum Schutz vor psychiatrischer Gewalt e. V.«. Weiter können telefonische Informationen zu Angeboten im Gesundheitsbereich erfragt werden: Tel.: 030 – 69320990 (Di.-Fr., 10 –12 Uhr), Fax: 693 8007.

22 Für eine umfassendere Auseinandersetzung mit dem ganzheitlichen Gesundheitsbegriff empfehle ich: Helmuth Milz: Ganzheitliche Medizin. Frankfurt/M., 2. Aufl. 1991.

23 Benno Werner: Im Rhythmus der Jahreszeiten. Gesund leben im Einklang mit der Natur. Reinbek 1998. So wie der erlebte Rhythmus der Jahreszeiten durch den Umlauf der Erde um die Sonne bestimmt wird, prägt auch die Erdumdrehung unseren täglichen Lebensrhythmus und der Mondumlauf einen monatlichen Zyklus. Mit Herzschlag, Atmung und allen anderen Funktionen sind wir rhythmische Wesen, die in physiologischen und psychologischen Bereichen in vielen Frequenzen schwingen: Stoffwechsel, Körpertemperatur, Hormone, Stimmungen, Konzentrations- und Leistungsfähigkeit mit rhythmisch wiederkehrenden Hoch- und Tiefpunkten. Bekannt ist das Nachttief zwischen 3 und 4 Uhr und das Mittagstief zwischen 13 und 14 Uhr, Leistungshochs gegen 11 und 17 Uhr (immer mit geographisch, genetisch und soziokulturell bedingten Verschiebungen). So können Sie herausfinden, ob Sie eher zum »Eulen« – oder zum »Lerchen«-Typ gehören und welche Ihrer täglichen, monatlichen, jährlichen Aktivitäten Sie im Einklang oder gegen Ihre innere Uhr durchführen. Änderungen können Wunder bewirken. – Jürgen Zulley, Barbara Knab: Unsere Inne-

re Uhr. Natürliche Rhythmen nutzen und den Non-Stop-Belastungen entgehen. Freiburg 2000.

24 Den Zusammenhang von Leben und Tod finden Sie bei Arthur Imhoff: Die Lebenszeit – Vom aufgeschobenen Tod und von der Kunst des Lebens. München 1988. Elisabeth Kübler-Ross: Reif werden zum Tod. Gütersloh o. J. Stanislav Grof, Joan Hilifax: Die Begegnung mit dem Tod. Stuttgart, 2. Aufl. 1992.

25 Genaueres zu den Bedürfnissen finden Sie in dem am Anfang zitierten Buch von Hans-Peter Dreitzel und bei Jean-Didier Vincent: Biologie des Begehrens. Reinbek 1990.
Françoise Dolto: Über das Begehren. Stuttgart, 2. Aufl. 1996.

26 Bei Brecht verkürzt: Erst kommt das Fressen, dann die Moral. Genauer bei: Abraham Maslow: Motivation und Persönlichkeit. Reinbek 1981.

27 Karl-Otto Hondrich: Menschliche Bedürfnisse und soziale Steuerung. Reinbek 1975.

28 Über den Zusammenhang von Essen und Psyche finden Sie mehr bei Gisele Harrus-Révidi: Die Lust am Essen. Eine psychoanalytische Studie. München (dtv).

29 Hans-Ulrich Grimm: Die Suppe lügt. Die schöne neue Welt des Essens. Stuttgart, 7. Aufl. 1999. Ganz anders: Soshitsu Sen: Chado, der Teeweg. Berlin 1998.

30 Martin Dannecker: Das Drama der Sexualität. Frankfurt/M. 1987. Volker Sigusch: Vom Trieb und von der Liebe. Frankfurt/M., New York 1984. Martin Dannecker, R. Reiche (Hrsg.): Sexualität und Gesellschaft. Frankfurt/M. 2000. – Als hilfsbereit erweist sich das ISG, Informationszentrum für Sexualität und Gesundheit e. V., Universitätsklinik Freiburg, Hugstetter Straße 55, 79106 Freiburg, Tel.: 0761-270-2701, e-mail: *ISG@ch11.ukl.uni-freiburg.de*, *www.isg-info.de*

31 Genaueres über Gefühle finden Sie wieder bei: Hans-Peter Dreitzel und: Agnes Heller: Theorie der Gefühle. Hamburg 1981. Dieter Ulich: Das Gefühl – eine Einführung in die Emotionspsychologie. München, Wien 1982. Daniel Goleman: Emotionale Intelligenz. München, Wien 1996. Carroll E. Izard:

Die Emotionen des Menschen. Eine Einführung in die Grundlagen der Emotionspsychologie. Weinheim 1981. Dieter Zimmer: Die Vernunft der Gefühle. Ursprung, Natur und Sinn der menschlichen Emotion. München, 3. Aufl. 1988. Wolfgang Rost: Emotionen. Elixiere des Lebens. Berlin, Heidelberg, New York, 2. Aufl. 2001.

32 Auswertung zu »Überraschen Sie sich selbst«:
Sie können herausfinden, ob Sie wie die meisten Menschen auf der ganzen Welt bei Überraschungen die Augenbrauen hochziehen, die Augen aufreißen, den Mund öffnen und den Atem kurz und heftig einziehen und anhalten.

33 Zum Beispiel führt die neue Schreibweise »Er tut mir Leid« zu einer sinnwidrigen Vermischung von »Leiden zufügen« und etwas erleiden. Der Unsinn kann dann noch gesteigert werden zu »Er tut mir sehr Leid« (Das finde ich sehr Quatsch)!

34 V. Buddrus (Hrsg.): Die »verborgenen« Gefühle in der Pädagogik. Hohengehren 1992.

35 Diesen Zusammenhang hat zuerst Perls bei der Entwicklung der Gestalttherapie herausgefunden: Frederick S. Perls: Das Ich, der Hunger und die Aggression – Die Anfänge der Gestalttherapie. München 1989. Otto F. Kernberg: Wut und Haß. Stuttgart, 2. Aufl. 1998.

36 Frederic F. Flach: Depression als Lebenschance. Seelische Krisen und wie man sie nutzt. München (dtv).

37 Betroffene und ihre Angehörige können sich wenden an: Sozialdienst der psychiatrischen Kliniken, Gesundheitsamt, Sozialamt oder Jugendamt Verband der Freien Wohlfahrtspflege (DRK, Dt. Caritas, Arbeiterwohlfahrt, Parität. Wohlfahrtsverband, Diakonisches Werk) Tel.-Nr. im örtlichen Telefonbuch Informationen bei: Forum für seelische Gesundheit. Untere Zahlbachstraße 8, 55131 Mainz. Und: *www.kompetenznetz-depression.de*. Und: Psychotherapie-Informations-Dienst PID: Heilsbachstraße 22–24, 53123 Bonn, Tel.: 0228/46699, *www.psychotherapie-suche.de*

38 Hans-Peter Dreitzel, a. a. o. S. 135.

39 Zu diesem Kapitel der immer noch aktuelle Klassiker Erich Fromm: Die Kunst des Liebens. München (dtv).– Und auf die moderne Risikogesellschaft bezogen: Ulrich Beck, Elisabeth Beck-Gernsheim: Das ganz normale Chaos der Liebe. Frankfurt/M. 1990. Eva Jaeggi: Liebesglück – Beziehungsarbeit. Warum das Lieben heute schwierig ist. Reinbek 1999. Eric Berne: Spielarten und Spielregeln der Liebe. Reinbek (rororo). Arnold Lazarus: Fallstricke der Liebe. Vierundzwandzig Irrtümer über das Leben zu zweit. Stuttgart, 3. Aufl. 1998.

40 Else Müller: Bewußter Leben durch Autogenes Training und richtiges Atmen; meditative Übungen durch gelenkte Phantasien. Stuttgart (dtv). Jeanne Achterberg: Gedanken heilen. Die Kraft der Imagination. Reinbek (rororo). Zum Neuroglinguistischen Programmieren (NLP): Mit NLP als einer Synthese und Weiterentwicklung der effektivsten Verfahren zur Verhaltensänderung ist es möglich, ausgehend von subjektiven Erfahrungen (durch ein ausgeklügeltes Arsenal mentaler Prozesse) angestrebte Lernziele und Verhaltensänderungen kurzfristig zu erreichen: Winfried Bachmann: Das Neue Lernen. Eine systemische Einführung in das Konzept des NLP. Paderborn 1999. Thies Stahl: Triffst Du 'nen Frosch unterwegs ... NLP für die Praxis. Paderborn 1988. Alexa Mohl: Der Zauberlehrling. Das NLP Lern- und Übungsbuch. Paderborn 1996. Richard Walker: Abenteuer Kommunikation. Die Anfänge des Neurolinguistischen Programmierens (NLP). Stuttgart 1996.

41 Wenn Sie das Ergebnis nicht schon durch »scharfes Nachdenken« oder Intuition gefunden haben, empfiehlt sich der logisch-mathematische Lösungsweg: Bezeichnen wir das Alter des Vaters mit x und das des Sohnes mit y, so läßt sich unser Rätsel als zwei Gleichungen mit zwei Unbekannten formulieren:

$x = 2y$

$x + y = 63$

Zwei solche Gleichungen mit zwei Unbekannten sind lösbar, z. B. indem wir in der zweiten Gleichung x durch 2 y ersetzen:

$2y + y = 63$

$3y = 63$
$y = 21$
Somit ergibt sich, daß der Sohn 21 und der Vater 42 alt ist.

42 Verena Kast: Imagination als Raum der Freiheit. Dialog zwischen Ich und Unbewußtem. Stuttgart (dtv). Robert Masters u. a.: Phantasiereisen. München 1948. Gundl Kutschera: Resonanz und die Kraft Deiner Quelle. Phantasiereisen im NLP. Paderborn 1996.

43 Aus den Axiomen der Newtonschen Mechanik ergibt sich $T = C \sqrt{L}$ für die Schwingungsdauer T eines Pendels der Länge L (dabei ist C eine für uns nicht wichtige Konstante. Die Formel gilt zwar nur als Näherung für ein sogenanntes »mathematisches Pendel«, bei dem der Faden »masselos« und der Pendelkörper »punktförmig« und der Pendelausschlag »unendlich klein« ist; aber diese gedachten Gebilde der Physiker reichen dann doch auch für unsere irdische Realität, wie Sie an der Atombombe und auch an Ihrem Pendel sehen können:) – Für Ihren Versuch bedeutet das:
$T_1 = C \sqrt{L_1} = C \sqrt{10\text{ cm}}$
$T_2 = C \sqrt{L_2} = C \sqrt{40\text{ cm}}$
$T_2 : T_1 = C \sqrt{40\text{ cm}} : C \sqrt{10\text{ cm}} = \sqrt{4} = 2$
also $T_2 = 2\,T_1$
Die Schwingungsdauer Ihres Pendels müßte sich bei der Vervierfachung der Fadenlänge etwa verdoppelt haben. – Wenn Sie die Naturgesetze einmal auf ungewöhnliche Art im Alltag verfolgen wollen, können Sie in Ihrem Waschbecken beobachten, in welche Richtung sich der Wasserwirbel dreht, wenn Sie den Verschlußstopfen herausnehmen. Sie werden beobachten, daß er sich meist im Uhrzeigersinn dreht: eine Folge der durch die Erdumdrehung entstehenden Coriolis-Kräfte. Südlich des Äquators ist es dann umgekehrt.

44 Karl Spiesberger: Der erfolgreiche Pendel-Praktiker. Freiburg, 12. Aufl. 1984.

45 Eine kompetente Auseinandersetzung mit westlichen und östlichen Denkansätzen findet sich bei: Ken Wilber: Wege zum

Selbst. Östliche und westliche Ansätze zum persönlichen Wachstum. München 1986. Ders.: Halbzeit der Evolution. Bern 1987. – Eine kritische Auseinandersetzung mit esoterischen Richtungen finden Sie bei: Jörg Wichmann: Die Renaissance der Esoterik. Eine kritische Orientierung. München 1986. – Als wohl bekannteste Auseinandersetzung mit der instrumentellen Rationalität gilt: Max Horkheimer, Theodor W. Adorno: Dialektik der Aufklärung. Frankfurt/M. 1969. – Und mit anarchistischem Unterton: Paul Feyerabend: Erkenntnis für freie Menschen. Frankfurt 1979. – Und aus weiblicher Sicht: Annegret Stopczyk: Nein danke, ich denke selber. Berlin 2000. Für die kritische Einschätzung des wissenschaftlichen Denkens sei verwiesen auf: Morris Berman: Wiederverzauberung der Welt. Am Ende des Newtonschen Zeitalters. Reinbek 1985. Claudio Hofmann: Smog im Hirn. Von der notwendigen Aufhebung der herrschenden Wissenschaft. Frankfurt/M., 3. Aufl. 1983. Gernot Böhme: Alternativen der Wissenschaft. Frankfurt/M. 1980. – Gute Einführungen in spirituelle Sichtweisen finden Sie bei: Stanislav Grof: Die Chance der Menschheit, Bewußtseinsentwicklung – der Ausweg aus der globalen Krise. München 1988. Ders.: Spirituelle Krisen. Chancen der Selbstfindung. München 1990.

- Aus christlicher Sicht: David Steindl-Rast: Fülle und Nichts. München 1985. G. Wehr (Hrsg.): Theologia Deutsch. Eine Grundschrift deutscher Mystik. Freiburg 1980.
- Aus buddhistischer Sicht: Sogyal Rinpoche: Das Tibetanische Buch von Leben und Sterben.
- Aus anthroposophischer Sicht: Rudolf Steiner: Wie erlangt man Erkenntnisse der höheren Welten. Dornach 1960.
- Aus ethnologischer Sicht: Hans Peter Duerr: Traumzeit – Über die Grenze zwischen Wildnis und Zivilisation. Frankfurt/M. 1978. Carlos Castañeda: Die Lehren des Don Juan. Ein Yoqui-Weg des Wissens. Frankfurt/M. 1973–1980.
- Aus indianischer Sicht: Kenneth Meadows: Das Buch des Schamanismus. München (Heyne-Taschenbuch). Elmar

Gruber: Tranceformation: Schamanismus und die Auflösung der Ordnung. Basel 1982. Sergius Golowin: Das Reich des Schamanen. Basel 1981.

- Aus jüdischer Sicht: Martin Buber: Die Erzählungen der Chassidim. Zürich 1949. Gershom Scholem: Von der mystischen Gestalt der Gottheit. Studien zu den Grundbegriffen der Kabbala. Frankfurt/M. 1977.
- Aus islamischer Sicht: Frithjof Schuon: Das Ewige im Vergänglichen. Weilheim 1970. William Stoddart: Das Sufitum. Freiburg 1979. Annemarie Schimmel: Mystische Dimensionen des Islam. Freiburg 1979.
- Aus physikalischer Sicht: Fritjof Capra: Der kosmische Reigen. Physik und östliche Mystik. Bern 1977.
- Aus psychologischer Sicht: Carl-Gustaf Jung: Psychologie und Alchemie. Zürich 1944. Sheldon B. Kopp: Triffst Du Buddha unterwegs. Psychotherapie und Selbsterfahrung. Frankfurt/M. 1982.
- Aus taoistischer Sicht: Gellèrt Bèky: Die Welt des Tao. Freiburg 1972. Ray Grigg: Das Tao des Seins. Ein Arbeitsbuch zum Denken und Handeln. Paderborn 1997.

46 Howard Gardner: Abschied vom IQ. Die Rahmen-Theorie der vielfachen Intelligenzen. Stuttgart 1991.

47 Sie können Ihren IQ genauer bestimmen mit: J. E. Klausnitzer: Der IQ-Selbsttest. So bestimmen Sie Ihren Intelligenzquotienten. München, 11. Aufl. 2000.

48 Zur Förderung Ihrer Kompetenzen sei empfohlen: Howard Gardner: So genial wie Einstein. Schlüssel zum kreativen Denken. Stuttgart 1996. H. P. Kobler: Neues Lernen für das Land. Paderborn 1995. Evelyne Maasz, Karsten Ritschel: Phantasiereisen leicht gemacht. Über die Macht der Phantasie. Paderborn 1996. Patrick Porter: Erwecken Sie Ihr Genie. Bewußtseinstechnologien für das 21. Jahrhundert. Paderborn 1996. Mihaly Csikszentmihalyi: Kreativität. Wie Sie das Unmögliche schaffen und Ihre Grenzen überwinden. Stuttgart 1997. Arnold Lazarus, Allan Fay: Ich kann, wenn ich will. Anleitung zur psychologi-

schen Selbsthilfe. München (dtv). Josef Weiß: Selbst-Coaching. Persönliche Power und Kompetenz gewinnen. Paderborn 1990. Berthold Ulsamer: Karriere mit Gefühl. So nutzen Sie Ihre emotionale Intelligenz. München (Heine Taschenbuch). Ellen J. Langer: Aktives Denken oder Wie wir geistig auf der Höhe bleiben. Reinbek (rororo).

49 Als Ermutigungen zum Träumen: A. Mindell: Traumkörper-Arbeit. Paderborn 1992. F. Diane Barth: Tagträumen. Der Schlüssel zur kreativen Energie. München (dtv). Carl-Gustav Jung: Traum und Traumdeutung. München (dtv). Ole Vedfeldt: Dimensionen der Träume. Ein Grundlagenwerk zu Wesen, Funktion und Interpretation. München (dtv).

50 Zu den Möglichkeiten des Dialogs: David Bohm: Das offene Gespräch am Ende der Diskussionen. Stuttgart 1998. Martin Buber: Das dialogische Prinzip. Gerlingen, 6. Aufl. 1992. Carl Rogers: Der neue Mensch. Stuttgart 1983. M. und J. F. Hartkemeyer: Miteinander denken. Das Geheimnis des Dialogs. Stuttgart, 2. Aufl. 1999. M. Lukas Moeller: Die Wahrheit beginnt zu zweit. Das Paar im Gespräch. Reinbek 1992.

51 Friedemann Schulz von Thun: Miteinander reden 1. Störungen und Klärungen: Allgemeine Psychologie der Kommunikation. Ders.: Miteinander reden 2. Werte und Persönlichkeitsentwicklung. Differentielle Psychologie der Kommunikation. Reinbek 1996. Bernd Isert: Die Kunst des Sprachgebrauchs. Über NLP, Metaprogramme, das Milton-Modell, hypnotischen Sprachgebrauch, Metaphern und das geheime Leben der Sprache. Paderborn 1996.

52 Zur Auswertung der Dialoge 1–7: 1. B »kontert« statt zuzuhören (und anzuerkennen). 2. B »übertrumpft« statt zuzuhören und sich einzufühlen. 3. B wehrt durch eigene Vorwürfe ab, statt sich mit dem geäußerten Wunsch auseinanderzusetzen. 4. B »untergräbt« das Gefühl von A. 5. B steigert die Angst von A statt sie ernstzunehmen. 6. B gibt Ratschläge, ohne auf die Gefühle von A einzugehen. 7. B greift A an, ohne auf die Entschuldigung zu achten. – Natürlich sind solche Deutungen nur

beispielhaft, weil sie in Wirklichkeit vom jeweiligem sozialen und situativen Kontext abhängen. Dazu der folgende Dialog: A: Könnte ich bitte ein Glas Wasser haben? – B: Hier ist es. – A: Danke. – Dieser Dialog kann Alltägliches oder Dramatisches bedeuten, je nach der Situation (z. B. Versöhnung) und Stellung (z. B. Herr-Knecht) von A und B. – Allgemeiner kann festgestellt werden, daß folgende Kommunikationsformen den Dialog erschweren: Ratschläge erteilen, moralisieren, belehren, beschuldigen, interpretieren, warnen, trösten, verhören, ablenken, ironisieren, zerstreuen. Konstruktiv für jeden Dialog ist das aktive Zuhören mit bestätigenden Reaktionen.

53 Daniel Goleman: Emotionale Intelligenz. München, Wien 1996.

54 Horst Eberhard Richter: Die Gruppe. Hoffnung auf einen neuen Weg, sich selbst und andere zu befreien. Reinbek 1972. K. Antons: Praxis der Gruppendynamik. Göttingen 1973. Barbara Langmaak u. a.: Wie die Gruppe laufen lernt. Weinheim, 7. Aufl. 2001

55 Ruth Cohn: Von der Psychoanalyse zur Themenzentrierten Interaktion. Stuttgart 1980. Ruth Cohn geht dabei von einem »dynamischen Dreieck« aus. In ihm stellen die Eckpunkte des Dreiecks Faktoren des Gruppenprozesses dar:

- das Ich (die Persönlichkeit des Einzelnen)
- das Wir (die Gruppe)
- das Es (das Thema)

Aufgabe des Gruppenleiters und der Gruppenmitglieder ist es, eine Balance in diesem Dreieck zu erreichen, wobei die räumlichen, zeitlichen und gesellschaftlichen Bedingungen berücksichtigt werden sollen.

56 M. Lukas Moeller: Selbsthilfegruppen. Reinbek 1978. In diesem Buch finden Sie Analysen über Arten von Selbsthilfegruppen, deren Prozesse und Probleme sowie ausführliche Anregungen für die Gruppenbildung. Weiter gibt es detallierte Anschriften und Beschreibungen von Selbsthilfegruppen in Deutschland von den Anonymen Alkoholikern (AA) bis zum

Zentrum für Sozialhilfe e. V. – Eine aktuelle Kontaktstelle sei hier genannt: NAKOS, Nationale Kontakt- und Informationsstelle zur Unterstützung von Selbsthilfegruppen. Albrecht-Achilles-Straße 65 in 10709 Berlin, Tel.: 030/88 140/19, Fax: 030/89 340/14. Internetadresse: *www.nakos.de* und *www.selbsthilfe/solution.de*. – Und speziell zu unserem Thema: Gemeinschaft für achtsames Leben c/o Karl Schmied, Attenbergstraße 20, Postfach 60, 83730 Fischbachau.

57 Als übersichtliches Standardwerk und Einführung: Robert Jungk, Norbert Müllert: Zukunftswerkstätten. Mit Phantasie gegen Routine und Resignation. München 1998. – Nicht nur für pädagogisch Engagierte interessant: Olaf-Axel Burow, Marina Neumann-Schönwetter (Hrsg.): Zukunftswerkstatt in Schule und Unterricht. Hamburg 1995. – Wer ModeratorInnen, Beratungen, neueste Forschungsergebnisse für Zukunftswerkstätten sucht, kann sich wenden an die Internationale Bibliothek für Zukunftsfragen, Robert-Jungk-Stiftung, Imbergstraße 2, A-5020 Salzburg. Institut für Synergie und soziale Innovation (ISI), *www.isi-partner.de*.

58 Olaf-Axel Burow: Die Individualisierungsfalle: Kreativität gibt es nur im Plural. Stuttgart 1999. Ders.: Ich bin gut – wir sind besser. Erfolgsmodelle kreativer Gruppen. Stuttgart 2000.

59 Herbert Gudjons; M. Pieper; B. Wagener: Auf meinen Spuren. Das Endecken der eigenen Lebensgeschichte. Hamburg, 4. Aufl. 1996.

60 Bernd Isert, Klaus Reutel: Lebensweg-Arbeit. Aufstellungen und systemische Veränderungen. Paderborn 2000. – Trotz des Titels auch außerhalb der Familie nützlich: Thomas Gordon: Familienkonferenz. Die Lösungen von Konflikten zwischen Eltern und Kind. München 1989. Bernhard von Mutius: Die Verwandlung der Welt. Ein Dialog mit der Zukunft. Stuttgart 2000. Manuel Castells: Das Informationszeitalter. Opladen 2001.

61 Ausführlich dazu Anm. 74 (S. 326ff.)

62 Erich Neumann: Tiefenpsychologie und neue Ethik. München 1964.

63 Robert Spaemann: Grenzen. Ethische Dimensionen des Handelns. Stuttgart 2001. Robert B. Dilts u. a.: Identität, Glaubenssysteme und Gesundheit. Höhere Ebenen der NLP-Veränderungsarbeit. Paderborn 1991. Hans Jonas: Das Prinzip Verantwortung. Versuch einer Ethik für die technologische Zivilisation. Frankfurt/M. 1984. Michael Walzer: Sphären der Gerechtigkeit. Ein Plädoyer für Pluralität und Gerechtigkeit. Frankfurt/M. 1992. – Als Anlaufstelle für Engagement gegen Ungerechtigkeit, Willkür und Elend: Komitee für Grundrechte und Demokratie e. V., Aquinostraße 7–11, 50680 Köln, Tel.: 0221/97269 – 20/– 30, Fax: – 31. – Internationale Liga für Menschenrechte. Oldenburgerstraße 33, 10551 Berlin, Tel.: 030 – 3962122, Fax: 396 21 47 – Amnesty International. Pacelliallee 61, 14195 Berlin, Tel.: 030– 84109052.

64 Mihaly Csikszentmihalyi: Flow. Das Geheimnis des Glücks. Stuttgart 1992.

65 Ders.: Lebe gut! Wie Sie das Beste aus Ihrem Leben machen. Stuttgart, 8. Aufl. 1994. Ders.: Dem Sinn des Lebens eine Zukunft geben. Eine Psychologie für das Dritte Jahrtausend. Stuttgart 1995.

66 Wenn Ihnen »alles über den Kopf wächst« und der Streß zu Angst und Panik wird, gibt es ein paar Erste-Hilfe-Regeln:

1. Schreiben Sie alles auf, was Sie zu erledigen haben und gestalten Sie daraus einen Tages- oder Wochenplan. Die Zeitplanung schafft Ordnung und macht das bedrohliche Durcheinander zum übersichtlichen Nacheinander.
2. Streichen Sie das Erledigte in Ihrem Plan genüßlich durch. So wird Ihr Fortschreiten erlebbar und der Streßabbau sichtbar.
3. Belohnen Sie sich ab und zu für erledigte Aufgaben (durch eine Ruhepause, einen Spaziergang, ein gutes Essen ...) – Siehe dazu auch: Institut für Beratung und Training: Mit PEP an die Arbeit. So organisiere ich mich und meinen Job. Frankfurt/M. 1998.

Für die, die es nicht lassen können: Anonyme Arbeitssüchtige (AAS), Kreuzstraße 13, 76133 Karlsruhe.

67 In dem o. a. Buch »Der Zauberlehling« von Alexa Mohl werden etwas komplexere Strategien beschrieben ab Seite 160.

68 Michael D. Eisner: Von der Micky Maus zum Weltkonzern. Der Disney-Chef über sein Erfolgsrezept. München 2000.

69 Über die Probleme und Chancen der Individualisierung sind die inzwischen zum Klassiker gewordenen Bücher zu empfehlen: Lothar Krappmann: Soziologische Dimensionen der Identität. Stuttgart, 9. Aufl. 2000. Ulrich Beck: Risikogesellschaft. Auf dem Weg in eine andere Moderne. Frankfurt/M. 1986. Ders. (Hrsg.): Kinder der Freiheit. Frankfurt/M. 1997.
Und neueren Datums: Heiner Keupp u. a.: Identitätskonstruktionen. Das Patchwork der Identitäten in der Spätmoderne. Reinbek 1999. Ludger Kühnhardt: Jeder für sich und alle gegen alle. Freiburg 1994.

70 Rolf Schwendter: Einführung in die Soziale Therapie. Tübingen 2000. Hildegard Müller-Kohlenberg u. a.: Laien als Experten. Frankfurt/M. 1994. Bernd Röhrle: Soziale Netzwerke und soziale Unterstützung. Weinheim 1994. – Als Anlaufstelle einer politischen Selbsthilfeorganisation, die kulturelle, soziale und ökologische Projekte fördert (und deren Arbeit ich als langjähriges Mitglied schätze): Netzwerk-Selbsthilfe e. V.: Gneisenaustraße 2a, 10961 Berlin, Tel.: 030-6913072, Fax: 6913005. – Als Anlaufstelle einer weltweiten Bewegung für eine sozial und ökologisch nützliche Neue Ökonomie: Europäisches Netzwerk für ökonomische Selbsthilfe und lokale Entwicklung. Koordinierungsbüro: IFG »Lokale Ökonomie«. TU Sekr. FR 4–8, Franklinstraße 28/29, 10587 Berlin, Tel.: 030-314-26 740.

71 Jugendwerk der Deutschen Shell (Hrsg.): Jugend, 97. Zukunftsperspektiven – gesellschaftliches Engagement – politische Orientierungen. Opladen 1997.

72 Peter C. Dienel: Die Planungszelle. Der Bürger plant seine Umwelt. Opladen, 3. Aufl. 1992. Otfried Höffe: Demokratie im Zeitalter der Globalisierung. München 1999.

73 Hier eine willkürliche Auswahl einiger Klassiker und Verschollener zum Thema Mitwelt: Klaus Michael Meyer-Abich: Auf-

stand für die Natur. Von der Umwelt zur Mitwelt. München, Weinheim 1990. Rachel Carson: Der stumme Frühling. München 1987. Jonathan Schell: Das Schicksal der Erde. München 1982. Ernst V. von Weizsäcker: Erdpolitik. Darmstadt 1990. Erhard Eppler: Wege aus der Gefahr. Reinbek 1981. GAIA: Öko-Atlas der Erde. Frankfurt/M. 1987. Günter Anders: Die Antiquiertheit des Menschen. München 1987. Joanna Macy: Die Wiederentdeckung der sinnlichen Erde. Berlin 1994. Klaus Schleicher (Hrsg.): Umweltbewußtsein und Umweltbildung in der europäischen Union zur nachhaltigen Zukunftssicherung. Hamburg, 2. erw. Aufl. 2000. Jürgen Dahl: Der unbegreifliche Garten und seine Verwüstung. Über Ökologie und über Ökologie hinaus. Stuttgart, 2. Aufl. 1995. – Umfangreiche Literatur und mehr bei: Mensch u. Umwelt-Spezial-Versand. Postf. 150418, 40081 Düsseldorf, Fax: 0211-2611220, e-mail: oekonzept@mail.isis.de

74 Umweltbewußtes Leben soll natürlich nicht zum Zwang oder gar zur Strafe werden und es muß auch nicht unbedingt das Auto sein, das eingeschränkt werden muß. Wichtig ist, daß ökologisches Verhalten in Ihr persönliches Lebensumfeld und zu Ihren eigenen Vorstellungen von umweltgerechten Verhaltensweisen paßt und auch mit Lebensqualität und guten Gefühlen verbunden werden kann:

Ökologisch Kreativ

Sie können die folgende Liste der persönlich-ökologischen Verhaltensweisen ergänzen und sich dann zwei oder drei Aspekte suchen, die Sie schon jetzt realisieren oder ab heute gerne realisieren wollen:

Persönlich-ökologisches Verhalten	Gewonnene Lebensqualität z. B.
weniger Auto	im Bus lesen
weniger Flugreisen	Deutschland entdecken
weniger Heizung	Geld sparen
weniger Wasser	kostbares Wasser genießen
weniger Elektrizität	Freude am Kerzenlicht
weniger Fleisch	Gemüserezepte entdecken

weniger exotische Produkte	heimische Vielfalt entdecken
weniger Chemie im Haushalt	Hausmittel ausprobieren
...	...

Wenn auch die Wirkung solcher Verhaltensweisen nicht gleich spürbar ist, so läßt sich das Bewußtsein, umweltgerecht gehandelt zu haben, doch auch als Genugtuung und Freude spüren. Überlegen Sie sich dann vielleicht, wie Sie Ihre neu herausgefundenen ökologischen Verhaltensweisen konkret realisieren können. Dann können Sie auch versuchen, Verbündete in der Familie, der Nachbarschaft und im Beruf zu finden, indem Sie andere neugierig machen, ohne ökologisch-moralischen Zeigefinger etwas Neues kennenzulernen und auszuprobieren, das mit Lebensqualität verbunden ist und außerdem die Achtsamkeit auf unsere Mitwelt umfaßt.

Ein sehr anregendes Projekt hat die Arbeiterwohlfahrt gestartet. Bei dem Projekt »Viel Umwelt für wenig Geld« werden in Haushalten mit knappem Einkommen Maßnahmen angeregt, die gleichzeitig die Umwelt entlasten, mehr Lebensqualität bieten und Geld sparen. Die neuen Verhaltensweisen sollen dann im privaten Umfeld bei Festen, Einladungen und Parties durch das gelebte Beispiel für Freunde und Bekannte attraktiv werden und als Anregung weitergegeben werden.

Informationen zu dem Projekt »Viel Umwelt für wenig Geld« bei: AWO-Kreisverband Region Osnabrück e. V., Johannesstraße 37/38, 49074 Osnabrück.– Für weitere Projekte siehe auch: Vereinigung für Ökologische Wirtschaftsforschung, Tel.: 030/885 18 00 oder *www.voew.de.* und natürlich die verdienstvollen und bekannten Organisationen wie B.U.N.D., Greenpeace u. a., ohne die es um unsere Umwelt noch schlimmer stünde – Aber zu den alarmierenden Nachrichten gehört nicht nur, daß jährlich 11 Millionen Hektar Wald verloren gehen (Umweltbericht Geo 2000), sondern auch, daß von den ca. 6.800 derzeit gesprochenen Sprachen etwa 2.800 im Schwinden begriffen sind. Für die Rechte und die Kulturen unterdrückter und bedrohter Völker setzt sich ein: Gesellschaft für bedrohte

Völker, Postfach 20 24 in 37010 Göttingen, Tel.: 0551/499 06-0, Fax: – 580 028, Homepage: *www.gfbv.de.*

75 Über den Zusammenhang von Lernen und Kommunikation im kulturellen und philosophischen Kontext: Neil Postman: Keine Götter mehr. Das Ende der Erziehung. München 1997. Gregory Bateson: Ökologie des Geistes. Frankfurt/M. 1982. Morris Berman: Wiederverzauberung der Welt. Am Ende des Newtonschen Zeitalters. Reinbek 1985. Mihaly Csikszentmihalyi: Dem Sinn des Lebens eine Zukunft geben. Eine Psychologie für das 3 . Jahrtausend. Stuttgart 1995. Gernot Böhme: Weltweisheit – Lebensform – Wissenschaft. Frankfurt/M. 1994. – Über den Zusammenhang von Lernen und Kommunikation im pädagogischen Kontext: Hartmut von Hentig: Aufwachsen in Vernunft. Stuttgart 1981. Ulf Preuss-Lausitz: Die Kinder des Jahrhunderts. Zu Pädagogik der Vielfalt im Jahr 2000. Weinheim/Basel 1993. Manfred Kappeler: Rückblick auf ein sozialpädagogisches Jahrhundert. Frankfurt/M. 1999. Heinz Kaufmann: Suchtvorbeugung in der Praxis. Weinheim, Basel, 2. Aufl. 2001. Heinrich Dauber: Lernfelder der Zukunft, Perspektiven humanistischer Pädagogik. Bad Heilbrunn 1996. Otto Herz u. a. (Hrsg.): Bildung für nachhaltige Entwicklung. Globale Perspektiven und neue Kommunikationsmedien. Opladen 2001. Jörg Bürmann: Gestaltpädagogik und Persönlichkeitsentwicklung. Bad Heilbrunn 1992. Olaf-A. Burow: Grundlagen der Gestaltpädagogik. Dortmund 1988. – Über den Zusammen von Lernen und Kommunikation im therapeutischen Kontext: Frederick S. Perls: Das Ich, der Hunger und die Aggression. Stuttgart, 5. Aufl. 1995. Reinhard Fuhr; Martina Gremmler-Fuhr: GESTALT-ANSATZ. Grundkonzepte und -modelle aus neuer Perspektive. Köln 1995.

76 Lame Deer zitiert nach K. Recheis (Hrsg.): Weißt Du, daß die Bäume reden. Wien, 8. Aufl. 1984.

77 Der Ausdruck »Seinsvergessenheit« wurde von Martin Heidegger geprägt in: Martin Heidegger: Sein und Zeit. Halle 1927.

78 Das Böse ist ein beliebtes Thema verschiedenartigster Spekula-

tionen, von denen hier nur ein paar angeführt werden können: Konrad Lorenz: Das sogenannte Böse. Wien 1963. (Dieser Klassiker regt in seiner Orientierung am Verhalten der Tiere zu fröhlichem menschlichen Widerspruch an.) – Rüdiger Safranski: Das Böse oder das Drama der Freiheit. München 1997 (auch als Fischer-Taschenbuch). Safranski fordert alle engagierten Optimisten zu produktivem Widerspruch heraus, weil er das Böse nicht als eine Abirrung des Humanen bestimmt, sondern als Bedingung der menschlichen Freiheit verabsolutiert. – Wie das Böse zusammenhängt mit der Verabsolutierung von Idealen und Allmachtsphantasien läßt sich studieren bei: Horst E. Richter: Der Gotteskomplex. Die Geburt und die Krise des Glaubens an die Allmacht des Menschen. Reinbek 1979. Wolfgang Schmidbauer: Alles oder Nichts. Über die Destruktivität von Idealen. Reinbek 1980.

79 Daß wir das kosmische Staunen nicht nur auf Kristalle, Pflanzen, Gestirne beziehen können, sondern auch auf technische Dinge, ist wunderbar geschildert in: Robert M. Pirsig: Zen und die Kunst ein Motorad zu warten. Frankfurt/M. 1984.

80 Arno Gruen: Der Verlust des Mitgefühls. Über die Politik der Gleichgültigkeit. München 2. Aufl. 1998.

81 Die schmerzhafte und schwierige Auseinandersetzung mit dem eigenen »Schatten« ist ein Grundthema bei C. G. Jung: Wirklichkeit der Seele. Stuttgart (dtv). Ders.: Seelenprobleme der Gegenwart. Stuttgart (dtv).– Die Auseinandersetzung mit dem eigenen Schatten ist auch die Voraussetzung dafür, sich selbst zu akzeptieren, weil Selbstakzeptanz nichts zu tun hat mit selbstzufriedenem Zurücklehnen. Die paradoxe Formel der Veränderung findet sich z. B. bei: Charles R. Rogers: Entwicklung der Persönlichkeit. Stuttgart 1976, S. 33 »Wenn ich mich so wie ich bin akzeptiere, dann ändere ich mich. Ich glaube, dies sowohl von meinen Klienten wie auch aus eigener Erfahrung heraus gelernt zu haben, daß wir uns nicht ändern können, bis wir völlig akzeptieren, was wir sind. Dann ereignet sich fast unmerklich die Veränderung.«

Alle Übungen in der Übersicht

Übung / Anregung	Dauer	Thema	Seite
Eigengang	5 Minuten und mehr	Den eigenen Gang finden	68
Die Hände achtsam behandeln	3 Minuten	Achtsamkeit für die eigenen Hände	71
Mit den Händen achtsam behandeln	3 Minuten und mehr	Wirksamkeit der eigenen Hände	71
Ineinander	1 Minute und mehr	Die Hände spüren	71
Verbindungen herstellen	3 Minuten	Überkreuzbewegung	73
Üben mit der nicht-dominanten Hand	3 Minuten	Schreiben lernen	74
Handlich spüren	1 Minute und mehr	Begreifen	74
Atemgebet	3 Minuten und mehr	Achtsam atmen	77
Wie männlich/weiblich bin ich	10 Minuten	Die Beziehung zum eigenen Geschlecht	79
Mann werden – Frau werden	10 Minuten	Die eigene geschlechtliche Entwicklung	80
Gesundheitsbild	5 Minuten	Vorstellung der eigenen Gesundheit	82
Gesundheitsliste	5 Minuten	Eigene Gesundheitszustände	82
Krankheitsliste	5 Minuten	Eigene Krankheiten	84
Fieberkurve	5 Minuten	Krankheiten im Lebensrhythmus	84
Laßt Krankheiten sprechen	5 Minuten	Bedeutung von Krankheiten	85

7. Eigene Lebenswelten

Übung / Anregung	Dauer	Thema	Seite
Familienfoto	15 Minuten	Die eigene Familie	220
Das eigene Zeitalter finden	5 Minuten	Deutung des Zeitalters	223
Einfluß und Veränderung	10 Minuten	Das eigene Lebensumfeld deuten	225
Sternenhimmel	5 Minuten	Bezugspersonen	226
Botschaften aufdecken	10 Minuten	Lebensregeln aufspüren	227
In geheimer Mission	10 Minuten	Lebensaufgaben aufspüren	229
Bunte Fäden	20 Minuten	Lebensthemen aufspüren	231
Lebenspläne	20 Minuten	Lebensthemen umsetzen	231
Erlebte Werte	20 Minuten	Bewußtmachen eigener Werte	236
Verhaltensweisen bewerten	10 Minuten	Bewertung von anderen	239
Stein des Anstoßes	5 Minuten und mehr	Die eigene Verantwortung	242

8. Achtsam tätig in der Welt

Übung / Anregung	Dauer	Thema	Seite
Eigenzeit – Auszeit	10 Minuten	Umgang mit Streß	250
Günstige Bedingungen	10 Minuten	Das eigene Umfeld verändern	251
Erwachen	Immer wieder	Achtsam aufwachen	252
Rückspulen	Immer wieder	Tägliche Besinnung	253
Jetzt und Dann	Immer wieder	Besinnung des Augenblicks	254

Übung / Anregung	Dauer	Thema	Seite
Fingernägel achtsam	3 Minuten	Körperzeit	255
Glotzen – Zappen – Dösen	5 Minuten	TV-Besinnung	259
Virtuelle Realität	30 Minuten (Geräte)	Wirklichkeit visualisieren	260
Den Flaschengeist bannen	10 Minuten	Das eigene Wollen	262
Ein Ziel in einer schwierigen Situation erreichen	30 Minuten	Eigene Fähigkeiten nutzen	263
Wellenringe	Immer wieder	Wirkung von Handlungen	273
Tätig im sozialen Umfeld	10 Minuten und mehr	Motivation klären	275
Mitwelt	30 Minuten draußen	Umfassende Teilnahme	279
Unsere Dinge	10 Minuten	Achtsam für Dinge	281
Autolust	10 Minuten	Weniger Auto	283
Adieu	Mit der Zeit	Umweltzerstörung	285
Kosmisch	Immer wieder	Achtsam in der Welt	297